PNL

La Llave del Éxito

PNL

La Llave del Éxito

Usa tu potencial ilimitado
y triunfa como ser humano

Rosetta Forner

Grupo Editorial Tomo, S. A. de C. V.
Nicolás San Juan 1043
03100 México, D. F.

1a. edición, abril 2001.
2a. edición, diciembre 2002.
3a. edición, septiembre 2005.
4a. edición, noviembre 2006.

PNL La Llave del Éxito

Nicolás San Juan 1043, Col. Del Valle
03100 México, D.F.
Tels. 5575-6615, 5575-8701 y 5575-0186
Fax. 5575-6695
http://www.grupotomo.com.mx
ISBN: 970-666-369-X
Miembro de la Cámara Nacional
de la Industria Editorial No 2961

Diseño de portada: Emigdio Guevara.
Supervisor de producción: Leonardo Figueroa

Impreso en México - *Printed in Mexico*

Agradecimientos

Bendiciones de abundancia y otras alas doradas

Son muchas las personas que en mi vida han contribuido a que este libro viese la luz. Mi abuela María Roseta, decía que es de "bien nacidos el ser agradecidos," pero como era una valenciana dicharachera y fenicia solía añadir: "de desagradecidos está el infierno lleno." Por esas enseñanzas y porque habita en mí un corazón alegre, gozoso y agradecido, quiero rendir homenaje a todos aquellos que en mi camino vital me han dado su apoyo, y darles las gracias por las innumerables bendiciones que son su amistad, sus palabras de aliento, su presencia en mi vida.

Los primeros a nombrar son mi familia de origen. Mi **padre Eliseo,** que me enseñó desde pequeña a negociar, a dialogar, a respetar y a otras muchas cosas más —todas ellas muy productivas— (a veces me pregunto de dónde habrá sacado tamaña sabiduría... supongo que le debe venir de otras vidas, por eso le convertí en protagonista en mi libro *CÓMO HACER*

TUS SUEÑOS REALIDAD, y en *El caballero de tez egipcia,* si bien debería llamarle de "ojos egipcios"). Mi **madre Rosita** (sirena mediterránea aficionada al mar y a las rosas, de risa cantarina y transparente), por todo el cariño y porque sembró en mí el modelo de ser/mujer interdependiente y optimista que soy hoy en día. Mi **abuelo Viçent, mi ángel ÁNGEL,** marinero pescador de almas, que me dio los pilares eternos sobre los que se asienta mi vida, que me proporcionó la risa y una de las más bellas bendiciones que tengo en mi colección: "eres única, les mares non parirán atra". **María Roseta, mi abuela** y mi hechicera mediterránea particular, por la sabiduría que me traspasó. **Lola,** mi abuela a la que no conocí en persona, pero que me legó su esencia en mi personalidad, y que fue alguien muy especial. Mis **hermanos Sergio y Mariola** por todo el cariño, las risas y la hermandad compartida, por haberse unido al grupo en esta vida. **Viçentet (mi padrino). Doloretes Veral (mi madrina), y Antonieta Huguet (cuyas risas y aplausos aún resuenan en mi corazón), —ambas ángeles ya en el cielo.**

Robert Dilts por la bendición que ha supuesto en mi vida el haber podido trabajar y aprender PNL directamente con él, por lo que me ha hecho conocer y apreciar de mí misma ("You are unique"), por ayudarme a descubrir mis alas y la "llave". **Judy DeLozier,** por mostrarme la parte más sanadora de la PNL, por regalarme la danza que hay en mí. **Patricia Ryle** (my californian angel, a wonderful blessing to have her in my life, she calls me "The fairy", her wisdom & words have made a huge difference in my life standards). **Ingrid Weiner,** por las magníficas charlas filosóficas que tanto me han enriquecido, por las risas que hemos compartido, mi hermana alemana gaviota. **Robert MacDonald,** su ejercicio del "self-love process" me permitió descubrir mi jardín de rosas interior. **Stephen Gilligan** (discípulo de Milton Erickson), haber aprendido "Ericksonian Hypnosis" con él ha sido todo un privilegio. David Gordon, que me regaló "una cocina interior analítica", en el curso de "Modeling & Epistemology". **Charles (mi stargate),** por mostrarme el amor incondicional y las puertas a una dimensión espectacular que hay en mí misma. **Miquel Abril,** mi eterna gaviota mediterránea, navegante en un mar azul, alma gemela donde las haya. **Jorge Marfil,** abogado y amigo, siempre me ayuda en mi navegar por mares tempestuosos. **Tim Haub,** "my american adopted brother". Pedro Luis Gómez, por la magia del sur, la gratitud y una bella amistad.

A esas otras **gaviotas amigas** que vuelan el cielo de mi vida: José Carlos Gutiérrez, José Ma. Cuende, Silvia Vallés, Antonio Montiel, Luis González-Aller, Martha Ballesteros, Odra, Gino Amabile, Elizabeth Wissbaum, Manolo Gil, Manuel Campillo, Teresa Martínez de Alba, Octavio Acebes, Cecilia Cuevas Villoslada, Guadalupe Piedras Negras..., por el maravilloso regalo que ha supuesto su presencia en mi vida.

En especial, darle las gracias a **Fernando Cabal,** mi ángel editor, por confiar desde siempre en mí. Y, también a su "angelito", Amelia Tapia. Y a mo que ilustra mis libros con magia y cariño.

Presentación del libro

"Somos seres espirituales
viviendo una experiencia humana"
Inscripción en la NLP University, California

Este libro-manual está pensado para ayudarle a liberarse de los viejos patrones de escasez que guían y determinan su Vida, aprendiendo a crear abundancia en cualquiera de las áreas que usted escoja. Aprender a definirse como ser abundante y próspero, aprender a diseñar su propio patrón de abundancia a partir de sanar el pasado de escasez que le ha precedido hasta ahora, es el camino hacia la excelencia personal.

Los ejercicios están pensados para que puedan realizarlos todo tipo de personas, sin importar la edad, la posición social, el nivel cultural, situación física y/o salud, o su historia particular hasta el presente.

Con este libro-manual "descubrirá" que el Universo es un lugar de infinita abundancia para todos, donde para que usted tenga no significa que haya que quitárselo a

otro. NO, pues hay para todos. Sí, para todos aquellos que creen que ello es posible ("cuando lo crea, lo verá y lo tendrá"). Ser abundante y próspero va más allá de tener dinero. Ser abundante y próspero es: poseer salud, alegría, entusiasmo, vitalidad, expansión, dinamismo, coraje, creatividad, fuerza, inteligencia, amor, inspiración, capacidad de disfrute, gratitud, sentido del humor, adaptabilidad, perspicacia, intuición, fortuna, calma, paz interior, serenidad, positivismo, plenitud, capacidad de reaccionar ante todo tipo de acontecimientos, y muchísimas cosas más, todas aquellas que usted quiera imaginar, puesto que hay un lugar donde el soñador y los sueños se confunden, un lugar donde todo se convierte en realidad, donde la magia es cotidiana, y los milagros son tan normales como respirar... Vuelva a ser niño, es muy fácil conseguirlo, tan sólo tiene que restaurar la conexión con su niño interior, "él" sigue ahí esperándole, le llama en la noche para que vuelva a comunicarse con él. Cuando éramos niños creíamos en la magia. Creíamos que todo era posible, que los Reyes Magos existían, que los padres eran capaces de todo, eran nuestros ídolos. Sin embargo, a medida que crecimos en el hacernos adultos creímos que ser "adulto, maduro", llevaba implícito el perder nuestro lugar en el reino de Fantasía, es más, debíamos deshacernos del mismo si queríamos madurar y ser tomados en serio, ¡y, tan serios como se volvieron algunos! Madurar no significa dejar atrás la fantasía, la capacidad de soñar, la esperanza, la certeza de que los sueños se hacen realidad. Todos aquellos que compraron billete destino "al país de la seriedad", se encontraron envueltos en un mar de estrés que les restó alegría y libertad, llenándoles de dificultades, opresiones, enfermedades, hipotecas, desesperanzas, de "no importa lo qué hagas, pues no lo conseguirás", de "este mundo es un valle de lágrimas", de "hay crisis", y de todo tipo de pensamientos paralizantes que como si se tratase de una virulenta plaga, expandiose contaminando a todo aquél que se adentrara en el bosque de la tristeza, se bañaba en el mar del estrés o en el río de la angustia vital.

Bien es cierto que con sentirse culpable o inferior a los demás no conseguirá cambiar su "suerte". Usted tal vez haya probado repetir frases positivas sin obtener ningún tipo de resultado palpable, habiéndose mostrado altamente ineficaz en su vida el tratar de pensar positivamente, o de cambiar de forma de ser. Posiblemente le habrán hecho hincapié en que "usted debe cambiar esto o aquello", "deje de hablar de forma negativa", "deje de pensar de forma negativa", "si cree que es posible, lo será", y etcétera. Si bien todos los que le dijeron eso tenían razón, lo que ellos no supieron es darle la llave que hace posible obtener todo eso. La repetición de frases positivas no basta, y ello es así puesto que NO MODIFICA el sistema de creencias particular del ser humano. Puede que la resistencia a creer que ello es posible se halle en su nivel de identidad, pongamos por caso, usted no es consciente de ello puesto que esa información no está disponible para su consciente, pertenece a la zona del inconsciente y por lo que sea a pesar de los, tal vez, denodados esfuerzos de su inconsciente por comunicarse con el consciente ya sea a través de sueños, sincronicidades, coincidencias, lapsus, etc., puede que no haya tenido éxito y usted siga sin saber que bastaría acudir a su nivel de identidad y ahí revisar la idea o creencia. No es menos cierto que usted no puede ser juez y parte, y que muchas veces necesita de ayuda externa para poder acceder a los tesoros escondidos que todo ser humano lleva dentro de sí. El ser humano es capaz de crear milagros, lleva incorporado un sistema de sanación natural que pocos usan, es capaz de mover montañas, de llegar a la cima más alta. Y no lo digo sólo yo, no tiene por qué creerme ciegamente, basta tan sólo con echar un vistazo a la historia de la humanidad para darse cuenta de que siempre hubo y habrá seres humanos capaces de hazañas impensables para otros. ¿La clave, el secreto? Eran seres de carne y hueso, como usted y como yo, sin embargo, creyeron que era posible, tuvieron fe y esa fe les impulsó a materializar lo impensable para otros. Recuerde: "si otros pueden, yo también". La diferencia entre los que consiguen todo lo que se proponen, lo que quieren en la vida y los que no, no sólo está en la actitud positiva y en creer en sí mismos, sino en usar los recursos que llevan dentro. Para que usted también sea capaz de crear milagros en el área o áreas de su vida que usted escoja, está diseñado este libro-manual. Puesto que todos los seres humanos llevamos dentro los mismos recursos, lo único que tenemos que hacer es aprender a usarlos.

Confío en que este libro-manual de "aprendizaje vital dinámico" le ayude a experimentar nuevos caminos, nuevas vías o formas que le permitan alcanzar lo que usted desea en su vida, que le lleve a hacer sus sueños realidad, con ese ánimo en mi alma y en mi corazón ha sido escrito. Todos los ejercicios, así como los comentarios forman parte tanto de mi experiencia personal y de mi formación profesional. Soy una persona normal como usted y como cualquiera, no tengo mansiones ni posesiones millonarias, pero sí es cierto que poseo la fortuna mejor que puede poseer el ser humano: creo en mí misma, disfruto de la Vida, creo felicidad y soy feliz, aprecio y amo todo lo que soy y hay en mi vida (mi familia, mi cerebro, mi traje físico —más comúnmente conocido como cuerpo— que me permite estar aquí, mi sonrisa, mi entusiasmo, mi pasión por la vida, la inspiración que soy para otras personas, mis alas de luz). Siempre me ha sido fácil materializar todo aquello que era bueno para mí, para mi crecimiento espiritual, pedía y se me daba. Sin embargo, cuando tenía que forzar el río, es decir, ir contra corriente, cuando tenía que aporrear puertas era señal inequívoca de que aquello no era para mí, o no lo era por el momento. El Universo se apresura a abrir la mano para enviarme todo pedido que está bien hecho y/o es perfecto para mí, por el contrario no mueve ni un dedo o pone muchas trabas cuando no es —tal vez, no lo es todavía— para mí.

No se desespere si algo no lo obtiene enseguida, o tal como usted lo planeó, muchas veces debemos cultivar el arte de la fe y la paciencia, acompañadas de flexibilidad y capacidad para rectificar el rumbo. Mas sea cual sea lo que le depara su propio plan de navegación o destino, usted puede aprender a crear toda una suerte de energías maravillosas en su vida: salud excelente, entusiasmo, alegría, sentido del humor, pasión, creatividad, inspiración, intuición, confianza en sí mismo, auto-curación, persuasión, y ¿por qué no?, dinero en abundancia, y todo lo que esté en armonía con su plan vital. El proceso de aprendizaje para cada uno de nosotros es único, puesto que es el nuestro. Por lo tanto, no se desespere ni se compare con los logros que otros le digan haber obtenido. Fíjese en usted, alábese por los progresos que vaya haciendo, dese ánimos, hágase pequeños regalos, trátese bien de palabra y de obra, acuérdese de que el viaje de 1000 kilómetros comienza con un primer paso. No se rinda, aprenda de sus "errores" y viva dispuesto a rectificar el rumbo, a veces el ser humano se rinde a un paso de la meta...

Los pensamientos son "cosas" que enviamos al espacio y que vuelven a nosotros multiplicadas, por lo tanto procure enviar tan sólo pensamientos positivos y esperanzados.

Desde aquí le deseo la mejor prosperidad del Universo. Deseo que su vida se escriba con notas de música maravillosa, armónicas con su plan vital de navegación, y que todo aquello que logró le acerque aún más a su centro interior, a su Self, ayudándole a crecer interiormente, haciéndole más feliz, perfectamente feliz. Viva su vida en armonía, en estado de congruencia, acorde a su propio guión vital. Atrévase a descubrir al magnífico ser que hay dentro de usted: maravillas indescriptibles están esperándole, y **son suyas, ES USTED. Un ser único.**

¿Qué es la NLP (PNL)?

La NLP o PNL como se la conoce en España, significa Programación Neurolingüística. Si bien, su nombre no explica las maravillas ni los usos de esta técnica que fue creada en los años 70, en la Universidad de Santa Cruz California (Estados Unidos), por un profesor de lingüística, **John Grinder,** y un estudiante de psicología, **Richard Bandler,** interesado también en la psicoterapia. Ambos estudiaron a tres psiquiatras americanos muy punteros e innovadores en sus campos respectivos: Virginia SATIR (extraordinaria terapeuta familiar), Milton ERICKSON (hipnoterapeuta mundialmente conocido pues revolucionó el campo de la hipnosis), y Frank PERLS (gran innovador dentro de la psicoterapia y creador de la terapia Gestalt). Lo que hicieron Bandler y Grinder fue elaborar modelos de terapias que funcionaban en la práctica y podían enseñarse. A partir de la depuración de los patrones que utilizaban los tres psicoanalistas —sorprendentemente similares por cierto, a pesar de sus diferentes personalidades—, Grinder y Bandler crearon un maravilloso y elegante modelo que puede usarse para una comunicación efectiva, cambio personal, aprendizaje acelerado, y por supuesto, para un mayor y mejor disfrute de la vida.

En el desarrollo de la PNL intervinieron personas clave como **Gregory Bateson** (antropólogo británico que desarrolló la teoría sobre la doble ligazón en la esquizofrenia). **Robert Dilts,** actual director y fundador de la NLP University junto con Judith Delozier, que sigue enseñando y desarrollando el modelo de PNL en la NLPU, y al que se debe la creación del modelo basado en la estrategia creativa empleada por Walt Disney (estrategia que puede usarse en cualquier tipo de problema); el modelo creado para pensar sobre el cambio personal, aprendizaje y comunicación, que junta las ideas de contexto, relaciones, niveles de aprendizaje y posición perceptiva; las investigaciones y modelos para trabajar con las creencias, y lo último sobre liderazgo (expuesto en su último libro: *Visionary leadership skills*). **Judith Delozier,** casada entonces con John Grinder, actual socia y entrenadora de PNL en la NL University junto con Robert Dilts, es además antropóloga y ha escrito varios libros sobre PNL entre ellos *De sapos a príncipes.* Nombrar además al tercero que estudió y colaboró con Grinder y Bandler en la Universidad de California: **Todd Epstein,** socio de R. Dilts, fallecido en 1995.

La PNL es el arte y la ciencia de la excelencia personal. Es un arte porque cada uno da su toque único y personal y de estilo a lo que esté haciendo. Es una ciencia porque hay una técnica, porque hay un método y un proceso para descubrir los modelos empleados por los individuos sobresalientes en un campo para obtener resultados sobresalientes. Este proceso se conoce como "modelar," y tanto los modelos como las habilidades y las técnicas descubiertas tienen un uso cada vez más grande en el mundo de los negocios, la asesoría, la educación y la consultaría con el propósito de lograr una comunicación más eficaz, obtener un desarrollo personal más amplio y acelerar el proceso de aprendizaje.

La PNL es práctica. Es un conjunto de modelos, habilidades y técnicas para actuar, pensar y sentir de forma efectiva en el mundo. El propósito de la PNL, además de ser útil, es incrementar las opciones y alternativas de una persona, mejorar su calidad de vida, así como optimizar su rendimiento profesional y vital.

¿POR QUÉ SE LE LLAMA PROGRAMACIÓN NEUROLINGÜÍSTICA?

Grinder y Bandler, los cofundadores, decidieron llamarla así porque cubre tres sencillas ideas. La parte "neuro" de la PNL recoge la idea fundamental de que todo comportamiento proviene de nuestros procesos neurológicos de visión, oídos, olfato, tacto, gusto y sentimiento (parte emocional). Nos relacionamos con el mundo a través de los 5 sentidos, damos "sentido" a la información y actuamos según ello. Nuestra neurologìa cubre los procesos invisibles del pensamiento, así como nuestras reacciones fisiológicas visibles frente a las ideas y acontecimientos. El uno es el simple reflejo del otro en el nivel físico. Cuerpo y cerebro forman una unidad indivisible: un ser humano.

La palabra "lingüística" del título indica que usamos el lenguaje para ordenar nuestros pensamientos y conducta, así como para comunicarnos con los demás, y con nosotros mismos: "diálogo interior." La "programación" se refiere a las formas que escogemos para organizar nuestras ideas o pensamientos con el propósito de producir resultados (lo mismo que se programa un ordenador).

La PNL versa sobre la experiencia subjetiva del ser humano, cómo organiza lo que ve, oye y siente, cómo revisa y filtra el mundo exterior con sus sentidos. La PNL explora también cómo éste describe el mundo con el lenguaje, y cómo reacciona intencionada y no intencionadamente, con el fin de producir resultados.

"El mapa no es el territorio que describe"

La realidad es muy diferente para cada ser humano que la vive, hacemos caso de unos aspectos e ignoramos otros. El mundo es siempre más rico que las ideas que tenemos sobre él. Los filtros que ponemos en nuestras percepciones determinan en qué clase de mundo vivimos. El lenguaje es un filtro. Las creencias son filtros. Los recuerdos son filtros. Los sentidos son filtros... De ahí que muchas veces sea difícil entenderse. Dos personas pueden estar hablando de lo mismo y, sin embargo, parecer que se refieren a dos cosas diametralmente opuestas. Esto se da así porque cada ser humano organiza interiormente el mundo que percibe de una forma, y lo expresa de otra. Una persona que sea VISUAL, esto es que use el sentido de la vista para relacionarse con la realidad (experimenta el mundo por los ojos, los pintores sin ir más lejos), para incorporarla a su cerebro no expresará su idea sobre algo como alguien que, pongamos por caso, use el sentido del oído (se relaciona con el mundo a través de los sonidos, los músicos por ejemplo). El diálogo podría ser más o menos:

Visual: "¿Ves lo que te digo?"
Auditivo: "Pues no me suena a nada"
Visual: "¡Mírame cuando te hablo!"
Auditivo: "Pero... ¡si te estoy escuchando!"

Ambos pueden seguir este diálogo hasta el infinito y no se entenderán a menos que uno de ellos pase a adoptar el sistema representativo (así se denomina a cada uno de los cinco sentidos que usamos) del otro. Según esto hay tres sistemas representativos:

1. VISUAL (usa la vista)
2. AUDITIVO (usa los oídos)
3. KINESTÉSICO (usa el gusto, el tacto, el olfato, y las emociones)

Pero no acaban ahí las diferencias, porque además está el patrón de respiración, la entonación de la voz, las palabras que usa cada persona para describir algo, el ritmo de acceso a la información archivada en el cerebro, las formas de archivo de esa información, los recuerdos (una palabra, un olor pueden despertar una serie de recuerdos en nuestro interlocutor o en nosotros mismos que pueden no favorecernos en absoluto o todo lo contrario).

La PNL es un modelo, y los modelos son supuestamente útiles. ¿Por qué esto? Porque todas las generalizaciones sobre las personas son falsas en alguna persona, dado que cada persona es única. Por ello, la PNL no afirma ser objetivamente verdad, de ahí que se diga que es un modelo. La PNL tiene unas cuantas ideas que son básicas:

- **"El fracaso no existe, SOLO HAY RESULTADOS."** Fracaso es tan sólo una forma de describir algo que no quería. Todos funcionamos a la perfección produciendo resultados, y nadie queda destrozado.

- **"El mapa no es el territorio que describe."** La realidad, la misma, es percibida de forma distinta por cada persona, de ahí que todas las percepciones sean válidas, y la gente pueda llegar a entenderse si se flexibiliza y acepta otras "realidades" como válidas.

- **"Dentro de usted están todos los recursos."** Todos tenemos o podemos crear, los recursos internos que necesitamos para alcanzar nuestras metas. Una persona estará más cerca de alcanzar el éxito si actúa como si esto fuera cierto que si cree lo contrario.

- **"Si alguien puede, usted también."** Tan sólo tiene que "hacer" lo que la otra persona hace, pero adaptado a su personalidad y realidad.

- **"Si hace siempre lo mismo que ha hecho siempre, siempre obtendrá los mismos resultados. Si lo que hace no funciona, haga otra cosa."** Cuantas más opciones, más oportunidades de éxito. Tener opciones significa poder utilizar al menos tres enfoques. A más opciones a la hora de actuar, más posibilidades de acertar. La flexibilidad es fundamental.

- **"No se puede solucionar algo haciendo lo mismo que lo causó."** Varíe, use sus recursos, cambie de estrategia y cambiará el resultado. Pregúntese cómo puede darle la vuelta a la situación, en vez de quedarse atrapado en el "resultado" o en el "efecto".

En la vida es fundamental saber lo qué se quiere. Una vez usted haya definido lo qué quiere alcanzar, será cuestión de definir el cómo (la estrategia), y para ello la PNL dispone de técnicas que le ayudarán a alcanzar las metas que usted se haya propuesto, ayudándole a descubrir sus recursos y cuáles de ellos utilizar. La PNL le ayudará también a hacerse las preguntas correctas, a conocerse a sí mismo y a entenderse mejor.

QUÉ APLICACIONES TIENE LA PNL

El campo de aplicación de la PNL se divide en dos grandes áreas:

- Salud
- Negocios (área profesional), "Management coaching"

En el campo de la salud se ayuda a personas enfermas a pasar de un estado de "incongruencia" a uno de "congruencia" o salud. Se les ayuda a entender y hallar la "causa" de la enfermedad, a cambiar los "efectos," a entender la intención positiva o el porqué de esa enfermedad. Se les ayuda a "reparar" la causa que originó la disfunción o enfermedad física, y desde ahí alcanzar un "objetivo" o resultado de salud perfecta y plena:

- Estrés
- Alergias
- Fobias de todo tipo
- Neuralgias
- Ulceras, otros desórdenes del estómago y/o aparato digestivo
- Depresión
- Ansiedad
- Cambio personal
- Otros (incluido el cáncer)

En el mundo de los negocios y la política para:

- "Management coaching"
  (asesoramiento externo para directivos)

- ventas (vender más y mejor)
- mejorar la creatividad para resolver problemas/asuntos
- mejorar las habilidades como manager
- hablar en público y en general
- comunicar mejor y más efectivamente
- reuniones de trabajo efectivas, productivas y constructivas
- potenciar su capacidad soñadora-creativa, la realista-ejecutiva o la crítica-analítica
- liderar y motivar equipos de trabajo
- potenciar el liderazgo en los managers
- mejorar la empatía y la habilidad de crearla (compartir y dirigir)
- comunicación y/o comportamiento asertivo-efectivo
- negociaciones
- mejorar habilidades de estudio (para un idioma, etc.)
- cualquier asunto que le ocupe a usted en particular

En Estados Unidos muchas compañías (grandes, medianas y pequeñas) entrenan a sus equipos, managers en/con técnicas de PNL. Incluso algún presidente y el ejército han sido y son entrenados con PNL, con grandes resultados y éxito. La PNL es también utilizada por muchos particulares para mejorar su calidad de vida, rendimiento profesional, etc.

¿CÓMO SE TRABAJA Y/O UTILIZA LA PNL?

"MANAGEMENT COACHING" (asesoramiento externo para todo tipo de profesionales, mandos intermedios, directivos...), ASESORAMIENTO INDIVIDUAL

Usted puede optar por la asesoría ("coaching") o entrenamiento privado que se adapta a sus necesidades. En este tipo de asesoramiento/consultoría ("business coaching"), usted expone el tema a resolver-ser tratado, y el profesional de PNL aplicará el método que crea más conveniente después de una sesión informativa (recogida de información) con usted. El número de sesiones de trabajo dependerá de la complejidad y/o variedad del tema así como del "explorador" (término utilizado en PNL para referirse al cliente). La personalidad y la historia personal de cada ser humano introduce variables diferentes a la hora de trabajar con PNL, dado que los modelos de PNL se adaptan a la persona-explorador, y no al revés.

Asesoramiento, Consultoría (COACHING para equipos)

Usted y su equipo, un equipo-departamento de su empresa, o varias personas de su empresa presentan un tema común para todos que puede tratarse de forma colectiva, como si de un equipo se tratase. En este caso se forman grupos, con los cuales se trabajará de forma individual y/o colectiva en función del tema y de las personalidades de los integrantes del grupo.

Seminarios

- Negociación
- Técnicas de Venta
- Motivación y Liderazgo (para directivos)
- Comunicación para directivos y mandos intermedios
- Presentaciones: hablar en público
- Dirección de equipos humanos
- La creatividad como herramienta de trabajo para un profesional, directivo, mando intermedio, etc.

Para estos temas se incluye PNL así como otros modelos y/o técnicas usadas más tradicionalmente.

"COACHING"

El término "coaching" es muv innovador para España, si bien en Estados Unidos hace años que se utiliza en el mundo empresarial. En principio, el "Coaching" fue una disciplina utilizada tan sólo en el campo del deporte profesional americano. Y sigue siéndolo si bien se amplió al área de la empresa. A diferencia de un entrenador (trainer), el "Coach" posee conocimientos de psicología y supervisa la preparación mental del profesional a su cargo.

El "Coach" actúa como entorno-soporte y refuerzo psicológico para el profesional y/o directivo pues valida, enriquece, potencia sus pensamientos, recursos, actos, etc., así como sus valores propios de ser humano, lo cual permite a dicha persona profesional incrementar los resultados de su trabajo y su satisfacción personal. El "Coach" de PNL sabe cómo sacar a la superficie los recursos que todo ser humano lleva dentro, potenciarlos y ponerlos a trabajar para que den su máximo rendimiento. El "Coach" de PNL sabe cómo accionar los resortes que llevarán a esa persona al éxito en el tema que haya elegido. Ahora bien, el directivo o persona que tenga un "Coach" deberá tener una predisposición tanto a mejorar —a poner de su parte el esfuerzo que hay que hacer para evolucionar—, como a recibir asesoramiento del "Coach," de no ser así el proceso puede convertirse en algo inútil, superficial y en una pérdida de tiempo para ambas partes.

En el "coaching" PNL individual, el directivo o persona involucrada debe apoyarse en el "Coach" y hacerle partícipe de todos los aspectos o áreas que quiera mejorar, reforzar o potenciar. Caso de no hacerlo por la razón que fuese, la labor del "Coach" PNL se verá obstaculizada por cuanto al no tener acceso a la información no podrá aplicar ninguna de las técnicas del modelo PNL, o en caso de aplicarlo, éstos no se aprovecharán al ciento por ciento. En el "Coaching" individual o grupal, el profesional "Coach" PNL puede ayudar en la medida que los receptores del "coaching" acepten que es una labor en la que han de confiar tanto en el "Coach" PNL como en la técnica. Cuánto más se impliquen, mayores serán los resultados y mejores los éxitos. En el "Coaching" PNL se trata de ayudar al directivo, al ser humano a que encuentre sus recursos, mejore su rendimiento, alcance sus objetivos y pueda superarse a sí mismo. La relación que se da entre el receptor del "coaching" y el "Coach" PNL no es la clásica de médico-paciente, ni la de profesor-alumno. El "Coach" PNL es una mezcla de asesor y terapeuta (por cuanto ayuda a la persona a sacar lo mejor de sí mismo), no teniendo nada que ver con el terapeuta psicoanalista tradicional ya que no analiza el contenido del discurso sino que asiste a la persona en su redefinición, lo potencia y le ayuda a integrarlo una vez se ha mejorado éste. De hecho a la persona receptora de PNL se le llama "explorer", y al "Coach" se le conoce como "guía".

El "Coaching" PNL permite tratar problemas concretos personales y de organización. El "Coach" PNL no le dice cómo debe hacerlo, en vez de eso le ayuda a alcanzar sus objetivos mediante el hallazgo de los recursos que todo ser humano lleva dentro, la eliminación de los obstáculos que le impiden alcanzar su meta, la potenciación de sus capacidades, el descubrimiento de éstas o la redefinición de las mismas.

Compruebe usted mismo las ventajas de tener un Coach PNL. Ayúdese a sí mismo, use su cerebro de un modo diferente, mejore sus rendimientos, use todos los recursos de que dispone y cambiará su vida alcanzando todas las metas que se proponga. Si otros pueden, usted también, lo único que le hace falta es descubrir el cómo, en eso PNL puede ayudarle a hallar la llave del éxito que... está en usted mismo.

Primera Parte

Cómo usar el poder y los recursos ilimitados que todo ser humano lleva dentro

1

Cómo usar nuestros recursos

"Sin emoción no puede darse la transformación de la oscuridad en luz y de la apatía en movimiento"
CARL G. JUNG

Crear abundancia de algo en nuestra vida, es estar abierto a que el Universo nos impulse a dejarnos guiar por el plan de navegación vital codificado en nuestra esencia interior. Nada más bello que seguir la inclinación natural del plan divino. Cada vez que nos preocupamos, nos enfadamos o nos alteramos por cualquier razón, nos alejamos del plan divino que mora en nuestro interior, y al hacerlo, conectamos con los "programas de baja frecuencia", o lo que es lo mismo, con esos que nos desaniman y socavan nuestra autoestima, haciéndonos ser escasos en algo. Las personas prósperas, felices, satisfechas de sí mismas, cuya vida está llena de abundancia no son ni más trabajadoras que usted, ni poseen más dinero. Lo que sí les diferencia del resto, es la actitud mental y el uso de sus recursos (los que tienen como seres humanos), pues la prosperidad es un 98% de preparación mental y 2% de acción externa. Dichas personas son inmunes a la mentalidad catastrofista de otros observando en sí mismas, y manteniendo en todo momento, una actitud mental positiva, pues saben que la realidad para cada uno es y puede ser muy diferente:

"What you think about, is what you expand"
(Aquello que piensas, es lo que creas)
WAYNE DYER

Si uno se centra en la escasez eso es lo que generará y/o atraerá, bien a través de relacionarse con personas que no le aporten nada (no sólo en términos de dinero, sino en lo referente a amistad verdadera, cariño, sinceridad, respeto, inspiración, etc.), bien a través de bloquear la entrada de energías inspiradoras. Las energías de escasez vibran en algo que podría llamarse "rueda de escasez" del mundo, y que está conectada a la Sombra. Por oposición, hay otra de "ABUNDANCIA" conectada y vibrando en la Luz. La luz nos convierte en positivos, hace resaltar e ilumina lo mejor de cada uno de nosotros. Cultivar la autoestima, o "vibrar en la Luz", significa no pensar mal acerca de nosotros mismos; no utilizar palabras negativas para describir situaciones, hablar de alguien, del mundo o de acerca de nosotros mismos; no insultarnos; no sentirnos culpables; no castigarnos ni a nosotros mismos ni a los demás. Cultivar la autoestima, Vibrar en la Luz, significa hacernos responsables de nuestras vidas y de nuestros actos, aceptando las consecuencias de cada cosa que hacemos, decimos o pensamos. Toda vez que iniciamos una acción debemos asumir que habrá una reacción, la vida se compone de acciones y creaciones, cuando no le guste la reacción que sigue a una acción iniciada por usted, en vez de sentirse culpable o fracasado pruebe a hacer algo diferente una y otra vez hasta obtener el resultado deseado, eso sí, tome buena nota de cada resultado obtenido, es decir, aprenda de sus resultados (muchos les llaman "errores"); aprendiendo de sus resultados le será más factible rectificar el rumbo y así alcanzar la meta que desea, ya sea ésta de salud, de negocios o de relaciones.

Para comprender todo esto, y diseñar nuestra propia vida, los seres humanos hemos nacido con un regalo maravilloso: NUESTRO CEREBRO. Nuestro cerebro puede ayudarnos a conseguir cualquier cosa que deseemos. Nuestro cerebro espera ansioso cada una de nuestras ordenes. Todo lo que requiere es una pequeña porción de fluido: oxígeno en su sangre y un poco de glucosa. Nuestro cerebro es el computador más perfecto que existe, además de inigualable: puede procesar 30 billones de bits de información por segundo, y contiene lo que podría ser el equivalente a unos 10,000 kilómetros de cables. El sistema nervioso humano contiene cerca de 28 billones de neuronas (células nerviosas diseñadas para llevar los impulsos). Sin las neuronas, nuestro sistema nervioso sería incapaz de interpretar la información que recibe a través de nuestros órganos sensitivos, incapaz de transmitirlo al cerebro e incapaz de traer de vuelta las instrucciones que el cerebro le da acerca de cómo hacerlo. Cada una de estas neuronas es una diminuta computadora en sí misma capaz de procesar cerca de un millón de bits de información.

Aunque las neuronas actúan de forma independiente, se comunican con otras neuronas mediante una asombrosa red nerviosa de 160.000 kilómetros. El poder de nuestro cerebro para procesar información es increíble, asombrosamente grandioso, especialmente si se tiene en cuenta que cualquier computadora —incluso la más potente— tan sólo puede realizar una conexión por vez. Por contraste, la sola reacción en una neurona puede ocasionar a su vez una reacción en cadena en cientos de miles de otras neuronas en menos de 20 milisegundos, o lo que es lo mismo cerca de 10 veces menos de lo que tarda un ojo en parpadear, para que se haga una idea. Por ello un cerebro puede reconocer una cara familiar en menos de un segundo, hecho que queda fuera del alcance de cualquier computadora actual. La explicación de cómo el cerebro puede hacer esto a tamaña velocidad estriba en que, a diferencia de las computadoras que lo hacen paso a paso, los billones de neuronas pueden acometer simultáneamente las tareas.

Por lo tanto, ¿cómo es que con todo este poder a nuestra disposición, no conseguimos mantenernos felices y prósperos constantemente? ¿Por qué no podemos cambiar nuestros hábitos de beber, fumar, comer en exceso o fastidiarnos a nosotros mismos? ¿Por qué no podemos deshacernos inmediatamente de una depresión, acabar con nuestra frustración y sentirnos alegres todos los días de nuestra vida? **¡PODEMOS! ¡Tenemos a nuestra disposición la computadora más poderosa del planeta! Pero... nadie nos ha dado el manual de usuario.** Muchos de nosotros no tenemos ni la **más** remota idea de cómo funcionan nuestros cerebros, por lo que, tratamos de crear nuestro propio camino para el cambio, cuando nuestra conducta está profundamente arraigada en nuestro sistema nervioso en forma de conexiones físicas llamadas **conexiones neurológicas, o neuroasociaciones.**

A partir del estudio, por parte de los neurólogos, de cómo funcionan las asociaciones neurológicas, se sabe que las neuronas están constantemente enviando mensajes electroquímicos de ida y vuelta a través de vías neurológicas al cerebro. Esta comunicación sucede sólo una vez, cada idea o memoria moviéndose a lo largo de su propia vía mientras literalmente billones de impulsos diferentes viajan en sus vías particulares. Esta organización nos permite detectar mentalmente una memoria cualquiera a partir de tan sólo el aroma de una gota de perfume, del rumor de la lluvia en la calle, de las notas de una melodía, del sabor de una deliciosa comida, del tacto de un trozo de seda, del rojo profundo de una rosa.

Este complejo sistema no sólo nos permite disfrutar de la belleza del mundo, sino que nos capacita para sobrevivir en él. Toda vez que experimentamos una cantidad significativa de placer o dolor, nuestro cerebro busca la causa y la archiva en nuestro sistema nervioso con el propósito de permitirnos tomar mejores decisiones en el futuro acerca de qué hacer. Para clarificar esto diré que sin la neuroasociación en su cerebro, que le permitiese recordar que toda vez que pone los dedos en un enchufe corre el riesgo de electrocutarse, repetiría este error una y otra vez hasta producirse a usted mismo un daño considerable. Por lo tanto, las neuroasociaciones proveen rápidamente nuestros cerebros con señales que nos ayudarán a acceder de nuevo a nuestras memorias y a movernos por la vida de forma sana y salva, sin tener que repetir el mismo error o experiencia una y otra vez. Cuando hacemos una cosa por primera vez, estamos creando una conexión física, una sutil hebra que permitirá acceder de nuevo a esa emoción o conducta en el futuro. Cada vez que repetimos una conducta, la conexión se refuerza. Añadimos otra hebra a nuestra conexión neuronal. Con repeticiones suficientes y una intensidad emocional determinada, podemos añadir varias hebras simultáneamente, incrementando la intensidad de este patrón de conducta o emocional hasta que tenemos una "cuerda" (roma) que nos lleva a esa emoción o conducta. Eso es así cuando nos encontramos impulsados a comportarnos de esa forma determinada o a experimentar esos sentimientos de forma **consistente.** En otras palabras, esta conexión se convierte en una "gran autopista" neuronal que nos impulsará automática y consistentemente a esa conducta. **Esta asociación neuronal es una realidad biológica, es física.**

Tenemos pues, la razón de por qué **no** funciona el tratar de hacer cambios sin tener esto en cuenta. Es por ello que repetir frases positivas sin recorrer el camino neuronal ya creado, deshacerlo y volverlo a hilvanar (realizar una sustitución), no funciona. Los caminos o asociaciones neuronales son herramientas de supervivencia, protegidas perfectamente mediante conexiones físicas en nuestro sistema nervioso, y no "memorias" intangibles. En la Universidad de California en San Francisco, Michael Merzenich ha probado científicamente que cuanto más nos recreamos o reproducimos un tipo de conducta, es decir más repetimos una y otra vez el mismo comportamiento, más fuerte se vuelve el patrón de conducta, o lo que es lo mismo, a modo de metáfora se puede decir "queda grabado a fuego".

"No basta con tener una buena mente,
lo más importante es usarla bien"
R. DESCARTES

Dentro de ese cerebro, se observan además dos hemisferios, el derecho que rige la parte creativa e intuitiva del ser humano, y el izquierdo que gobierna la razón, la lógica. Pero aparte de las funciones físicas de cada uno de esos hemisferios, hay algo intangible que no se localiza mediante el scanner. Será algo inaprehensible, pero no por ello deja de ser poderoso, nos referimos a la energía denominada "mente" que mora no sólo en el cerebro físico alojado en la cabeza, sino también en el abdomen. Recientes descubrimientos científicos hablan de la existencia de un cerebro en la región abdominal, hecho que al parecer conocían ya desde tiempos en Oriente. Se habla de que el ser sólo puede hallar la serenidad interior, o un estado de gracia, cuando ambos cerebros están en conexión, cuando usamos ambos.

> ***"Sí queremos alcanzar un estado de sabiduría, de serenidad, de gracia interior (blissful state), debe existir una conexión entre ambos"***
>
> STEPHEN GILLIGAN
> (PH.D Psicólogo americano y NLP)

Pero esa inspiración maravillosa (mente, psique...) que posee el ser humano, y que algunos poetas y místicos han dado en llamar ánima o alma, no se reduce tan sólo a una parte consciente, esa parte de nosotros con la que creemos funcionar habitualmente. La mente es compleja. Más de forma aparente es el consciente el que organiza y dirige nuestra vida, aunque tan sólo puede manejar entre 5 y 7 datos a la vez. Existe una parte denominada "inconsciente" (C. Jung) o "subconsciente" (S. Freud), que, al parecer, es en verdad nuestra principal herramienta, la gran base de datos que guía nuestras vidas. En el inconsciente existen muchos aspectos o partes de nosotros, a saber, el animus, el ánima, el Self, la Sombra, apareciéndose o tratando de comunicarse con el consciente *(logos)* a través de los sueños, y de sincronicidades. "Sincronicidad" es el término que el Dr. Jung empleó para describir las "coincidencias significativas" de hechos externos e interiores que no están casualmente conectados. El énfasis reside en la palabra "significativo". Pongamos por caso que un tren descarrila, y yo estornudo al mismo tiempo, en estos dos hechos no existe ninguna sincronicidad, tan sólo una coincidencia de dos hechos carente de significado. Sin embargo, pongamos por caso que he comprado un pato azul, y que en su lugar me mandan uno negro al tiempo que muere algún familiar o persona cercana, podría tratarse de una coincidencia significativa.

Los dos acontecimientos no están causalmente relacionados, pero están conectados por el significado simbólico que nuestra sociedad le da al color negro. En sus escritos, el Dr. Jung cuenta que, siempre que se encontraba con coincidencias significativas en la vida de un individuo, había un arquetipo activado en el inconsciente del individuo en cuestión.

> ***"La única aventura real que le queda a todo ser humano es la exploración de su propio inconsciente. El propósito último de dicha búsqueda es el de crear una relación armoniosa y equilibrada con el Self"***
>
> CARL G. JUNG

El inconsciente está lleno de arquetipos y de símbolos, siendo mediante ellos que "cuenta historias" al consciente, siempre tratando de ayudarnos a alcanzar nuestro objetivo: "la creación de una relación armoniosa con el Self". Es en este inconsciente en donde quedan archivadas las asociaciones neuronales una vez hechas, pero como ya se desprende de las explicaciones anteriores, la comunicación de éstas al consciente no se hace mediante un lenguaje lógico y real como el utilizado por el consciente, sino que usa la simbología, el lenguaje abstracto, las metáforas, los arquetipos. Por lo tanto, muchas veces sabemos de las asociaciones neuronales existentes en nosotros, sabemos el porqué de una conducta, conocemos cómo podríamos hacer para mejorar en algo, o qué es lo mejor para nosotros en un momento dado. Pero el hombre moderno, habitante de las grandes y pobladas urbes está "alejado" de su Self, de su centro interior, por lo que le resulta complicado en ese estado de estrés atender y descifrar los mensajes que su inconsciente lanza a su consciente. De ahí que desarrolle conductas, que en vez de ayudarle a salir de su estrés, le sumergen cada vez más en él.

Todo individuo reacciona de una forma muy diferente ante un estímulo dado, y cada uno de nosotros tiene lo que en NLP (en Inglés: Neuro Linguistic Program; Programación Neurolingüística/PNL, en Español) se ha dado en llamar "INTENCIÓN POSITIVA." Las personas actuamos y/o reaccionamos de la forma que creemos que será la mejor para nosotros y de la mejor manera que sabemos ante una circunstancia o hecho, aunque ello no sea la manera más saludable de obtener el objetivo perseguido. A posteriori podremos analizar lo ocurrido y muchos de nosotros diremos: "ahora lo haría de otra manera". Y es cierto, "ahora" pero no entonces. Entonces reaccionamos de la mejor forma que supimos acorde a la experiencia que teníamos entonces, los conocimientos, información y etcétera. Pero no sólo eso, incluso detrás de cada "enfermedad," experiencia, "problema", obstáculo, existe una INTENCIÓN POSITIVA, y lo más productivo consiste en hallarla y no en criticarnos o en darnos a conductas destructivas. Las experiencias o situaciones que creamos (cada uno es dueño de su destino) o en las que por la razón que sea nos vemos involucrados, tienen un propósito, que generalmente es el de APRENDER algo que nos falta, que le falta aún al Ego en su tarea de crear una relación armoniosa con el Self.

Todo en esta vida puede llegar a aprenderse, TODO. Una vez usted decida que su vida está en sus manos, que usted es dueño de su propio destino, comenzará a darse cuenta de que no hay nada casual, de que todo forma parte de una red de sincronicidades tejida digamos por el Self para que nos acerquemos a nuestra MISIÓN-Self en esta vida, para que cumplamos nuestro plan divino codificado en nuestra Esencia o Self. La responsabilidad de nuestros actos es algo que lleva implícita la madurez. Si bien me estoy refiriendo a la madurez psicológica que no al cumplir años físicos. Madurez y Responsabilidad van unidas, la una sin la otra no existen.

Y madurez es también asumir que toda acción conlleva una reacción, que puede que no nos guste, pero que es así. Si bien toda vez que no obtenemos algo en la vida preferimos calificarlo de "desastre, mala suerte, obstáculo, problema, fracaso, etc.", como puede observarse todas ellas son palabras vacías de energía, de entusiasmo y de alegría —ingredientes necesarios para ser feliz—. Cuando en verdad todo experimento en la vida tiene un resultado, que nos guste o no el resultado es otro cantar. Si optamos por pensar que vivir es un continuo experimento en donde no se dan fracasos sino RESULTADOS, observaremos que se produce una "química" interior en nosotros muy diferente a la que provoca la palabra "fracaso". Vivir es experimentar, y debe asumir ya desde ahora mismo que tal vez nunca obtenga lo que desea la primera vez que experimente, tal vez le lleve un buen número de "T.O.T.E" (Test Operate Test Exit = Pruebe Haga Pruebe Salida/Objetivo logrado), con sus aprendizajes incluidos el lograr su meta, pero cada vez que obtenga un resultado diferente al buscado diga lo que T. Edison cuando le preguntaron cómo se sentía después de repetidos intentos fallidos (= "fracasos" en la jerga habitual) cuando trataba de inventar la bombilla eléctrica:

"Ahora sé equis maneras de
cómo no hacer una bombilla eléctrica"
THOMAS EDISON

Todo viaje comienza con un primer paso. Pero antes de pasar a hablar acerca de cómo es el proceso de aprendizaje, diremos que no sólo es importante saber (DEFINICIÓN) el objetivo que se quiere alcanzar, sino MANTENER LA ATENCIÓN para darnos cuenta de cuándo nos estamos desviando del rumbo, y la FLEXIBILIDAD para rectificar y seguir dirección al objetivo. La consecución de una meta en la vida es una combinación de ensayo-error-acierto (T.O.T.E), lo importante no son los "errores" intermedios sino el APRENDIZAJE que de ellos resulta.

"No se soluciona algo con lo mismo que lo originó"
ROBERT DILTS
(Director de la NLP University, USA)

El proceso de aprendizaje comienza con una llamada de atención del inconsciente al consciente, mensaje que podría ser algo así como: "Tengo-tienes que aprender tal o cual cosa". Pero el aprendizaje en sí de algo por primera vez, es tarea propia del consciente. Una vez se ha aprendido lo que fuera que estaba pendiente, pasa al inconsciente, pues el consciente debe seguir ocupándose de todas las cosas cuyo archivo o experiencia aún no existe en el inconsciente, por ser nuevas o por no necesitar de un archivo o asociación neuronal para interacturar con ellas en el hacer de la vida cotidiana.

El proceso de aprendizaje podría explicarse de la forma siguiente:

Fase 1a. No somos conscientes de que no sabemos, es decir, desconocemos que no sabemos algo.
Fase 2a. Somos conscientes de que no sabemos.
Fase 3a. Durante el proceso de aprendizaje e inmediatamente después somos conscientes de que sabemos.
Fase 4a. Somos inconscientes de que sabemos.

Un ejemplo podrá aclararlo más:

Fase 1a. No sabemos que no sabemos conducir un coche, tal vez nunca hayamos visto uno, tal vez nunca pensamos que fuese complicado... Aún no hemos llevado al consciente la idea de que no sabemos hacer tal cosa, es decir, pertenece al reino del inconsciente tal conocimiento. No existe la asociación neuronal.

Fase 2a. Cuando nos encontramos con un coche y no podemos hacerlo funcionar ni manejarlo es cuando **sabemos que no sabemos conducir** y por ello debemos matricularnos en una auto-escuela con el fin de aprender a manejar el auto. Éste es el momento en que la idea pasa del inconsciente al consciente: nos hacemos conscientes de nuestra ignorancia. Nos apercibimos de que NO existe la asociación neuronal.

Fase 3a. Estamos aprendiendo a conducir, cada vez lo hacemos mejor. Toda vez que subimos al coche repetimos todos los pasos pertinentes con plena consciencia de cuál es cada uno de ellos, nuestros cinco sentidos están plenamente centrados en lo que estamos haciendo: "el embrague y el cambio de marchas a la vez, etc." El consciente está encargado durante todo el tiempo que dura el aprendizaje, pues bucea en el inconsciente y la asociación neuronal sigue necesitando de más "hebras" para ser recordada (habrá que darle más consistencia).

Fase 4a. Ya hemos aprendido a conducir, y tenemos muchas horas de práctica al volante, por lo tanto cada vez que cogemos el volante del coche lo hacemos de forma automática, ya no pensamos en si hay que apretar el embrague para cambiar de marcha, o pisar el freno cuando veamos una luz verde, y etcétera. Somos ya unos expertos en el arte de la conducción y podemos conversar, escuchar música al tiempo que conducimos. Nuestra mente inconsciente está al mando, es decir, conduce el vehículo, por lo que nuestra mente consciente puede prestar atención a otras cosas. El camino o asociación neuronal ya es un hecho, y queda ahí encargado del conducir (patrón de conducta aprendido y repetido suficiente número de veces para haberse convertido en automático).

Interesante es el proceso de aprendizaje del ser humano, pero mucho más lo es su psique. Y es que el ser humano tiene una psique profundamente sabia que, entre otras cosas, le guía hacia completar su misión en esta vida y alcanzar sus metas. Además de esto último, la psique manda impulsos al consciente tratando de corregir todo aquello considerado erróneo según el plan codificado dentro de cada ser y que puede resultar perjudicial tanto para la persona misma como para sus semejantes. Dichos impulsos suele mandarlos a través de los sueños, ya que es en estado de relajación (por técnicas de meditación, hipnosis o por el hecho natural de dormir), cuando el consciente deja de intervenir, es decir, la persona deja de utiliza su hemisferio izquierdo del cerebro en este caso para bloquear la información que viene del inconsciente utilizando la lógica, la razón. La parte consciente de la mente tiene unos mecanismos de defensas muy poderosos (bloqueadores del "dolor"), mediante los cuales crea barreras de defensa de muy distinta índole (adicción a la bebida, exceso de peso, resentimiento, dejar de hablar a un ser querido, faltarse al respeto a uno mismo y a los otros, adicción al sexo, adicción al trabajo, conducir bajo los efectos del alcohol, fumar, adicción a una o varias relaciones, etc.), en verdad estas barreras tienen esa "intención positiva" de la que hablamos anteriormente, ya que cada uno de nosotros reacciona de la mejor manera que sabe ante un hecho determinado. Nadie que supiese conscientemente que tiene algo llamado OPCIONES, optaría posiblemente por conductas adictivas o autodestructivas como mejor forma de solucionar algo o de afrontar un asunto. Cada ser humano solventa las experiencias que se le presentan en su vida acorde con las asociaciones neuronales de que dispone. O lo que es lo mismo, acorde a su historia personal, sea o no consciente de ello.

Pongamos por caso que una persona ha observado desde su más tierna infancia, en su entorno familiar y/o social, una determinada respuesta ante una situación o estímulo dado, es decir, ha creado una asociación neuronal, un camino tejido de muchas y fuertes hebras, para esa experiencia concreta. Toda vez que, posteriormente o en edad adulta, se presente el mismo tipo de situación tenderá a reaccionar de la misma manera, es decir, recreará el mismo patrón de conducta una y otra vez hasta que aprenda a crear otro tipo de conducta como respuesta al mismo estímulo. El nuevo patrón de conducta que sustituya al viejo deberá venir precedido de una toma de decisión del sujeto, es decir, el sujeto se habrá hecho consciente que dicho patrón de comportamiento —reacción— ante un estímulo dado ya no le sirve y por ello buscará sustituirlo por otro que le permita alcanzar sus objetivos. El nuevo patrón de comportamiento reemplazará al contenido de la antigua asociación neuronal, es decir, se tejerá con nuevas hebras. Por regla general dicho cambio de patrón de comportamiento a modo de respuesta ante un hecho exterior dado, no suele producirse hasta que se alcanza un punto de dolor máximo, hasta que se alcanza un nivel de saturación que podría llamarse de "¡Basta ya, hasta aquí podíamos llegar!" A menudo ese "¡basta ya!" suele producirse después de que el inconsciente haya estado mandando muchos y repetidos mensajes al consciente a través de los sueños. Para algunos ese grito del Self de "basta ya" se observa en hechos calificados por algunos de "crisis graves", a saber: divorcio, pérdida de un ser querido, despido laboral, quiebra financiera, enfermedad, etc. Para otros se da en las llamadas "crisis existenciales", a saber: cumplir 40, 50, 60... años; jubilación; maternidad; paternidad; menopausia, etc.

> ***"Los cambios, las transformaciones sólo se producen cuando la persona toma la decisión de cambiar, y se compromete consigo misma. Nadie que no se quiera ayudar a sí mismo puede ser ayudado por nadie".***
>
> R. FORNER

El caso es que, a pesar de que el inconsciente ha tratado de comunicarse con el consciente (Ego) a través de sueños y puede que por tratarse ésta de una comunicación (la del alma con el ego) basada en símbolos, arquetipos, metáforas —toda una suerte de lenguaje abstracto que al hombre le cuesta descifrar toda vez que utiliza para comprender al alma los mismos códigos que para entender a la mente racional— dice pillarle de sorpresa y no entender POR QUÉ le ocurre lo que le ocurre. "¿Por qué a mí?", claman muchos humanos elevando la vista al cielo como si de una plegaria se tratase. De haber prestado atención a su mundo onírico, de haber intentado descifrar a sus sueños le hubiese sido más fácil comprenderse a sí mismos. Sin embargo, empleamos muchas más energías en tratar de huir de nosotros mismos —tarea probadamente imposible— que en acercarnos a nuestro núcleo.

Es más, se da otro factor, y es que todo lo negado de nosotros mismos es "enviado" al inconsciente, siendo "archivado" en una zona que los analistas jungianos han denominado "sombra" (la zona oscura del ser humano). Cuando no queremos aceptar algo de nosotros mismos o de lo que sucede en nuestras vidas, abrimos el apartado "Inconsciente-Sombra" y lo dejamos ahí con la esperanza de que deje de molestarnos. Lo cierto es que nunca deja de "molestarnos" —los fantasmas aporrean la puerta una y otra vez sin descanso—, puesto que esa parte clama por ser reconocida y devuelta a la luz.

Una forma clara y sencilla, de detectar qué es lo que quiere ser devuelto a la luz, es mediante la observación sincera de lo QUE nos molesta profundamente en otros: "el enemigo siempre está fuera de nosotros mismos", piensan muchas personas. Sin embargo, lo llevamos dentro, y no es precisamente un enemigo.

Pongamos por caso que a alguien le molesta enormemente que otra persona sea feliz, que viva la vida a su aire siendo tan sólo sincera consigo misma y respetándose en todo lo que hace y dice, puede que la razón que subyazca detrás de la "indignación" sea algo así como "celos", que traducido podría leerse como "me siento incapaz de ser sincera conmigo misma, de hacer lo que creo que debo de hacer, de vivir mi vida de acuerdo con mis propias creencias y no las de los demás". Dicha persona en vez de reconocer que está escogiendo "no vivir su vida siguiendo su luz interior", lo cual le proporcionaría los ingredientes necesarios (a saber: fuerza, luz, coraje, amor, etc.) suficientes para construir la libertad de ser ella misma, escoge "proyectar en la otra su oscuridad, su negación" porque cree que "si la otra persona cambia, cambiará mi vida". Por lo tanto, basándose en este razonamiento, escoge cambiar a la otra persona, creyendo que será más fácil, en vez de evolucionar ella misma. Pero nunca mejorará nuestra vida por más que los demás llegasen a cambiar, hecho que además nunca se da puesto que aunque los demás parezcan cambiar lo que en verdad están haciendo es "negarse a sí mismos", y esa negación del Ser trae consigo terribles consecuencias para el individuo que observa y siente como su vida se vacía de contenido, de alegría, de sentido y pasa, como bien definió el psiquiatra español Rojas Marcos, a "suicidarse psicológicamente en vida". Nadie cambia por orden o deseo de otro, lo que sí hace el ser humano es EVOLUCIONAR, pero lo hace a instancias propias.

Es cierto que requiere mucho coraje el atreverse a ser uno mismo, a reconocer la "viga en el ojo propio", a mirar en la psique y adentrarse en la zona de sombra a luchar contra los monstruos que creemos ser-tener dentro. Todos llevamos dentro los arquetipos de "luz y sombra", de "guerrero y amante", de "rey-reina" y "mago". Todos somos todo a la vez, y cada vez que alguien se define como "flexible" debe aceptar que dentro de sí mora también su opuesto "intolerancia". No se trata de eliminar los opuestos, sino de aceptarlos y de equilibrarlos, sabiendo que en nuestra forma humana tenemos de ambos, y que es maravilloso poder disfrutar de los dos al mismo tiempo. Negar que llevamos, por ejemplo, un guerrero dentro no nos hará ser más amorosos y caritativos con el prójimo: "no se puede dar lo que no se tiene", es decir, la relación que tendré con los demás es la que tendré conmigo mismo. No puedo tratar con respeto a alguien sino he aprendido a tratarme con respeto a mí mismo; no puedo ayudar a alguien a mejorar su vida si antes no he aprendido a mejorar la mía. Desde la incongruencia no se puede ayudar, tan sólo añadir más confusión a la ya existente. Aceptando que somos Luz y Sombra, nos será más fácil vivir. La aceptación de la idea o posibilidad de que muchas de las cosas que creemos ver en otros, resulta ser el reflejo de algo que está en nosotros, nos permite reparar y llevar a la Luz lo que de negado hay de nosotros mismos, es decir, lo que hemos colocando en la "Sombra".

Culpar a los demás o al mundo, a la Vida, de nuestras "desgracias" no lleva al camino de salvación, no reporta, solución ni cambio alguno en nuestra situación. El POR QUÉ nos suceden determinadas cosas puede ser muy variado, pero sea cual sea el origen o razón de ese acontecer, algo que sí está en nuestras manos en este mismo instante es "aceptar que el vivir tiene sus cosas". La aceptación responsable de que estamos inmersos en un mundo que no controlamos, piense en la cantidad de seres humanos que están viviendo su vida/obra al mismo tiempo que usted, nos confiere un poder inmenso sobre nuestra propia vida: yo escojo dirigir mi vida, aceptando que mi libertad se encontrará con la frontera de otras libertades lo cual me llevará a respetar y a hacerme respetar, a asumir que no siempre obtendré lo que quiera aún a pesar de haber hecho todo lo que debía y estaba en mis manos. Uno tiene poder sobre su propia vida, pero carece del mismo sobre la de otros, es decir, no debemos esperar que los demás vivan su vida con el fin de satisfacer todos y cada uno de nuestros deseos. Si bien es cierto que muchas veces les "obligamos" o condicionamos a ello mediante la presión unas veces soterrada, otras deliberadamente clara, de la manipulación afectiva. La hipótesis, desarrollada por otros y que yo comparto, es que abundan las víctimas (esas personas que a través de comportamientos y/o acciones determinadas obtienen lo que quieren obtener de otros), porque existen otras muchas "salvadoras" (las que creen que sólo es posible obtener amor a través de satisfacer los deseos de los demás), con lo que se pasan la vida haciendo cosas no porque quieran hacerlo sino para obtener algo que de otra forma, creen ellas, no obtendrían.

"Los ángeles pueden volar porque se toman a sí mismos a la ligera"
G. K. CHESTERTON (1874-1936), *escritor inglés*

Las personas que se dedican a ser felices, a respetarse a sí mismas y por ende, a satisfacer sus deseos, es decir, a vivir su vida de acuerdo a su escala de valores y no de acuerdo a la de nadie más, son esas personas que yo llamo "transparentes", que lo que son y lo que muestran es lo mismo. Con ellas no hay engaño, son genuinas, son interdependientes (independientes cuando han de serlo, y sanamente dependientes cuando quieren: son felices cuando están con otras personas pero no dependen de ellas para ser felices). Son las personas "refrescantes", mi amiga Patricia Ryle las llama así, pues según ella estar con ese tipo de personas es como una bocanada de aire fresco, uno puede relajarse y dejar de tratar de averiguar qué quiere decir cuando dice lo que dice, o qué habrá detrás de determinada conducta... Esas personas GTyF (Genuinamente Transparentes y Refrescantes), han creado una relación de armonía con su Self, una auto-aceptación incondicional de cómo son, y eso es lo que comunican y transmiten a los demás: serenidad y paz interior, congruencia. Desde ese punto de luz interior pueden crear milagros, pues ellas son magia en sí mismas.

Mas, ¿qué significa ser abundante? ¿Es algo que tiene que ver tan sólo con el dinero, el poder y lo material? ¿Va más allá de lo material...? En mi opinión, va más allá de lo material, es más, la abundancia es primero que nada un estado de consciencia, una cualidad de vibrar en la Luz, un estado de gracia donde todo se nos antoja maravilloso, donde somos capaces de encontrarle el lado bueno y positivo a todo. Es un don traído de otras vidas, un don traído por todos y cada uno de los seres encarnados en la Tierra, si bien a muchos se les ha olvidado cómo conectar con su abundancia interior.

Es cierto que existen personas felices y con dinero, lo mismo que las hay con dinero y no felices, pobres y felices, pobres y no felices. Ahora bien, tener dinero no es nada malo, lo mismo que ser pobre no es ninguna virtud. Tan sólo depende de la relación que se establezca con el dinero, de si nos esclavizamos en esa relación o no, de si valoramos a las personas en función de lo que tienen (casa, dinero, cargo en la empresa, profesión, en qué barrio viven, modelo de coche, fama, etc.) o por lo que simplemente son, pues al fin y al cabo tan sólo somos seres de luz encarnados en materia (seres espirituales viviendo una experiencia humana) para poder venir al paraíso Tierra a seguir aprendiendo y sanando. El dinero, al fin y al cabo, es una corriente de energía con la que uno escoge tanto la naturaleza de la conexión como el tipo de relación, pero que no sustituye a la felicidad ni ayuda a alcanzarla, no se confunda. La felicidad, la seguridad interior no se alcanzan mediante el dinero, sino por sí mismas.

La abundancia está relacionada con la capacidad de crear éxito que tenemos cada uno de nosotros, es decir, la disposición a utilizar o materializar la abundancia interior, en ponerla a nuestro servicio aquí en la Tierra.

¿Quién es el que decide que unas cosas tengan éxito y otras fracasen? ¿De verdad existen los fracasos? ¿O son más bien oportunidades de éxito? Como ya apuntamos antes, emitimos un juicio cuando nombramos a algo "fracaso", y generalmente está basado en comparaciones. Pero no existe una comparación válida para ninguno de nosotros; porque cada uno de nosotros es un ser original y único. Y cada cosa que hacemos es exitosa o tiene éxito, si escogemos calificarlo así.

La botella siempre está medio llena o medio vacía.

Cada cosa que hacemos en esta vida es un experimento. Hasta que no lo hacemos no sabemos como resultará, y el resultado está siempre bien, es el mejor para nosotros en ese momento, aunque no sea lo que esperábamos que fuese. A partir de ahí decidimos si lo intentamos de nuevo o no y cómo. Aprenda a experimentar y no juzgue el resultado como éxito o como fracaso. En vez de eso, preste atención a lo que ha aprendido y lo bien que se lo pasó mientras lo hacía. Concéntrese en lo que ha aprendido y no en si fue éxito o fracaso, todo depende del color del cristal con que lo mire. Lo que un día se le llamó fracaso, puede considerarse éxito años después, al volver la vista atrás y observar que el éxito podría no haberse dado de no existir ese fracaso. La vida está llena de ejemplos de esos, lo que ocurre es que no les prestamos ninguna atención y nos falla, además, la memoria.

> ***"Fracasar en conseguir un objetivo puede significar el obtener su auténtico objetivo"***
>
> ANTHONY ROBBINS

Haga una lista de sus valores. Si quiere saber si es una persona de éxito o no, mire sus valores y pregúntese a sí mismo si los ha comprometido (puesto en peligro) de alguna manera. "Comprometer los valores de uno" significa que no se ha sido sincero con uno mismo; ha creado una grieta en su consciencia. Piense en los momentos en que se sintió fracasado y piense sino será que actúa en contra de sus valores. Cuando se encuentre sintiéndose como un fracasado, perdónese y concéntrese en cambiar lo que está haciendo para volver a alinearse con sus valores por el mejor bien de todo lo que está involucrado.

Cuando pensamos en el éxito, demasiado a menudo le ponemos una medida monetaria, o democrática, es decir, tomamos por válido lo que dice o piensa la mayoría. Esto puede ocasionar que acabemos comprometiendo lo que es auténtico para nosotros, que traicionemos nuestra escala de valores. Hasta los "alcohólicos del trabajo" o adictos a trabajar que están obsesionados con ascender la ladera del éxito, llega un momento en que se cuestionan sus valores y acaban cambiando, comenzando a tener una vida más plena de sentido y más sencilla. De hecho, en Estados Unidos, se está desarrollando un nuevo estilo de vida bautizado como "Downshifting," que consiste en trabajar menos (y tal vez ganar menos), pero tener más calidad de vida (tiempo libre, etc.). Yo le llamo "Esencia española," ésa que nos ha impulsado siempre a disfrutar de la Vida y del sol. Es cierto que esto está cambiando aquí, o que cambió, desde que decidimos adoptar los patrones de comportamientos adictos al trabajo y caímos en las redes del "consuma hoy y pague mañana," creyendo que en el consumismo hallaríamos la FELICIDAD. Una fuente de éxito puede ser "Ama el arte que hay en ti, pero no a ti en el arte." Cuando se ama y se honra el arte que hay en uno, se está amando al Divino/Divina Creador/Creadora, y nuestro éxito es medido con bendiciones divinas y abundantes regalos.

Sea fiel a los dictados de su corazón. Siga la Luz de su Voz Interior, sígala a donde quiera que ésta le lleve. Nunca dude de sí mismo. Nunca deje que nada ni nadie le llame "fracaso". Tan sólo está viviendo, y para vivir y sentirse vivo es necesario "experimentar, probar", luego "no hay fracasos sino resultados". Recuerde también que "cuando una puerta se cierra, otra MUCHÍSIMO MEJOR se abre"... Lo único que tiene que hacer es ser paciente, constante, esperanzado y consciente para reconocer esa nueva puerta, pero no se olvide de aprender de los resultados de sus experimentos. Al fin y al cabo, vivir es el experimento más excitante y fascinante que existe. Siéntase feliz sólo por el hecho de estar aquí un día más y poder disfrutar de este paraíso. Afortunadamente, para todos nosotros, podemos reescribir nuestra historia personal puesto que la mente no distingue la realidad de la fantasía cuando se trata de introducirle un dato cualquiera, lo toma como válido no importando si lo acabamos de inventar o de si lo hemos tomado de afuera (= la realidad), lo cual nos permite hacer cambios en las vivencias archivadas en nuestro cerebro.

2

La nueva clasificación de los sentidos

Todos los seres humanos tenemos los 5 sentidos clásicos: VISTA, OÍDO, OLFATO, GUSTO y TACTO, siendo estos los SISTEMAS REPRESENTACIONALES (porque nos representan el mundo que vivimos) del ser humano. En base a ellos se nos agrupan en tres bloques:

- VISUAL: uso del sentido de la vista para representarnos el mundo que nos rodea.
- AUDITIVO: uso del sentido del oído para representarnos el mundo que nos rodea.
- KINESTÉSICO: uso de los sentidos del gusto, tacto y olfato para representarnos el mundo que nos rodea.

Si bien, cada uno de nosotros tiene preferencia por uno de ellos, y por una combinación de los mismos. Generalmente usamos de los tres, si bien, en diferente orden. Hay quien usa su vista para observar el mundo que le rodea, preferentemente. Y hay quien usa el oído, preferentemente.

Si usted escucha a los VISUALES, les oirá decir cosas como:

- "Llegué a casa y vi que tenía un mensaje tuyo en el contestador"
  (cuando los mensajes se escuchan no se leen).
- "Ya veo lo que me quieres decir"
  (ven las cosas que usted les dice).

Si escucha a un AUDITIVO, oirá algo así como:

- "Ya oigo lo que me quieres decir"
- "Esto me suena muy fuera de tono"

Si escucha a un KINESTÉSICO, oirá algo así como:

- "Esto me huele mal"
- "No lo acabo de agarrar..." (refiriéndose a una idea)
- "No me sienta bien lo que me dices"

¿QUÉ ES ESO DE SER VISUAL, AUDITIVO Y KINESTÉSICO?

Un Visual es alguien que usa sus ojos para entrar información del y sobre el mundo que le rodea. Su cerebro funciona en imágenes. Cuando piensan en algo lo primero que les viene a la mente es una imagen. Son personas que hablan muy rápido y respiran deprisa. Lo "ven todo". Le dan importancia al color, y es difícil que un Visual vaya mal vestido o con colores que no combinen entre sí. Puede que tengan "mal oído" para los idiomas, pero si leen las palabras y las relacionan al mismo tiempo con imágenes o dibujos, aprenderán con facilidad. La mayoría de las personas en la sociedad pertenecen al grupo de los visuales.

Ser AUDITIVO significa usar el oído para relacionarse con el mundo. Son esas personas de oído fino que todo lo oyen y captan. Hablan más despacio que los visuales, respiran más lentamente que ellos y suelen ladear la cabeza cuando le están escuchando. Para los AUDITIVOS lo importante son los sonidos. Su cerebro funciona en sonidos, esto significa que cuando piensan en algo, o recuerdan algo, lo primero que les viene a la mente es un sonido. Los auditivos, suelen ser esas personas que aprenden un idioma con tan sólo oírlo.

KINESTÉSICO, ¿qué y quiénes son? (Kinestesia = percepción del peso, posición y movimiento de los miembros del propio cuerpo). Se trata de personas que dan preferencia a las emociones. Necesitan tocar y ser tocados: cuando hablan con usted le cogen un brazo. Todos, cuando somos bebés, somos muy kinestésicos. Pero toda persona lo es, o está,cuando tiene un día melancólico, emotivo, o romántico: se necesitan abrazos, ser reconfortado físicamente. La proximidad física y los espacios abiertos se combinan en los kinestésicos. El tacto de las cosas es fundamental. Tienen potenciado el sentido del gusto y del olfato (buenos gourmets y cocineros). Son personas que "todo lo huelen", con una intuición muy fuerte, se tocan el estómago para decir que alguien no les gusta, o arrugan la nariz para decir: "Esto no me huele bien", refiriéndose a un asunto y no a un olor. De habla y respiración más pausada que los otros, la barbilla se inclina hacia el pecho. Su cerebro funciona a base de "emociones y sensaciones".

En la sociedad existen personas que no llegarán nunca a entenderse a menos que sepan cómo tratarse los unos a los otros, es decir, que uno de los dos modifique temporalmente su sistema representacional, adoptando el del otro (ello es posible porque todos tenemos todos los sentidos). Para ilustrar lo qué quiero decir pondré unos ejemplos:

a) Una pareja, él es AUDITIVO y ella VISUAL. Están ambos en el salón de casa, y ella le dice a él: "Mírame cuando te hablo..." Él le responde: "sí ya te oigo..." El diálogo puede seguir y acabar en discusión. Ella es Visual y necesita mirar al otro cuando le habla. En cambio, él es auditivo y no lo necesita, pues oye.

b) Una pareja formada por un KINESTÉSICO y una VISUAL: él necesitará de mayor contacto físico, más abrazos, más demostraciones de afecto, mayor cercanía física. En cambio, ella no necesita esto para demostrar afecto, los visuales utilizan palabras.

Pero la ignorancia de los sentidos y Sistemas Representacionales, alcanza también a la ENSEÑANZA. La prueba de ello es que existe un sistema que favorece a los visuales y olvida a los otros. Por eso muchos escolares no se "enteran de nada en la escuela". Existen sólo imágenes y sonidos, y un kinestésico aprende a base de practicar lo que le enseñan, siéndole muy difícil aprender oyendo o viendo. Quizás su hijo o hija sea un "genio", y esté pasando por "tonto" sólo porque es KINESTÉSICO.

Cómo saber "qué" es usted:

Siéntese tranquilamente en un sillón o en una silla. Cierre los ojos. Piense en lo que comió ayer para cenar, o en qué hizo las vacaciones pasadas. ¿Qué es lo primero que le ha venido a la mente? ¿Una imagen, un sonido, una sensación? Si fue una imagen, es usted VISUAL. Si fue un sonido (música, palabra...), es usted AUDITIVO. Si fue una emoción o sensación de alegría, melancolía, etc..., o un olor, o un sabor..., es usted KINESTÉSICO.

Pero además de las palabras, de la velocidad de respiración... hay más. Observe los movimientos oculares de la gente, ya que los ojos se mueven en diferentes direcciones para indicar el sistema representacional que utiliza cada uno de nosotros.

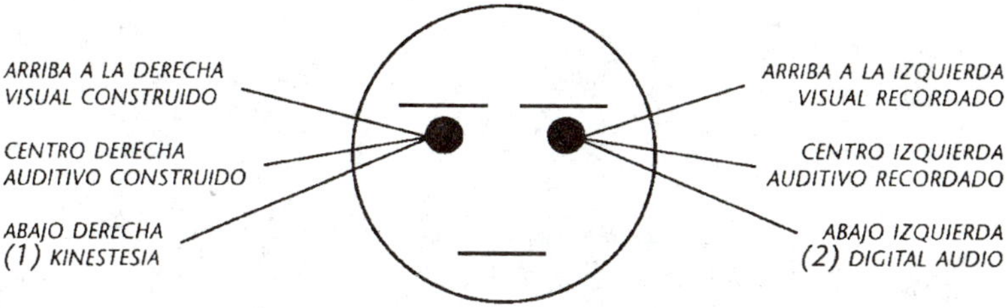

La derecha es el PASADO. La izquierda es todo lo nuevo, o lo que imaginamos. Ladeamos la cabeza hacia la derecha y hacia abajo (1) para entrar en contacto con nuestras emociones (observe a alguien que esté melancólico, romántico, triste...) En la zona de la izquierda y abajo (2), están esos diálogos interiores o conversaciones que mantenemos con nosotros mismos. Todo esto es válido para los diestros, pero en los zurdos y en los genéticamente vascos, es a la inversa, es decir, el pasado está a la izquierda y lo nuevo a la derecha.

De ahora en adelante, no se enfade cuando le hable a alguien y no le mire. No es una falta de atención, posiblemente se trate de un AUDITIVO. Y si su jefe o jefa es KINESTÉSICO, sea más cálido con él o con ella, no sea sólo visual. Pruebe a usar más sus otros sentidos, y la vida será más agradable y rica en sensaciones. Practique, observe a la gente a su alrededor y descubra qué son. Además de aprender sobre los sistemas representacionales, se divertirá.

3

Palabras: dime cómo hablas y te diré cómo cambiar

"Parole, parole, parole..."
(Decía una canción italiana)

Las palabras dan forma a nuestras creencias, tienen resonancia en nuestros hechos, e impactan nuestros actos

Las palabras, o el vocabulario que se usa para describir situaciones, hablar de uno mismo, de la situación de la economía, describir experiencias o hablar del tiempo. La mayoría de las personas no son conscientes de las palabras que usan, ni tan siquiera de las metáforas con las que describen su vida o situaciones en general, o de las palabras con las que están archivados sus pensamientos o asociaciones neuronales. Puede que nunca se hayan parado a pensar acerca del poder que cada uno de nosotros tiene para inspirarse o deprimirse a uno mismo a través de las palabras que usamos. ¿Son las palabras devastadoras o inspiradoras? ¿Proporcionan esperanza o desesperación? Uno de los grandes descubrimientos, de esos que cambian la vida de un ser humano, es conocer el poder que tenemos para cambiar inmediatamente la vivencia (y cómo la archiva en su sistema nervioso) de un hecho determinado, con tan sólo variar conscientemente las palabras que usa para describir como se siente ese hecho o cuál es su experiencia del mismo.

Las palabras tienen el poder de crear paz o de comenzar guerras, de destruir relaciones entre las personas o de reforzar el vínculo entre ellas. Las palabras dan forma a nuestras emociones, determinan cómo nos sentimos respecto de un hecho determinado. Las palabra elevan o envían directamente al infierno a un ser humano. Podemos programarnos con palabras positivas, enaltecedoras, felices, llenas de colores y matices alentadores. Pero también podemos herirnos profundamente mediante las palabras que utilicemos. Y todo lo que hacemos con nosotros mismos, lo hacemos con los demás. Nadie en la escuela nos enseñó esto, pero aún está usted a tiempo de aprender y darle la vuelta a su experiencia vital.

Imagine que está de nuevo en la escuela, y que ahí utilizan palabras para describirle, tales como: "inteligente, animoso, constante, alegre, ocurrente, ingenioso, creativo, despierto..." A buen seguro que estas palabras producen en usted un efecto muy distinto al que producirán las que enumero a continuación: terco, tonto, lento, pesado, travieso, burro, desastre... ¿Sigo? Seguro que no quiere que siga, entonces yo le animo a que se haga las siguientes reflexiones:

a) ¿Cómo se define a sí mismo, qué palabras usa más habitualmente en su vida diaria?
b) Palabras que usa para interrelacionar con los demás.
c) ¿Qué dice ante un día gris y lluvioso?

d) ¿Qué palabras usa para describir el mercado de trabajo, su salud, la situación económica de su país?
e) Cuando habla de su cuerpo, ¿qué dice?
f) ¿Qué creencias tiene sobre la vida?: ¿Cuál es su metáfora para describir lo que es la vida?

Lo invito a detenerse para reflexionar un poco, se asombrará de la poca o mucha variedad de vocabulario que tiene. Sin embargo, eso no es lo más destacable. A buen seguro que ha utilizado muchas palabras negativas o "vampiro" —son las que le restan poder, energía, ilusión, animosidad—. Pongamos por caso que cada vez que se refiere a su trabajo lo hace con las palabras siguientes: "Estoy harto de tener que trabajar hasta las tantas; es que no me hacen caso; mi jefe no se entera de nada, me usa". Todas estas palabras crean una serie de reacciones neurológicas y físicas en su interior que podríamos calificar de desastre colectivo, le restan energía, le dejan falto de ánimo, y contribuyen a que el mismo patrón de conducta se repita una y otra vez, pues cada vez que usted piensa en una palabra se vuelve a activar la misma asociación neurológica que va asociada a ella y por lo tanto no puede esperar tener otro tipo de vivencia de la situación.

"Sin conocer la fuerza de las palabras,
es imposible conocer la fuerza del hombre"
CONFUCIO

Pruebe ahora con las frases siguientes: "He de pensar en una solución para no tenerme que quedar a trabajar hasta tan tarde; tengo que averiguar cómo es que no me hacen caso, o cómo es que mi vivencia es así; he de considerar la opinión de mi jefe, tal vez su estilo de dirección es diferente al mío, gusta de mi colaboración". Este tipo de palabras/pensamientos no produce la misma reacción que las anteriores.

Pensemos ahora en lo que le dice un médico a su paciente. Los médicos que saben de la importancia capital de las palabras, tienen buen cuidado en las que usan pues saben que pueden ayudar a sanar a un paciente o "firmar su sentencia". El cáncer, por ejemplo, va acompañado de toda una suerte de palabras "negras o vampiras", y el paciente con tan sólo oír la palabra se echa a temblar. Todo lo que huele a enfermedad hace que la gente se sienta mal con tan sólo pensar en esa palabra, tal es el poder destructivo que tiene. Pero, y si usted se pusiese a pensar en que su cuerpo está LIMPIANDO en vez de estar enfermo... Pruebe a partir de ahora a decir que "su cuerpo está limpiando". La palabra LIMPIAR no produce el mismo efecto que la palabra enfermedad. Lo mismo que no produce el mismo efecto la palabra cáncer en las personas que creen que es posible sanar al final del proceso de limpieza llamado así, que en los que no creen que ello sea posible y asocian la palabra muerte a dicho proceso.

Las palabras en todas las lenguas están cargadas de significados que elevan al cielo, que refuerzan, o de connotaciones desmoralizadoras, restadoras de energía, vampiras en suma.

"Las palabras que selecciona con frecuencia, están dando forma a su futuro. Están conformando su destino".

"Las palabras son la hebra con la que ensartamos nuestras experiencias".

Considerarse a sí mismo un ángel o un demonio, ¿produce las mismas emociones en su cuerpo? Si le digo que usted es un genio, o por el contrario le digo que es un torpe imbécil, ¿se siente igual? Y si le digo que no sirve para nada, que todo lo que hace lo hace mal, que no sabe hacer nada a derechas en la vida, ¿cómo se siente? Todos nosotros tenemos asociados tremendos niveles de dolor a ciertas palabras. Imagínese ahora como se siente una persona cada vez que la llama usted torpe, imbécil, idiota, soplagaitas, inútil, etc. ¿Qué emoción le produce, qué le ocurre si le digo, por contra, que es usted fantástico, que es maravilloso, que tiene una fuerza de voluntad tremenda, que es creativo, que sabe lo que hace, que se esfuerza por mejorar, que es un excelente colega, que es sincero, que es alguien único en este mundo...? Estoy segura de que no siente lo mismo, de que su cuerpo ha adoptado otra postura física que cuando estaba leyendo las calificaciones anteriores. Aún le diré más. Por regla general nuestras palabras califican comportamientos, sin embargo las hacemos pasar por ataques o alabanzas de la identidad de la persona: eres maravilloso, eres imbécil. En vez de referirnos al comportamiento de la persona, vamos directamente a calificar al ser, y eso tiene un impacto tremendo. Se da cuenta ahora por qué le cuesta tanto deshacerse de conductas o de escaseces en su vida... Tal vez tenga arraigado en el nivel de identidad una asociación con la pobreza o la escasez de algo bueno. De momento vamos a repasar las palabras, más adelante hablaremos de los niveles lógicos del ser humano.

A continuación vamos a enumerar toda una serie de palabras comúnmente usadas de las que yo llamo "vampiras o chupa energía," y su posible sustitución por otras más agradables, que evocan sensaciones más positivo-poderosas cuando se las pronuncia.

Expresiones/emociones negativas	Convertirlas en: MÁGICAS
• Asustado	en Incómodo
• Ansioso	en Un poco preocupado; Expectante
• Amargado	en Necesito más dulce
• Amargar	en Poco dulce

• Azorado	en Estimulado
• Avergonzado	en Color indefinido
• Aterrorizado	en Recuperando
• Asustado	en Asombrado
• Cabreado	en Cosquilloso
• Confuso	en Curioso
• Cansado	en Tiempo paraíso
• Cansado	en Recargando baterías
• Celoso	en Oteloso; Bullicioso; Espumoso
• Crisis	en Reorientación
• Deprimido	en En la llanura; Calmado antes de la acción
• Destruido	en De vuelta al origen; En redefinición
• Desilusionado	en Descargado; Sin burbujas
• Disgustado	en Sorprendido; Sin-gusto
• Dolido	en Incómodo; Molestilla
• Despedido	en Impulsado hacia mi destino; Abriendo puertas
• Divorciado	en Doctorado; Amando la libertad
• Enfermedad	en Limpieza; Regeneración
• Estar enfermo	en Estar limpiando; Regenerando
• Enfadado	en Desencantado
• Exhausto	en Recargando baterías
• Envejecer	en Hacerse sabio; Solerando (solera)
• Envejercer	en Hacerse vino de calidad
• Estresado	en Enérgico; Ocupado; Haciendo pesas
• Estúpido	en Descubriendo
• Fracaso	en Experimento; Aprendizaje
• Fracasado	en Aprendiendo
• Furioso	en Apasionado; Muy bullicioso
• Frustrado	en Retado; fascinado
• Gordo-a	en Listo para descargar
• Gordo-a	en Abundante
• Harto de	en Buscando novedades
• Hasta las narices	en Suficientoso
• Herido	en Molesto

• Humillado	en Incómodo; Sorprendido
• Insultado	en Duchado; Incomprendido
• Inseguro	en Preguntoso
• Irritado	en Estimulado
• Impaciente	en Anticiposo
• Nervioso	en Energetizado; Con pilas que duran y duran
• Nervioso	en Aeróbico
• En paro	en Formándome para algo mejor
• En paro	en Conquistando al destino
• Sin trabajo	en Tiempo de musas inspiradoras
• Sin trabajo	en Decidiendo mi camino del éxito
• Perdido	en Investigando
• Perezoso	en Inspiracional
• Pobre	en Futuro rico
• Pobre	en Entrenándose en crear prosperidad
• Odiar	en Preferir
• Odioso	en Apartable
• Soltero	en Dueño de mi destino
• Terrible	en Diferente; Terribueno

Usted puede mejorar esta lista que es tan sólo una sugerencia para que comience a trabajar. Por lo tanto comience a trabajar con 5 palabras que use para crear sentimientos negativos en su vida, y luego escriba una serie de palabras alternativas que usará a partir de ahora en su vida para describir los mismas situaciones, emociones, o ideas. El propósito de esas nuevas palabras es el de ayudarle a "ROMPER EL PATRÓN o *ROMPER EL ESTADO" no deseado (break the state, break the pattern). Así se conoce en NLP (programación neurolingüística) a la forma de conseguir romper literalmente un estado emocional ya sea esto mediante la reducción de la intensidad emocional, la risa, el pensar en otra cosa, recitar el número del teléfono al revés, sacudirse el estado (shake it off), bailar, etc. Lo importante es que se produzca un corte en el patrón de comportamiento que usted tenía hasta ahora cada vez que etiquetaba una vivencia y/o emoción con determinada palabra.*

Por regla general no somos conscientes del efecto que producen los palabras en nuestra vida. Al detenernos a escuchar las palabras que empleamos con frecuencia, o que componen nuestro vocabulario, no es de extrañar el tipo de viviencias que tenemos de la realidad. Cada vez que me detengo a escuchar a alguien relatarme sus experiencias, me pregunto cuánto tardará en usar alguna palabra "vampira" —de las auténticas de verdad—, no transcurren ni cinco minutos cuando la persona, hablando de cualquier hecho en su vida, comienza a decir lo "terrible", "nefasto", "horroroso", "doloroso", "mala suerte", "errado", etc.... que ha sido su dolor de muelas, el despido, la pérdida de unas gafas de sol, el tener el período, un día lluvioso, el tráfico, el comportamiento de otra persona, etc. Oigo muy a menudo etiquetar las experiencias de la vida con la frase "Mala Suerte". Ni tan siquiera se detienen a pensar, a analizar qué fue lo que sucedió, por qué no salió como ellos pensaban, por qué no alcanzaron su meta... Es muy sencillo: ¡cuestión de mala suerte! Cuando uno cree que su vida está en manos del destino (cruel y despiadado por demás), que haga lo que haga la crisis seguirá existiendo... Así será. Con las palabras nos autoprogramamos las experiencias de la vida, la realidad es la que es, pero para cada uno de nosotros es vivida de una manera muy diferente.

Etiquetamos con "Bueno vs Malo", "Positivo vs Negativo", "Un asco vs Maravilloso", "Tonto vs Listo". Nos limitamos a unas pocas palabras, por lo general limita-

doras y nada generososas. Cuando algo sale no acorde a nuestros deseos le ponemos el cartel de "fracaso". No damos razones de por qué decimos que nos gusta una cosa o no, acerca de por qué pensamos que eso es una "tontería", una "nimiedad", una "chorrada". Usamos todo el tiempo palabras emprobrecedoras, palabras que están escasas de amor pero repletas de "manipulación".

No somos generosos con los otros, ni con nosotros mismos. Cuando alguien nos haga un comentario, haremos bien en pedirle que se explique, que lo documente. Caso contrario, no haga ni caso, es mucho más productivo.

Antigua palabra "vampira"	Nueva palabra VIGORIZANTE
1. ____________	1. ____________
2. ____________	2. ____________
3. ____________	3. ____________
4. ____________	4. ____________
5. ____________	5. ____________

Durante los próximos diez días preste atención a sus palabras y cada vez que se encuentre usando una de las viejas palabras vampiras, "rompa su estado" usando una de las nuevas vigorizantes. El vocabulario puede transformar su vida, y cuanto más se acostumbre a usar las palabras vigorizantes mejor se sentirá.

Pero las nuevas palabras no deben limitarse a rebajar el efecto negativo en su sistema neurológico, es más pueden y deben elevarle al cielo en un segundo. Imagine que alguien le pregunta cómo se encuentra y usted le responde:

- ¡De maravilla!
- ¡Me siento espectacular!
- ¡En el cielo!
- ¡Tremenda!
- ¡Grandiosa!

...Tan simple como suena pero su fisiología cambiará por completo y será muy distinta a si responde un simple "Bien", o un "Voy tirando". Usando las expresiones anteriores usted estará creando un nuevo patrón de comportamiento en su sistema neurológico, una nueva autopista hacia el placer, hacia el sentirse increíblemente bien.

PALABRA ADECUADA	PALABRA EDÉN (mejor)
Atractiva	Fascinante
Bien	Mágica; Excelente
Muy bien	Exuberante
Muy bueno	Excelente
Tranquilo	Sereno
Tiene recursos	Brillante
Poderoso	Invencible
Feliz	En el cielo; Angelical
Contento	En éxtasis
Amado	Adorado
Motivado	Atraído por
Motivado	Imantado
Amoroso	Apasionado
Gustar	Me apasiona
De buen grado	Con sumo placer
Perfecto	Extraordinario
Buen trabajo	Excelente

Bien	Grandioso
Creativo	Genial; Ingenioso
Simpático	Único
Rápido	Explosivo
Satisfecho	En paz
Seguro	Centrado; Confiado; Respaldado
Inteligente, Listo	Con un don especial

No se trata de que usted se conciencie tanto que acabe por no usar determinadas palabras. No se trata de eso. Más bien se trata de que seleccione palabras que le refuercen, que le aporten vida. Tampoco se trata de eliminar determinados estados emocionales, ya que a veces es necesario enfadarse, y mucho, para conseguir un nivel de tolerancia máximo que nos llevará a realizar un cambio, es decir, para "tocar fondo" o para alcanzar el clásico: "hasta aquí podíamos llegar", "esto es el colmo", "es la gota que colma el vaso", "no aguanto ni un minuto más".

Tenga especial cuidado en qué etiquetas adopta de los demás, porque éstas pueden limitar sus viviencias. Y sobre todo, porque una vez le hemos puesto una etiqueta a algo o a alguien, hemos creado una emoción. Esto es especialmente importante en el tema concerniente a la psicoinmunología, se ha comprobado que las palabras que usamos producen poderosos efectos bioquímicos. En Estados Unidos, Norman Cousins, ha realizado experimentos con más de 2,000 pacientes a lo largo de 12 años, y cuenta que es impresionante como un diagnóstico puede dar al traste con la efectividad del sistema inmunológico del cuerpo. Etiquetas como "cáncer" tienden a producir pánico en los pacientes, dejándoles con un sentimiento enorme de impotencia y depresión. Cuando los pacientes pueden librarse de la depresión producida por ciertas etiquetas, su sistema inmunológico se refuerza automáticamente. Según él: "Las palabras pueden hacer enfermar; las palabras matan". Por dicha razón los médicos deberían tener especial cuidado en cuanto a cómo hablan y qué comunican. Un maestro en esto es el doctor Bernie Siegel, autor del libro publicado en España bajo el título de *Paz, amor y autocuración*. En este libro nos habla de la importancia del trato con el paciente, de las palabras que se usan para comunicarse con él, del lenguaje corporal, de los mensajes subliminales.

Si usted está en una profesión en la que trabaja con personas, no importa si es usted médico, directivo, maestro, profesor, vendedora de cosméticos, peluquera, dependienta, secretaria, presidenta, padre, madre, etcétera, preste especial atención a las palabras que usa. Es imprescindible que comprenda el poder de las palabras y su impacto en los que le rodean. Las palabras crean destinos. Imagine que alguien a su lado estornuda, seguro que se siente inclinado a decir "ya la has pillado", y lo dice. En vez de eso, cállese y no sea tremendista, o mucho mejor tómeselo con humor y diga algo parecido a "vaya nariz más picajosa que tienes..." No programe a sus hijos, o las personas que conviven con usted con palabras fatalistas. En su lugar use palabras llenas de esperanza y de creatividad. Cuando estornudo nunca digo o pienso que me estoy resfriando, simplemente pienso que estoy "estornudando" algo que no me ha gustado, "que limpio mi nariz", "que estoy comprobando si todavía sé estornudar", etc. Cualquier cosa menos alimentar las predicciones que se cumplen a sí mismas. En relación a esto recuerdo, que el Dr. Wayne Dyer contaba en uno de sus libros a modo de anécdota, algo a propósito de alguien que estornuda el lunes por la mañana al levantarse. Y de como comienza, a partir de un simple e inocente estornudo, a pergueñar una historia en la que imagina que ese estornudo será, al día siguiente, un picor en la garganta, el miércoles un dolor agudo de amígdalas, el jueves una invasión en sus pulmones y el viernes... ¡el viernes estará en cama con 40° de fiebre! Y todo, ¡por un simple estornudo! No haga como la persona de esta anécdota, no sea fatalista. Use las palabras para crecer, para mejorar, pero no para enfermar.

Si tiene usted hijos párese a reflexionar sobre las palabras que utiliza para interrelacionarse con ellos. ¿Qué palabras usa o cómo les llama cada vez que hacen algo que a usted no le gusta? Recuerde que las palabras pueden ayudarle a crecer o a estancarse, a liberarse o a encerrarse en un torreón de silencio. Las palabras son el contenido de lo que hay archivado en nuestro cerebro, préstelesp pues mucha atención. No programe a sus hijos con palabras demoledoras, bloqueantes, negativas, limitadoras, no críe futuros candidatos del psicoanálisis. En su lugar, eduque futuros triunfadores, seres felices, llenos de vida y de autoconfianza, con abundancia de amor y de seguridad en sí mismos. Tan sólo tiene que usar palabras adecuadas para calificar sus comportamientos, para hablar de sus hechos, de sus conductas, de sus logros, de sus cosas... Siembre en sus hijos la abundancia, la prosperidad. Deles esas cosas que ni la sociedad en general ni ningún *master* les dará. Ayúdeles a desarrollar el positivismo realista, que no el negativismo fatalista. Califique sus comportamientos, pero no a ellos como seres humanos. Explíqueles porqué opina usted tal o cual cosa de las cosas que hacen ellos. Las palabras programan realidades futuras. "Así se piensa y/o habla, así se es".

Pongamos el caso de las personas que bien están a dieta o desean iniciar una. Imagine que toda vez que tiene usted hambre en vez de decir: "Me muero de hambre", pruebe a decir "Comería un poquito", una y otra vez. Pruebe y compruebe los resultados en sí mismo. Deje de decirse a sí mismo que "las verduras no llenan, que son aburridas", que "hacer régimen es un sacrificio". ¡Cambie las etiquetas! Tome el mando. Observe las palabras que usa habitualmente y sustitúyalas por otras más vigorizantes, si ello lo considera necesario, elevando o rebajando la intensidad emocional. Escriba sus propias palabras, comprométase, siga el plan trazado, y descubra el poder de una cosa tan simple como usar otras palabras, otras mucho mejores para usted, llenas de vida.

Ejercicios

Le invito a que realice unos sencillos ejercicios. Provéase de papel y lápiz, procure no ser molestado durante un buen rato.

1. *Palabras que componen su vocabulario habitual.*
2. *Considere los siguientes apartados, a saber.*
   1) Yo mismo (es decir, usted); 2) Trabajo; 3) Familia; 4) Amigos; 5) Hijos; 6) Cónyuge; 7) Estudiar; cultivarse; 8) Economía o Dinero; 9) La vida en general; y 10) Las relaciones amorosas, el amor.

   Haga los siguiente:
   - ***a)*** *Para cada uno de los apartados, escriba, describa primero ese apartado con una metáfora. Por ejemplo, yo escribiría en el apartado (1) Yo misma, la metáfora: "Soy un hada con alas de ángel y varita mágica en la mano izquierda; tengo además un par de alas extras, como Hermes en los pies". Pondría en el apartado (9) La vida es un paraíso de sorpresas maravillosas.*
   - ***b)*** *Ahora, apartado por apartado, escriba las palabras que más usa.*
3. *En este ejercicio anotará en un papel las palabras que usa para describir ABUNDANCIA y ESCASEZ, así*

como sus ideas acerca de ellas. Puede que al final se dé cuenta de que usa palabras vigorizantes para la Abundancia, y vampiros para la Escasez. Es más, fíjese en cuáles de estas palabras están entre las que usa en su vocabulario habitual.

4. *Haga aquí, si no lo hizo anteriormente, su lista de palabras "vampiros" (las que quitan energía, y las Vigorizantes, que escogerá usar en su lugar).*

El camino sigue, si quiere seguir evolucionando comprométase a la excelencia, para ello suscriba para sí la idea de "siempre estoy mejorando".

4

Depurando pensamientos: "Pasaje al bienestar"

Las palabras que usa son importantes, pero lo son también los pensamientos que usted crea. Una vez ha descubierto conscientemente las palabras que usa, pase a comprometerse con usted mismo durante CATORCE días en no admitir ningún pensamiento negativo, y cada vez que se encuentre a sí mismo pensando negativamente vuelva a empezar desde el principio no importando el número de días que llevaba.

LOS CATORCE DÍAS DE PENSAMIENTOS POSITIVOS O "LA CATORCENA POSITIVA"

Dedíquese a crear pensamientos positivos. Comience por pensar positivamente una vez que ha comenzado a usar palabras vigorizantes. Si por ejemplo, se ha resfriado, dígase a sí mismo que está "limpiando" y que su sistema inmunológico está funcionado a la perfección, concéntrese en lo mejor que se va encontrando conforme transcurre el día, y no al revés, ahuyente de su cerebro los pensamientos tales como "me duele horrores la cabeza", "mañana estaré peor", "vaya asco de resfriado que he pillado", etc. El resfriado no le desaparecerá enseguida, pero comprobará que el proceso del resfriado se acortará a los pocos días, lo cual es fantástico. Y mientras hace esto, revise además los pensamientos que tenía en los días que precedieron al resfriado. Muchos resfriados son psicosomáticos, es decir, no hace falta ningún virus para que usted pille-genere uno. Psicosomático es la palabra que define la relación de la psique (mente) humana con el soma (el cuerpo), cuando hay una emoción no asimilada por la persona acaba por trasladarse al cuerpo y su efecto se deja sentir en forma de "enfermedad". Las personas no somos un cuerpo físico aislado de la mente que lo rige y dirige, lo que pensamos, lo que comemos mentalmente hablando, afecta profundamente al cuerpo físico, así como también afectan las emociones, que a su vez van precedidas de una palabra que las etiqueta para ser guardadas en el cerebro. Trátese bien a todos los niveles: mental, físico, emocional y espiritual.

Si no se daría a sí mismo veneno para comer, entonces ¿por qué se da pensamientos llenos de dolor y envenenados hasta la palabra? Repetirse a diario cosas como "no valgo nada", "nada me sale bien, soy un fracaso", o "nadie me quiere, no merezco la pena", son veneno para su Ser. ¿Cómo trataría a su cuerpo, incluido el cerebro como receptáculo —eso parece— de la mente, si fuese éste el templo de Dios? Pues bien, es su vida, es su cuerpo, aprenda a programarla con pensamientos positivos, vigorizantes, no cuesta nada, le va a dar el mismo trabajo que programarla con pensamientos negativos y sin embargo, le proporcionará más alegría y más abundancia de felicidad.

¡Comience hoy mismo su plan de pensamiento positivo en catorce días!

El pensar positivamente tiene alcances insospechados, tales como no detenerse ante ningún obstáculo. Los problemas dejarán de atraparle, y comenzará a verlos como oportunidades para crecer. Se preguntará a sí mismo: "¿Cómo puedo darle la vuelta a esto?" Recuerde, todo comenzó con un empezar a pensar positivamente. Si usted cree que puede, hallará la manera de poder, y así será.

Pensar positivamente no consiste en repetir como un loro frases hechas, consiste en revisar las ideas que usted tiene acerca de las cosas, de cómo son los pensamientos toda vez que centra su atención en algo. De poco le servirá repetir a todas horas "Estoy bien, estoy bien" si no identifica los pensamientos que tiene entre frase y frase, porque puede que estos sean algo así como "vaya porquería de gripe que tengo, tengo un dolor de cabeza increíble, estoy hecho polvo..." Puede que los pensamientos que tenga a continuación no estén relacionados con la gripe que le ocupa, pero puede que tengan el mismo matiz fatalista que los otros.

Recuerdo hace años cuando trataba de navegar por un mar encrespado en mi vida emocional, repetía continuamente "Soy amor, soy felicidad, soy serenidad", es cierto que mientras lo hacía me sentía mucho mejor pero en cuanto dejaba de decirlo volvía a mis pensamientos doloridos y volvía a crear más de lo mismo. Pude calmar la tempestad merced a otras terapias más efectivas y holísticas. Aprendí, entre otras cosas, a saber cómo almacenaba datos mi mente y cómo se ponían en marcha las asociaciones neuronales con tan sólo el uso de una simple palabra. Una sola palabra bastaba para evocar un sin fin de emociones que avivaban la tempestad aún más, o para proporcionar la tan deseada calma.

Si usted repite frases para trabajar su abundancia financiera, pongamos por caso, y se pasa el día repitiendo "Soy rico, tengo abundancia de todo", no dudo de que pueda surtir efecto, pero el efecto se dará meramente en la superficie pues usted debe averiguar sus frenos: ¿por qué ha creado esa escasez?, ¿qué propósito positivo hay en todo ello? Tal vez descubra que ha dejado de soñar, de fantasear, que ha cesado y jubilado a su imaginación, cuando no matado. Puede que descubra que nada le produce ya ilusión, que carece de una meta, que le falta pasión. Sea lo que sea que se interpone entre usted y la abundancia de algo en su vida, entre usted y la prosperidad, merece la pena averiguarlo antes de que sea demasiado tarde.

Muchos de nuestros pensamientos son como "ladrones invisibles de energía", los califico así ya que son como invisibles para la mente consciente. A veces, esa cualidad de invisibilidad se la hemos proporcionado nosotros mismos al no conocer la incidencia tan grande que tiene nuestra forma de pensar en nuestra realidad. Otras veces es el desconocimiento. Desconocemos que nuestros pensamientos están interrelacionados entre sí formando una especie de red luminosa y magnética que puede estar limpia o llena de polvo. Cuando esta red está limpia atraemos prosperidad a nuestras vidas, pero cuando está sucia tan sólo atrae más suciedad. Puede que esté limpia en una zona y sucia en otra, con lo cual toda la red de pensamientos verá afectada su capacidad de atracción, disminuyendo ésta en función del tamaño del área y de su grado de suciedad. Debemos cuidar y limpiar esa red luminosa magnética para que sólo se sientan atraídos por ella las buenas cosas de la Vida, las buenas gentes, las ideas valiosas y creativas, las vibraciones positivas del mundo, los ángeles, la luz, la alegría, la risa, la positividad, el Amor, y todo lo maravilloso del Universo y del Cielo. Tal vez nunca se le había ocurrido pensar que usted ha desarrollado una red mental a lo largo de esta vida, la cual enriquece cada vez que crea o recrea un pensamiento. Limpie su red, y cuidado con los pensamientos que envía de hoy en adelante, no creo que quiera tener una red repleta de "porquería" y chamuscada con tanto improperio como le lanza a la Vida. Sea agradecido, sea amable consigo mismo y dedíquese a enviar pensamientos sanos y edificantes a su red mental. Apóyese en una red sólida y limpia, libre de negruras y deshechos kármicos.

Pensar positivamente no consiste en ignorar la realidad, ni en ser un iluso o un idealista en el sentido peyorativo del término, ni mucho menos. Piense que, no importando el siglo o época de la humanidad a que nos remitamos, siempre ha habido gentes llenas de prosperidad y otras llenas de miseria. Por algo será. Ahora no estamos en crisis, aunque siempre hay gente que lo está y lo estará. Usted puede escoger estar entre los que padecen la crisis o los que disfrutan de la vida sin importar cuánto tienen materialmente. Las personas que llenan su vida de pensamientos positivos son felices con lo que tienen. Y, ¿sabe usted porqué? Porque se aman a sí mismos y están satisfechos con lo que son y hacen en su vida. De la aceptación y la complacencia de ser quienes son deviene la felicidad interior y el disfrute de lo que es y hay en su vida. Saben que el mundo es como es, que la sociedad es y está como está. Pero ello no les impide disfrutar de su vida y generar pensamientos positivos. Pensar en positivo es preguntarse a sí mismo ante un obstáculo: "¿Cómo puedo darle la vuelta a esto?" Por regla general los positivos son mucho más luchadores y triunfadores que los pesimistas. Por algo será.

Dedíquese, pues de hoy en adelante a pensar en positivo. Tire a la basura, o borre de su archivo mental, todo lo que ya no le interesa. Limpie su red mental, dele un baño de optimismo y esperanza. Cree una zona más luminosa aún en su mente. Proteja y cuide su sistema inmunológico con pensamientos positivos, y si quiere reforzarlo aún más, ría y mucho. Haga terapia de risa y de buen humor. Así pues, es muy productivo identificar los pensamientos que nos ayudan a crecer o que nos bloquean. Una vez detectados podrá aprender a hacer muchas cosas más, y lo hará en las páginas siguientes.

A continuación le propongo un ejercicio para que se ayude a sí mismo a tener pensamientos positivos en lugar de negativos.

Ejercicio

1. Coloque en el suelo cuatro papeles, según se expone aquí.

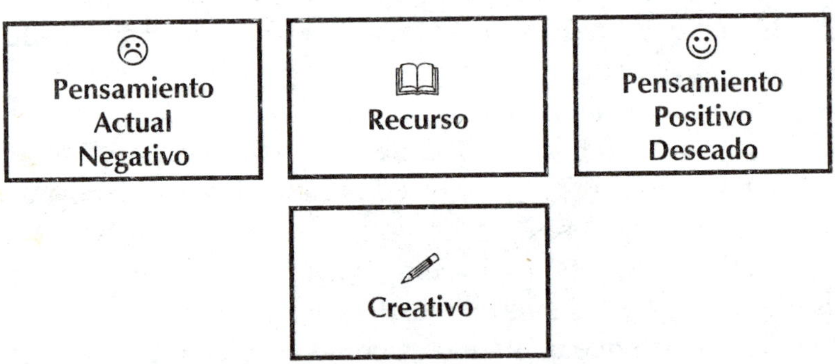

2. *Comience por el ☹, identifique sus pensamientos negativos. ¿De dónde provienen? ¿Tienen su voz o la de otra persona? ¿Qué sensaciones le producen? ¿Dónde están localizadas esas sensaciones o emociones?*
3. *Sitúese en ☺. ¿Cuáles son los pensamientos que le gustaría tener? Téngalos. Imagínese cómo sería su vida teniendo esos pensamientos positivos y maravillosos.*
4. *Sitúese en ✏. Imagine que es usted su parte creativa, tan sólo su lado creativo. Pregúntese qué recursos tiene*

usted, de qué manera puede "grabar" los pensamientos positivos, ¿Cómo puede hacer para eliminar los negativos? ¿Qué tiene usted en su interior que le puede permitir pasar a estar siempre en ☺?

5. *Una vez haya ideado esos "recursos", colóquese en 🕮. Viva esos recursos. Intensifíquelos al máximo. Siéntalos.*
6. *Con la vivencia plena de esos recursos, vaya a ☺. ¿Cómo se siente ahora, qué piensa? ¿Han cambiado en algo sus pensamientos positivos, o tal vez se ha modificado el cómo se siente cuando los piensa?*
7. *Vuelva a 🕮. Revívalos. Luego vaya a ☹, y trate de recuperar los pensamientos negativos. ¿Existen todavía? Si es así, repita el paso 6-7 hasta que no quede ni rastro de ellos.*
8. *Una vez desactivados los pensamientos en ☹, puede pasar a ☺ de nuevo y disfrutar de sus nuevos pensamientos positivos un rato más, o dar por terminado el ejercicio.*

5

Universo financiero

"Prepare la tierra para sembrar abundancia"
"Lo que se siembra, se recoge"
R. FORNER

Las personas que tienen dinero no son abundantes y prósperas sólo por el hecho de poseer éste bien tan codiciado en todos los tiempos por la humanidad. Se puede poseer mucho dinero y no sentirse abundante. Se puede tener mucho dinero y tener miedo de perderlo, con lo que se atesora sin disfrutarlo, y al final acabar legándolo a los herederos. La abundancia y prosperidad financiera es un estado emocional, no importa la cantidad que se posea, es la emoción que hay detrás, la asociación neurológica que lo ha archivado. Puede que usted piense, pongamos por caso, que el dinero le proporcionará seguridad pero en cuanto lo tiene se da cuenta de que ese sentimiento de seguridad sigue sin llegar. El dinero no llega a nosotros y aunque llegue no disfrutamos del mismo hasta que consigamos el estado emocional necesario en nosotros mismos. Tener dinero no es sinónimo de seguridad. La cantidad necesaria es, por lo general, muy subjetiva. Si tiene poco y lo disfruta, le parecerá mucho. Si tiene mucho y tiene miedo de perderlo, le parecerá poco.

"Los únicos que piensan tanto en el dinero como los ricos, son los pobres"

Muchas personas cometen el error de creer que si tuviesen suficiente dinero todos sus problemas desaparecerían. Sin embargo, el hecho de generar mucho dinero y/o el de poseerlo, raramente libera a alguien de esas "cadenas". Es igualmente ridículo decirse a uno mismo que la posesión de mucho dinero y la libertad financiera serán un obstáculo en su crecimiento personal, restándole oportunidades y valor como ser humano.

Ejercicio

Hay personas que llegan a descubrir que no tienen dinero porque la creencia que hay detrás de la posesión de dinero es que nadie las querrá por sí mismas. ¿Quiere descubrir sus polos de placer y dolor en relación al dinero? ¿Sí...? Adelante, pase al ejercicio siguiente:

Averigüe su propia fuente de autosabotaje, es decir, cómo se frustra a sí mismo sus proyectos. Divida la hoja en dos. Escriba, en cuanto al dinero, en un lado lo que le produce PLACER y lo que le produce DOLOR. El lado de la hoja donde coloque cada uno de ellos es indiferente.

Esto le ayudará a comprender que, cuando *le da mensajes mixtos a su cerebro,* obtiene resultados mixtos. Cuando no contradictorios, o *"paralizantes".*

Pongamos por caso que usted escribe "Independencia" en el lado dinero/Placer, y "Avaricia" en el lado dinero/Dolor. No importa el número de razonamientos en cada apartado, puede que el de "dolor" tenga dos y el de "placer" veinte. Lo importante es el peso específico de cada uno de ellos, una sola asociación negativa poderosa bastará para crear una asociación neurológica que bloqueará su habilidad para crear abundancia financiera.

Este mismo ejercicio puede hacerlo, si gusta, para cualquiera de los apartados que considere oportunos en su vida, por ejemplo: salud, creatividad, espontaneidad, etc.

Crear dinero es muy fácil, lo que olvidan muchos humanos es que tienen sentimientos encontrados y opuestos respecto del dinero. Tienen lo que podríamos llamar agujeros: conflictos en sus creencias y valores. Muchas veces creen que poseer dinero les dará esto o aquello, y al mismo tiempo creen que para obtenerlo hay que trabajar muy duro y sacrificarse mucho, o que el que gana mucho dinero lo hace a costa de otros, todo lo cual hace que se atasquen en su camino hacia el éxito financiero. Otra de las razones por las que las personas no crean dinero es porque piensan que es cosa de expertos financieros, que sólo ellos saben cómo generar riqueza. Es cierto que puede ser muy conveniente contar con la ayuda de un experto en finanzas, pero cada uno de nosotros puede perfectamente hacerse cargo de su dinero, y aprender a tomar decisiones financieras.

"La riqueza tiene una medida muy diferente para cada uno de nosotros. La cantidad que por una persona sería considerada como maravillosa, por otra podría ser calificada de miseria".

"No es lo que se gana, sino lo que se gasta".

LOS PRINCIPIOS DEL ÉXITO

Si usted quiere crear dinero, desarrollar la habilidad de crear riqueza, la guía siguiente le servirá bien. Se basa en principios muy sencillos que siguen las personas de éxito:

1o. ¿Cómo puede revalorizar su vida profesional?

Pregúntese cómo puede incrementar el valor de lo que hace, ya sea como trabajador asalariado o independiente. ¿Querría cambiar de trabajo, de empresa, de sector, de profesión? ¿Cómo y en qué podría mejorar su vida profesional o su trabajo? ¿Cómo podría hacer más valioso su trabajo? ¿Qué nueva característica diferencial podría añadir a su "producto" que le diese nuevo y mayor valor? ¿Qué otras cosas podría hacer que le proporcionasen más ingresos? ¿Podría colaborar con alguien, asociarse con otros profesionales...? Dedíquese a inventar nuevas vías de ingresos. Mejore su calidad profesional y/o humana. Invierta en sí mismo, aprenda cosas nuevas, aplique conocimientos que ya tiene y que nunca ha usado. Redefínase como si se tratase de un producto de marketing. Use su creatividad, atrévase a ofrecer cosas que nunca había ofrecido. Inspírese en otros.

2o. Mantenga su riqueza. Gaste menos de lo que gana, e invierta la diferencia.

Si gana 100, ahorre 50 y gaste el resto. No salte de mes en mes con números rojos, así nunca será rico —materialmente hablando— por más dinero que gane. Aprenda a administrarse, es una de las claves de la riqueza, mientras no lo aprenda, por más dinero que gane, seguirá sin tener dinero pues gastará todo lo que gana y le dará igual ganar 100 pesos que 1,000 pesos. Uno de los errores más comunes es gastar acorde a los ingresos. Así muchas personas, cuando comienzan a ganar más, adecuan sus gastos a su nueva situación financiera, y al poco tiempo vuelven a estar en números rojos en el banco, igual que cuando ganaban poco dinero. No se trata de ganar más, sino de saberlo administrar mejor.

3o. Incremente su riqueza.

Ahorrar puede ser una buen camino hacia la riqueza pero a veces es insuficiente. Gaste menos de lo que gana, ahorre la diferencia y reinvierta las ganancias que le proporcione su dinero, así irá creando un compuesto ampliado. Este compuesto pondrá su dinero a trabajar para usted haciéndolo crecer de forma exponencial. La velocidad a la que crecerá su independencia financiera es directamente proporcional a su voluntad de reinvertir —que no gastar— los beneficios de sus inversiones pasadas. Comprométase a reinvertir los beneficios que le proporcione su dinero, los bancos ofrecen muchas fórmulas hoy en día. Recuerde que no se trata de la cantidad sino de lo que usted piensa acerca de las cosas, es la emoción, la vivencia lo que cuenta.

4o. Proteja su riqueza.

Muchas personas se sienten más inseguras cuando tienen dinero que cuando carecían del mismo. Si usted quiere proteger sus bienes puede hacerlo legalmente. Medida muy sensata en un mundo donde hay personas que le crearían problemas sólo por el hecho de saber que tiene usted mucho dinero. Acuda a un experto, proteja sus bienes. Si tiene parientes directos o familia a la cual querría asegurarle su futuro, diríjase a expertos que le aconsejen cómo hacerlo.

5o. Comience a disfrutar ya de su abundancia económica.

No espere demasiado para comenzar a disfrutar de su abundancia, gaste un poco de su dinero en sí mismo, compártalo con los suyos. No se trata de acumularlo todo ni de gastarlo todo, hay un término medio. Debe crear una conciencia de riqueza, a ello le ayudará gastarse dinero, del que usted tiene, en un "regalo" para sí mismo. Lo cierto es que como no añada placer al hecho de tener dinero y de crear riqueza, no conseguirá mantenerla mucho tiempo.

Considere también la posibilidad de compartir con otros más necesitados un porcentaje de su riqueza. Me estoy refiriendo a donar esporádica o periódicamente un dinero (la cantidad que usted considere) a una asociación benéfica, de ayuda a necesitados y/o enfermos.

"Todo lo que gasta volverá a usted multiplicado por diez".

6o. Disfrute pagando.

Cada vez que tenga que pagar impuestos, facturas, etc. PÁGUELAS con alegría. Alégrese de poder pagarlas. Honre a quien le ha hecho un servicio, y reconózcaselo pagándole la factura. Recuerde que los pensamientos son cosas que van al Universo y que vienen de vuelta amplificados, son como un poderoso boomerang. Si usted deja de pagar a alguien, amparándose en que no le gustó el trabajo o la excusa que quiera, prepárese para recibir de vuelta el resultado de la acción que inició, es decir, alguien a su vez no le pagará a usted y será mucho más de lo que usted dejó de pagar. No menosprecie a nadie. No falte al respeto a otro ser humano dejándole de pagar. Si usted paga de mala gana, a usted también le pagarán de mala gana.

7o. Añada la emoción de respeto al dinero.

Sea respetuoso con el trabajo de los demás. Si considera que lo que le pide alguien por algo no está en buena relación calidad-precio, considere otras opciones en el mercado o dígaselo a la persona en cuestión con respeto y educación. Recuerde que si va por la vida mendigando que le rebajen un precio con la excusa de que no tiene dinero, cuando lo que sucede en verdad es que considera que ese servicio o producto no vale el dinero que piden, la Vida lo tratará a usted como un mendigo pues ése es el mensaje que está enviando al Universo. Muchas veces menospreciamos a las personas diciéndoles que cobran mucho, que son caras, y a continuación nos vamos a otro sitio y gastamos mucho más sin rechistar. Las cosas tienen el valor que les damos, y es correcto no pagar por un servicio que consideramos caro, pero ello no implica insultar a la persona. ¿Le gustaría a usted que le faltasen al respeto diciéndole que su trabajo no vale ese precio? ¿Cómo se sentiría? ¿Qué tipo de relación se establecería entre usted y la otro persona? Pruebe a respetar a las personas, hágales saber que valora su trabajo, y ellas sin que usted les pida nada le harán un regalo. Posiblemente si usted regatea con los demás, es porque está haciendo lo mismo consigo mismo. Nos tratamos como tratamos a los demás, y viceversa.

"Si envía generosidad y respeto al Universo, usted es y será siempre el que saldrá ganando".

8o. Hay de todo para todos.

No hay que quitarle a nadie para que usted tenga. La riqueza en el mundo es inagotable, hay para todos. Lo que sucede es que algunos seres humanos no se han percatado de ello, y creen firmemente que el mundo se divide en ricos y pobres, y que para que unos tengan otros deben carecer de ello.

9o. Sea honesto.

Póngale precio a su trabajo, a sus servicios y no espere a que los demás se lo pongan. Si usted se valora, los demás lo valorarán. No piense que cuando cobra por algo que hace está "robando" o "abusando" de otros, salvo que sea así en verdad (consulte con su conciencia), en cuyo caso deberá ajustar el precio al que considere honesto.

10o. Sea feliz, dedíquese a crear riqueza de felicidad.

Tenga lo que tenga, gane lo que gane, viva la vida con alegría. Dé gracias por lo que tiene. Hay muchas cosas por las que dar gracias cada día, con o sin dinero la felicidad no es posible si no se sabe crear y dar gracias por ella.

Todos somos muy ricos: puede que seamos pobres en dinero, pero seguro que somos ricos en muchas otras cosas. Si usted se centra en lo que tiene, creará abundancia. Si se centra en lo que NO tiene, generará aún más escasez y cada vez tendrá menos. La vida nos trata según la información que le damos. Aprenda a ser responsable de su abundancia, de su vida. Así nos tratamos, así seremos tratados por la vida. Lo invito a que haga una lista de las cosas (personas, emociones, vivencias, etc.) por las cuales usted da gracias al Universo. Se asombrará de la lista tan larga que tiene.

Céntrese en todo lo maravilloso de la vida. Poseer un coche más caro y grande no le dará felicidad si usted no la tiene ya por adelantado. Consumir, comprar, poseer para tapar agujeros emocionales, para crear un sentimiento de seguridad no funciona, he aquí la razón por la cual cuando uno se siente "vacío" por más cosas materiales que tenga siga sin llenar ese agujero, siga sin sentir lo que esperaba sentir cuando decidió comprar tal o cual cosa. Hágame caso, haga la lista de gratitud, se asombrará.

En mi lista podría encontrar lo siguiente: "Doy gracias por la maravillosa sonrisa que tengo, por mi cerebro perfecto, por mi perfecta visión, por mi perfecta salud, por la plenitud de mi capacidad de disfrutar la vida, por mi entusiasmo, por mi alegría, por mi familia, por la capacidad que tengo de generar riqueza, por hacer de mi pasión mi trabajo, por la llamada de...; por mis amigos, por los viajes que hago, por la sonrisa de ese niño en la cola del super, por mi capacidad de darle la vuelta a las situaciones, por estar en esta vida, por un día más en mi magnífica vida, por mi luz, por la abundancia de ángeles en mi vida, por todas las experiencias que hay en mi destino y que me ayudan a evolucionar".

"La gratitud atrae abundancia"

"La prosperidad es un estado emocional"

"La abundancia es un sentimiento interior"

11o. Confíe en el Universo.

Confiar en que todo lo que nos sucede es para nuestro bien, puesto que son las consecuencias de nuestros actos, pensamientos e historia, y están ahí para aprender de ellas, ésa es la oportunidad que llevan implícita. Darle la vuelta a las situaciones, ser capaz de reencuadrarlas. Aprovechar y vivir las circunstancias según vienen, ser capaces de remar a favor de la corriente haciendo que ésta sea favorable a nosotros aunque al principio pareciese lo contrario.

12o. Los ciclos vitales.

La vida se compone de ciclos. ¿Se acuerda usted de los siete años de vacas flacas y los siete años de vacas gordas?, sí... Al parecer la vida se compone de ciclos de siete horas, siete días, siete meses, siete años, siete siglos. Es decir, después de un período de abundancia de siete le seguirá otro de "tranquilidad", y viceversa. O lo que es lo mismo: mareas. Al igual que las aguas de la Tierra van y vienen de costa a costa originando las conocidas mareas, la abundancia en la vida de las personas es así también. Lo cual debería servirle para guardar un poco en época de marea alta, así cuando esté en marea baja tendrá. Si revisa usted su vida podrá observar esta tendencia. No se trata de que se conforme, o resigne, simplemente de que conozca cómo funciona y pueda, desde el conocimiento, adaptar las circunstancias a su favor de la forma más beneficiosa para usted.

Piense que incluso su cuerpo es un ejemplo maravilloso de los ciclos de subida y bajada. Durante el día usted gasta energías, y por la noche duerme para recuperarlas. Si usted no se detuviese para recargar baterías llegaría un momento en que físicamente no podría resistir y enfermaría físicamente cuando menos. Así pues, lo mismo que su cuerpo gasta y descansa para recuperar, su vida hace lo mismo pero a otra escala. Usted habrá tenido períodos de gran actividad en todos o en algunos de los niveles de su vida, precedidos y seguidos de tranquilidad.

6

El camino del desapego

El pasado es historia. El futuro es un misterio, y este momento es un don. Por eso llamamos a este momento "el presente"

DEEPAK CHOPRA[1]

Cuando leí estas palabras, me paré a meditar sobre algo que yo repetía muy a menudo, y que no era otra cosa que cuando la energía está centrada bien en el pasado o en el futuro, nuestro presente está vacío de energía, por lo tanto acumulamos días pasados vacíos, ya que siempre estamos fuera del presente. No es que no estemos allí físicamente, no se trata de eso. Nuestro cuerpo físico lo está, pero no así nuestra mente. Nuestra conciencia está centrada en algo fuera de nosotros, lejos de nosotros, avanzamos sobre días de nuestra vida sin estar allí presentes, sin ejercer el don. Nuestra atención está centrada bien en rememorar algo del pasado —hay quien cree que el pasado fue mejor—, bien en preocuparse de algo que no está todavía aquí, el futuro. El tiempo es algo que está en nuestra consciencia, y lo mejor que podemos hacer por nosotros mismos es vivir el momento en el que estamos, sin añorar el pasado ni temer el futuro. Cuánto más nos preocupamos del futuro más tenebroso se torna éste, puesto que hemos invertido nuestra energía en colocar ladrillos en un camino inexistente, de tal forma que nuestro eterno presente está siempre sin pavimentar. Le hablo en sentido metafórico, obviamente. Sin embargo, uso la metáfora porque para mí es una forma muy clara y explícita de relatar algo, me inspiro siempre en alguien que fue un genio del lenguaje abstracto: Jesús de Nazaret. Además de él hay otro genio que maneja este lenguaje con maestría indescriptible y es el Inconsciente humano. Por eso sé que usted, o una parte de usted me entenderá a la perfección.

He observado en mi propia vida cómo toda vez que me dedicaba a disfrutar del presente confiando en la infinita sabiduría y bondad del Universo, mi futuro al convertirse en presente estaba repleto de regalos. No es que yo no haya puesto nada de mi parte, lo he puesto y mucho. Porque lo que uno ha de poner de su parte es confianza, intención, desapego y atención, cualquier cosa menos preocupación, ansiedad, desconfianza o cualquiera de esas emociones desmotivadoras, vampiras o quita energía. Recuerdo un verano que estando yo en Boston (USA), alguien me preguntó acerca de qué pensaba hacer cuando regresase a España, puesto que la compañía donde trabajaba no estaba en muy buenas condiciones. Le respondí que ya me ocuparía de eso cuando regresase, que de momento estaba de vacaciones y que no pensaba emponzoñarías preocupándome por algo que aún no estaba en mi línea de tiempo presente. Obviamente, le sorprendió mi respuesta, no esperaba que le respondiese con esa serenidad y con esa absoluta y desapegada confianza en el futuro. Cuando regresé salió la solución por sí sola, me ofrecieron trabajo en varias empresas, así sin más, ni tan siquiera tuve que levantar el teléfono para llamar a nadie. Lo que había estado haciendo era confiar en que el Universo me daría lo mejor, por lo que yo me dediqué a disfrutar, a vivir mi vida pavimentando mi camino de tal forma que a medida que avanzaba yo tenía un camino por el que desplazarme. Evidentemente que el trabajo no me salía por arte de magia, nada aparece de la nada, y no lo hacía porque yo me había preocupado de estudiar y hacer bien mi trabajo, al fin y al cabo mi atención siempre estuvo puesta en el momento presente. La mente es muy poderosa y da forma a todo aquello en lo que colocamos nuestra atención. "En aquello en lo que piensas, en aquello te conviertes", creo recordar que esta frase tan sabia es de Wayne Dyer.[2] Y nos convertimos de tal manera en aquello que pensamos y manifestamos ese pensamiento que yo he podido comprobar cómo a lo largo de mi vida cuando he dejado de confiar en mí misma y en el Universo, y he centrado mi atención en cualquier tipo de escasez, eso es lo que he creado y obtenido: escasez. Toda vez que dejo de preocuparme y me dedico a enviar energía a aquello que deseo-amo y no a lo que temo, creo milagros en mi vida y atraigo lo que deseo, manifiesto mis sueños. Evidentemente se manifiestan tan rápido porque ya estoy preparada para ello.

Estar preparado para algo, es imprescindible. Nada nos sucede hasta que no estamos preparados para ello.[3] No espere que se manifieste tal o cual deseo en su vida si todavía no sabe a nivel espiritual, mental o emocional lo necesario para que eso se dé en su vida. Evidentemente que puede forzar la máquina, empujar el río, pero las consecuencias de utilizar el esfuerzo, la lucha en ese sentido pueden llegar a ser desastrosas para su salud física, ya que puede usted resfriarse, tener accidentes, romperse algún hueso, desarrollar cáncer, tener un infarto... Cuando obtenemos algo antes de tiempo por haber forzado el destino pagamos caro en nuestra vida el malabarismo. Si nos alineamos con el tiempo-espacio de la manifestación de los deseos o sueños verá como todo sucede con asombrosa precisión y meticulosamente calculado. El Universo sabe, y usted es parte de esa consciencia cósmica llamada Universo, cuando es el tiempo de cosecha. Para que algo se manifieste en su vida, debe hacerle sitio. Puede que hacerle sitio consista en desprenderse de una idea caduca, o en tirar algún pensamiento a la basura. De la misma forma que cuando se compra un sofá nuevo tira el viejo antes de que le traigan el nuevo para que éste quepa. Si usted quiere tener una buena relación amorosa en su vida, lo primero que tendrá que hacer es desprenderse de todo lo que está impidiendo la entrada de esa relación. Si quiere ganar un sueldo determinado, o trabajar en una determinada empresa o tener su propio negocio puede que tenga que empezar por estudiar, es decir, emplear un dinero en algún tipo de formación que le permitirá con el tiempo alcanzar la consecución de su sueño. Hay veces en las que uno debe invertir para obtener lo que desea. Hay que pavimentar el camino, colocar ladrillos en esa vía que nos llevará hasta la meta deseada. Y sobre todo hay que ponerse a caminar sin mirar atrás, con la atención puesta en el presente, en ese don que es vivir la vida en su momento y a cada momento, por eso se le llama presente (sinónimo de regalo).

Desapegarse es avanzar por la vida como si nada tuviese valor, y es entonces cuando lo cobra realmente. Suelo contar que cuando tenía mi atención centrada en el pasado o en el futuro, cuando me iba de un sitio echaba mucho de menos a las personas con las que había estado físicamente, pero no en alma. Ahora estoy allí en alma y cuerpo, toda mi energía está en lo que estoy viviendo en ese momento presente de mi vida, y el resultado es que cuando me voy no echo de menos nada ni a nadie, y ello es porque me voy llena de vivencias, llena del presente vivido. Así pues a mi camino no le faltan ladrillos, no hay huecos en el camino y yo sigo adelante. Existe una diferencia tremenda entre las sensaciones que tenía antes dentro de mí y las que ahora experimento, son diametralmente diferentes. La serenidad, la plenitud con la que me voy ahora de los sitios sabiendo que cuando estuve allí estaba realmente allí, no tiene parangón. Antes me iba llena de angustia, de añoranza, de reproches por no haber aprovechado el tiempo para disfrutar, en vez de eso me dedicaba a preocuparme por algo que todavía no había ocurrido: el futuro. He aprendido a desapegarme del futuro, y lo he aprendido tanto que hasta dejé de llevar gafas. Perdí el miedo a lo que me depararía la vida, regresé a mi antigua confianza en el Universo, y recuperé mi vista. Viva desapegado de incertidumbres, deje de llenar su cabeza de vanidades innecesarias cuando esté con alguien a quien aprecie y con quien desee compartir unos instantes de su fugaz existencia en la Tierra. En lugar de eso, dedíquese a estar allí en cuerpo y alma, desapegado de resultados. Viva una experiencia porque quiera vivirla sin preocuparse de cuánto durará, o del final, porque dure lo que dure al final habrá sido un instante fugaz en el tiempo del Universo, una breve y fantástica experiencia en la memoria de su ser eterno. Muchas personas dejan de vivir algo porque no saben cómo irá o cómo acabará aquello, y apegados a ese miedo dejan de vivir sus propias existencias para pasar a respirar la vida del miedo y la incertidumbre. Desapéguese del miedo. Apéguese a la sorpresa del futuro, de la vida. La vida es una aventura maravillosa, llena de tesoros por descubrir. De usted y tan sólo de usted depende el cómo se la va a tomar cuando ésta aparezca ante usted pletórica de dones y de luz infinita.

Nos apegamos a deseos que proceden del Ego, en vez de escuchar y atender la voz del Alma. Toda vez que esté deseando hacer algo para obtener la aprobación de los demás, para alcanzar el poder o la gloria material, lo hace para satisfacer al ego, y ese apego suyo a alimentar esa parte de usted menos sabia y menos sana, le supondrá gastos muy elevados. Haga lo que haga, hágalo desde los deseos de su alma. El alma, así llamamos a esa parte de nosotros más elevada, que los jungianos han denominado Self, siendo una forma poética de referirnos a la conexión que nos une con nuestro lugar de origen. El alma es esa parte de nosotros que es nuestro ser más auténtico, esa energía somos nosotros. En realidad no hay nada más auténtico que la energía del alma, lo demás, lo que creemos ser es en verdad la personalidad terrenal, el traje con el que se viste la energía más elevada, el Ser, para poder regresar a la Tierra y asistir a las clases de la escuela de la Vida, donde seguir aprendiendo de nuestro karma y con nuestro dharma. La personalidad terrena o Ego, puede estar influenciado por las cuestiones sociales y culturales o por el Self, la energía pura que le contiene. El Ego en sí mismo no es malo, es tan sólo un vehículo, una herramienta de la que se sirve el Self para poder acometer sus empresas, sus misiones aquí en esta vida. Es cierto que a veces parece revolverse contra sí mismo, puesto que al rebelarse y negarse a colaborar con el Self, la Luz, está en cierta manera atacandose a sí mismo. Me recuerda al mito del Doctor Jekyl y Mister Hyde, donde Hyde sería el Ego y, Jekyl el Self o la expresión más desinteresada y humilde del Self. Toda sensación de incomodidad proviene de la no alineación, del no juego en equipo de ambos. Cuando el Self va por un lado y el Ego va por otro, se genera una cierta sensación desestabilizante, eso que se suele llamar estrés. Dicha sensación no ayuda a seguir el rumbo y nos perdemos en la tempestad emocional de nuestras inquietudes y desórdenes vitales. La calma interior procede de la colaboración estrecha y equilibrada del Ego con el Self. Cuando aceptamos que necesitamos de ambos, puesto que ambos somos nosotros mismos, la recompensa es la serenidad interior. El camino del autoconocimiento, el llegar a verse reflejado en el espejo de la verdad el ser que somos en la realidad auténtica y completa, está lleno de velos que descorrer hasta llegar hasta el corazón del arco iris sabio e infinito que habita dentro de nosotros.

Desapegarse supone vivir la vida, la existencia terrenal, sin preocuparse de qué sucederá mañana. Desapegarse supone vivir el presente sin temor, sólo con la lógica incertidumbre de la expectativa dorada de "no saber qué será mañana". En realidad hay una parte de nosotros mismos que sabe perfectamente lo que hay esperándonos en el futuro, es esa parte eterna de la persona que se comunica con el consciente/Ego a través de los sueños, me refiero al inconsciente. El inconsciente le cuenta a la persona lo que se va avecinando en función de cómo está manejando su vida, dándole así la oportunidad de rectificar el rumbo para cumplir con su destino o misión vital. Se trata de los sueños predictivos, aquellos que predicen el futuro como consecuencia de lo que vamos haciendo, dicho de forma clara: "se recoge lo que siembra". Otra cosa son los sueños premonitorios donde se nos cuenta algo que va a suceder independientemente de lo que estamos haciendo en el presente, es decir, nos damos la oportunidad, o se nos da, de conocer algo antes de que esto se produzca en las coordenadas espacio-tiempo de la Tierra. Vivir sólo centrados en el presente sin temer el futuro, sin vivir proyectados en un lugar al que todavía no hemos arribado, o que tal vez no hemos sido invitados, es aprovechar la sabiduría que poseemos y es hacer los sueños realidad. Cuánto más nos preocupamos por lo que nos puede deparar de desagradable el futuro más nos concentramos en atraer aquello que más tememos, y más desperdiciamos la oportunidad de construir un presente que nos conducirá. a medida que el futuro se convierta en presente y el presente en pasado, al logro de nuestros propósitos o sueños. Desapegarse es comenzar a definir el éxito a nuestra manera y no a la manera de la sociedad. Desapegarse es trazar nuestro propio plan vital, hacer lo que nos apetece en cada momento, atrevernos a sentirnos satisfechos y a confiar plenamente en nosotros mismos. Haga caso de los mensajes que le transmite su inconsciente a través de los sueños, ellos están repletos de sabios consejos sobre cómo llevar su vida y sobre cómo lo está haciendo. Evidentemente nada es lo que parece en los sueños, el agua no es agua es nuestro mundo emocional, y como tal si éste está tranquilo así lo estarán las aguas de su sueño, pero si por el contrario éstas están agitadas, será indicativo de que así están sus emociones en ese momento de su vida. Escuche, analice, interprete, observe, abrace a su inconsciente con el lenguaje abstracto, ése con el que se construyen las metáforas. Si en los sueños pierde el tren, el avión o llega tarde al autobús, es señal inequívoca de que está yendo por camino equivocado en la vida. Párese a recapacitar y tome medidas.

Ejercicio del desapego

1o. *Comenzará este ejercicio anotando los cosas, situaciones, experiencias, vivencias, recuerdos, ideas, creencias, conductas, pensamientos o personas de los que quiere desapegarse.*

2o. *Una vez realizado esto, siéntese cómodamente en una silla o sillón. Cierre los ojos. Imagine que deja su cuerpo físico. Observe-imagine a su cuerpo físico, allí abajo o enfrente suyo (puede contemplarlo desde el ángulo que prefiera). Sienta amor y gratitud por el mismo, ya que le ha permitido disfrutar de la existencia terrenal. Ésta es la primera lección de desapego, puede que la más dura, la de sentirse desapegado de su cuerpo e identidad física/Ego. Una vez haya logrado hacer esta parte del ejercicio con éxito, pase a imaginar como NO puede tocar ni su dinero, ni su casa, ni los muebles que poseía, nada de nada. Ahora dado que no dispone ya de cuerpo físico no puede tocar ni disfrutar ya nada de lo que tenía en vida física, ya nada le pertenece, ya nada es suyo. Así de simple. Para hacer este ejercicio puede que le ayude imaginar que esta en otro país, y que todo lo que dejó en España está allí, en España, pero no en el país en el que usted se encuentra ahora por lo cual es como si no lo tuviese. El hecho de que en España disponga de coche no supone que ese mismo coche esté en Japón, por ejemplo, al tiempo que usted, por lo que si desea tener coche tendrá que comprar o alquilar uno, allí mismo. Es cierto que cuando regrese a España usted volverá a tener su coche. Y es así como sucede en la realidad terrenal, uno tiene posesiones materiales y las deja entre vidas, volviéndolas a recuperar cuando regresa.*

3o. Ahora pase a imaginar que está en el patio de butacas de un cine. Proyecte en la pantalla eso de lo cual usted quiere desapegarse. ¿Cómo está la imagen: enfocada, desenfocada, en color, blanco y negro, cerca o lejos de usted, tridimensional o plana, con luz, sin luz? ¿Está usted solo, acompañado...? ¿Hay sonido, cuál: música, palabras; sonidos altos, bajos, murmullos, agudos, graves, malsonantes, armónicos, etc....? ¿Hay sensaciones? ¿Cuáles? ¿Dónde se localizan en su cuerpo si éstas se pudiesen localizar? ¿Son agradables o no?

¿Hay aromas, olores? ¿Cómo son estos? ¿Hay sabores, cómo son estos: agrios, dulces, agridulces, suaves, ásperos...? Repase la escena, no pierda detalle.

4o. *Ahora comience a pasar la escena adelante y atrás (bobine y rebobine), una y otra vez, haciéndolo cada vez más rápido hasta que no pueda ver las imágenes claramente. Cuando rebobine las imágenes incluya también las voces, los sonidos, las sensaciones. Aléjela de usted, póngala en la distancia. Cuando crea que ya tiene bastante, párese. Pase ahora la imagen a velocidad normal, ¿qué le sucede ahora, siente lo mismo, es todo igual? Si aún tiene las mismas emociones o sensación de apego, vuelva a bobinar y rebobinar la imagen, primero poco a poco, luego a más velocidad hasta que sus ojos no puedan ver las imágenes. Luego compruebe si la visión de esa imagen/asunto en la pantalla sigue produciéndole las mismas emociones o sensaciones. El haber conseguido desactivar esa ''imagen-asunto'' dentro de usted, supondrá el haber conseguido desapegarse de ese algo.*

5o. *Una vez está desactivado el apego a algo, alguien, etc. el siguiente paso es imaginar la vida con ese algo desactivado. Proyecte en la pantalla cómo es su vida viviendo desapegado de ese algo o alguien. ¿Cómo está la imagen: enfocada, desenfocada, en color, blanco y negro, cerca o lejos de usted, tridimensional o plana, con luz, sin luz? ¿Está usted solo, acompañado...? ¿Hay sonido?, ¿cuál: música, palabras; sonidos altos, bajos, murmullos, agudos, graves, malsonantes, armónicos, etc...? ¿Hay sensaciones? ¿Cuáles? ¿Dónde* se *localizan en su cuerpo si éstas se pudiesen localizar?*

¿Son agradables o no? ¿Hay aromas, olores? ¿Cómo son estos? ¿Hay sabores? ¿Cómo son estos: agrios, dulces, agridulces, suaves, ásperos...? Repase la escena, no pierda detalle. Una vez tenga la escena muy clara, comience a intensificar el color, el sonido, las sensaciones, y todo aquello que conforma esta escena y que a usted le agrada tanto. Lleve las sensaciones hasta el grado máximo que pueda, intensifíquelo tanto que todo su ser vibre, viva, sienta, respire, sea esa escena. Repita este proceso de nuevo, pero esta vez cuando esté en el punto álgido de la sensación tóquese ligeramente una rodilla, un codo, un dedo, algún punto de su cuerpo, con esto lo anclará/grabará en su soma, de tal forma que toda vez que toque ese punto de su cuerpo se desencadenará la información que la compone, ya que usted, al tocar ese punto, estará dando orden a su cerebro de que ponga en marcha la escena deseada con todos sus componentes (somatic síntax = todo está en el cuerpo).

6o. Vamos a comprobar que efectivamente la escena/asunto del que se quería desapegar sigue inactivo, es decir, usted se sigue sintiendo desapegado. Proyecte en pantalla la escena. ¿Siente usted algo? Si es afirmativo, toque o presione ligeramente el punto de su cuerpo donde ancló/grabó la nueva situación. Vuelva a pasar la escena, ¿todavía siente algo? Si es afirmativo, repita este proceso una y otra vez hasta que ya no sienta nada.

7o. Y para concluir el proceso, imagine como entre usted y el asunto del que se quería desapegar existe una invisible barrera infranqueable, o si lo prefiere un cristal antibalas. Imagine cómo ese asunto quiere acercarse a usted y No puede, ya no puede afectarle, Ni usted puede tampoco estar ya nunca jamás en contacto con ese algo o alguien. Desde detrás de esa barrera invisible o cristal, imagine como ese algo o alguien se aleja y se pierde en la inmensidad del Universo, y se volatiliza al alcanzar el sol. Quede tranquilo, ya nunca jamás sentirá la atracción, el apego por ese algo o alguien. El apego ha quedado desactivado y volatilizado en su historia vital.

8o. Celebre, sienta el poder de vivir la vida sin apegos, en libertad.

9o. Fin del ejercicio. Puede repetirlo con todos los asuntos de los que desee liberarse.

Bibliografía:

1. DEEPAK CHOPRA cuenta en su libro *Las siete leyes espirituales del éxito,* que alguien le dijo esto en cierta ocasión.
2. *El cielo es el límite, Cuando lo crea, lo verá,* WAYNE DYER.
3. *Spiritual growth y Creating money,* SANAYA ROMAN.

7

Opciones: el puente que lleva al éxito

"Para cruzar un río es necesario un puente. Haz lo mismo con el río de la vida".

R. FORNER

Muchas de las cosas que nos suceden son creaciones que yo llamo "sin salida". Creamos ese tipo de experiencia o situación porque pensamos que no existe más opción que ésa. Cuando las personas creen que no tienen más alternativas que la que existe, generan un tipo de energía que les desmotiva y quita autoridad sobre sus propias vidas. Las situaciones en la vida, bien es cierto que no podemos controlarlas, pero lo que sí podemos hacer es decidir cómo reaccionamos ante ellas. Aunque le parezca mentira, reaccionar y responder son dos cosas totalmente diferentes. Usted puede reaccionar físicamente ante una situación o responder mental y emocionalmente (conducta) frente a la misma. Todo el mundo tenemos reacciones físicas que, en principio no controlamos, y que son las que son porque están archivadas para responder ante ese tipo de situaciones. Dichas reacciones-respuestas físicas son, en definitiva, los patrones de conducta largamente marcados en nuestro sistema de asociaciones neuronales. Para dejar de reaccionar así ante determinadas situaciones tendríamos que revisar nuestra actuación-respuesta, y ante la revisión, en función de nuestros recursos disponibles decidir cómo podría ser el tipo de reacción que nos favoreciese más.

Pero no sólo está la reacción física, está también la respuesta emocional y mental. Ante una situación dada se puede aprender a responder de forma asertiva o efectiva, respuesta esta que nos proporcionará una agradable sensación de bienestar en cada situación. Para ilustrar lo que les quiero decir, les pido que imaginen una situación en donde alguien hace algo que podríamos llamar ofensivo, por ejemplo aparecer con dos comensales más a una cena en su casa sin que se lo haya notificado. Además, de que usted no dispone de más comida, esas personas no son de su agrado. Caso de que este tipo de situación no le parezca suficientemente falto de respeto, escoja usted una que la pueda considerar como insultante. Evidentemente en esta situación rememorada, usted no reaccionó como le hubiese gustado sino que se quedó mudo y asintió (respuesta sumisa), o por el contrario su respuesta fue agresiva (peleó, discutió, etc.) creándose para sí mismo una situación muy desagradable. Usted reaccionó y respondió de la forma que lo hizo porque creía que no tenía más opciones que ésa. Vayamos pues a analizar cómo puede usted generar OPCIONES, otras formas de responder ante las situaciones de la vida.

"En todo problema existe la semilla de la solución".

S. ROMAN/ORIN

Creando opciones:

1o. Póngase en una posición cómoda, y cierre los ojos.

2o. *Rebobine la situación a gran velocidad, como si fuese una película, con sonido e imagen yendo al revés.*
¿Cómo se siente?

3o. Bobine la "película-situación" ahora sin voz y a cámara lenta.
¿Cómo se siente?

4o. Rebobine ahora de nuevo sin sonido, a la velocidad que usted desee.
¿Cómo se siente?

5o. Desde el momento presente del aquí y el ahora, ¿cómo podría responder usted, es decir, qué recursos tiene que le podrían ayudar a manejar la situación? Enumere-imagine al menos 3 recursos.

6o. Imagínese ahora ante ese mismo tipo de situación usando uno por uno los recursos que ha descubierto que posee para actuar más efectivamente (asertivamente) frente a ese tipo de situaciones. Visualice la situación usando el primer recurso, luego el segundo y por último el tercero.
¿Cómo se siente?

Una vez que la persona sabe, conoce que tiene opciones y comienza a sentirse dueña de su propio destino. Y esa emoción, que acompaña al conocimiento de la propiedad vital, es generadora de pasión y de entusiasmo por vivir. El saber que tenemos opciones nos llena de optimismo, de creatividad, refuerza nuestro sistema inmunológico, incrementa el oxígeno en nuestras células, ilumina nuestros días y nuestros corazones. El conocimiento y certeza de contar con alternativas nos catapulta al éxito en la vida. No somos víctimas de las situaciones. Si usted está dispuesto a seguir creyendo que la vida le cae encima como una losa, porque es usted víctima de lo que le ocurre y es como un barco en la mar sin remos ni timón, prepárese a sufrir. Si por el contrario, prefiere pensar que es una barca con fuerte motor, gigantes velas, poderosos remos y un casco capaz de bandear toda suerte de situaciones, se encontrará navegando por la mar de la vida pletórico de alegría, disfrutando cada día, agradeciendo cada amanecer y bendiciendo cada atardecer. Usted navegará su vida equilibradamente, y cuando haya tormenta la sorteará sin que se le rompa su nave, pues usted sabrá siempre que ante cada situación tiene opciones.

El conocer que uno tiene opciones no sólo refuerza la autoestima confiere, además, autoridad para escoger las rutas que tomará su nave-vida. Usted es quien decide qué rutas tomar, y la aceptación de la decisión lleva implícita la de las consecuencias o resultados. Cuando uno ha tenido éxito en muchas tormentas, y ha conseguido salir airoso de ellas, sabe que sean cuales quiera que sean las experiencias que le aguardan en esta vida, sabrá salir maravillosamente bien de ellas, y no sólo eso, sabe que aprenderá con ellas, lo cual le hace mirar esperanzado el futuro pues tiene fe en su presente.

"Cuando una puerta se cierra, una ventana se abre"

Si usted piensa que cuando una puerta se cierra otra mejor le está esperando, su mente se llenará de energías impulsoras, y le será fácil idear soluciones, crear alternativas, pensar en cómo darle la vuelta a la situación. Cada vez que le ocurra algún contratiempo, dígase a sí mismo la siguiente frase mágica: **"¿CÓMO PUEDO DARLE LA VUELTA A ESTO?"** Créame, no es lo mismo poner su atención en cómo solucionar algo, que en el desastre.

"Siempre hay una solución para cada cosa.
Lo único que tienes que hacer es encontrarla"
MARÍA ROSETA SIMARRO

Esta "llave" que conduce al país de "Opciónlandia" pertenece a mi abuela. Siempre he actuado de acuerdo a esta máxima, y tengo que decir que me ha funcionado de maravilla. La rapidez con la que mi mente funciona ante cualquier tipo de situación es asombrosa. Saber que existe una solución y que lo único que tengo que hacer es dar con ella, me llena de fuerzas y entusiasmo, lo cual acaba provocando que la encuentre en un abrir y cerrar de ojos. Y si no la encuentro yo, me encuentra la solución a mí. Confío y sé, porque empíricamente así lo he comprobado que cuando uno busca, halla. Las situaciones en la vida son oportunidades para aprender. Abrase usted pues al aprendizaje, a la evolución. Créame, le irá mucho mejor si se centra en hallar la solución que en quejarse del asunto que tiene entre manos. No se deje paralizar por la situación, actúe, muévase.

Si usted quiere practicar el crear alternativas, lea lo siguiente, póngase cómodo y pase a abrir la puerta que conduce a "Opciónlandia".

Abriendo la puerta de Opciónlandia:

1o. Las llaves que conducen a Opciónlandia son las de: TRANSMUTACIÓN y CAMBIO. Pregúntese qué es lo que debe ser cambiado o transmutado en su vida. Tome papel y lápiz. En una hoja anote todas aquellas cosas que quiere, necesita o desearía cambiar. En otra hoja anote aquellas cosas, hechos, circunstancias, personas que le gustaría transmutar en su vida, por ejemplo, querría transmutar su tristeza en alegría y entusiasmo. La transmutación se da a través de la comprensión de las lecciones que nos ofrece la vida y de su integración en nuestra mente y en nuestro corazón. Transmutamos todo aquello que aceptamos como parte del proceso. Conseguimos transmutar el odio en amor cuando somos capaces de observar las situaciones desde una perspectiva diferente y desapegada, cuando somos capaces de otorgar perdón a todos los implicados incluidos nosotros mismos. Por lo tanto, en una tercera hoja, anotará todo aquello que está dispuesto a hacer para pasar de lo que tiene ahora a lo que querría tener.

2o. Imagine que está en una orilla, la orilla del "PROBLEMA", y que quiere pasar a la otra orilla "META DESEADA". Sin embargo, no hay puente que cruce el río. Piense cómo podría cruzarse éste sin puente. Juegue con la imaginación.

3o. Confeccione tres sombreros de colores, o cómprese tres gorros de diferentes colores, los que más le gusten, eso sí, quedan excluidos el negro (arquetipo de la ausencia, de muerte, de dolor. Es muy elegante, pero ahora déjelo), y el gris (color de la indecisión). Un gorro equivaldrá a INSPIRACIÓN, otro a PRACTICIDAD, y el tercero a ANALÍTICA. Son tres hermanas, que llevan gorros de diferente color. Cada una de ellas cumple una función dentro del equipo que forman. Las tres pueden cumplir muy bien su función y sin embargo no formar equipo. Cuando no forman equipo, no consi-

guen llevar adelante sus planes, por lo que se quedan estancadas en un mismo punto y ni van para adelante ni para atrás, ni a lugar alternativo alguno. La única forma de que alcancen sus objetivos es trabajando en equipo, escuchándose las unas a las otras.

INSPIRACIÓN es creativa, imaginativa, da ideas, crea sueños. Es brillante, imaginativa, radiante, divertida, alegre, soñadora, entusiasta, intuitiva. Tiene alas. Vuela a donde se le antoja. Le gusta idear y crear. Crea cosas desde la nada. Pinta el sol cada mañana. Es multifacética, aventurera y genial. Optimista por naturaleza. Se le permite la entrada en reinos y lugares donde a sus hermanas les está vedado entrar, pero ella en su generosidad, les trae siempre un destello de luminosidad.

PRACTICIDAD, es práctica como su nombre indica, realista, es una manager. Dirige los operaciones, toma decisiones, analiza los pros y los contras. Diseña alternativas con el material que le proporcionan sus hermanas, y tiene sus áreas test donde las prueba. Toma nota de las cosas que aprende en cada prueba, y con cada experiencia se hace más y más sabia. No toma una decisión que no haya sopesado antes, no compra nada que no haya probado y comprobado antes. No se lanza a invertir en nada sin tener información. Hace preguntas, muchas preguntas. Es lista, aguda, inquieta, equilibrada, analítica, sabia, ponderada, práctica, realista, tiene los pies en la tierra.

ANALÍTICA es puro análisis, muy sabia, pero a veces un poco cascarrabias si no se le escucha. No admite ningún proyecto al que no haya aportado ella sus pros y contras, sus conocimientos. Es la que pone el contrapunto a todo. Pone las pegas y explica el por qué, salvo cuando está enfadada que es cuando se dedica a destruir toda idea sin el menor rubor ni atisbo de caridad o solidaridad. Es calculadora, fría, analítica, sabia, ordenada, pulcra, seria, introvertida, desapegada, equilibrada (si no está enfadada), meticulosa, detallista, responsable, a veces es un poco pesimista —se pasa—, quiere datos y pruebas.

Lo primero que deberá hacer es colocarse uno a uno los sombreros, y averiguar cuál es su lenguaje corporal y facial, además de sus pensamientos en cada una de los posiciones-hermanas-gorrocolor. Tome nota de ello, mírese al espejo si no tiene a nadie con quien hacer el ejercicio.

Ahora escoja el tema que quiere tratar, y pase a comentarlo desde cada una de las tres hermanas. No olvide que habrá momentos en los que alguna de ellas tendrá un mensaje especial para alguna de ellas. Puede que descubra que usted se atasca en diseñar soluciones, alternativas, proyectos, etc., porque en su caso PRACTICIDAD no le habla a INSPIRACIÓN, o porque ANALÍTICA no se entiende con PRACTICIDAD, o INSPIRACIÓN se queja de lo mal que la trata ANALÍTICA. Averígüelo y comience a diseñar los sueños de su vida y llevarlos a la realidad. Muchas veces un sueño no ve nunca la luz porque nuestra parte soñadora no tiene contrapunto en una realista y/o en una crítica, por lo que los sueños nunca tuvieron a continuación un plan de cómo llevarlos a la práctica, y de cómo corregir el rumbo para alcanzar las metas.

4o. Volvamos al punto 2o. Ahora que ya sabe emplear sus tres partes, piense en la orilla "problema" como algo que usted quiere solucionar o cambiar, defínalo. Y, ahora defina su objetivo real para la orilla "Meta deseada". ¿Cómo cruzará ese río hipotético? Acuérdese de mirar arriba a la derecha para conectar con su parte imaginativa o creativa.

5o. *Cada vez que quiera recuperar situaciones que resolvió favorablemente, dirija sus ojos arriba a la izquierda. Para crear o idear nuevas soluciones, levante la barbilla, ponga recta su columna vertebral, respire hondo, y dirija sus ojos arriba a la derecha (si es usted zurdo o vasco, hágalo al revés). Una vez que tenga la imagen fijada arriba a la derecha, intensifique el color, el brillo, el foco, y todos los elementos que puedan haber (a saber: sonido, música, olor, sabor, tacto, sensación corporal, etc.). Intensifíquelo todo lo que pueda y más. Una vez que lo tenga, traslade la imagen arriba a la izquierda, hágalo varias veces. De esta forma fijará en su mente la idea solución o meta, como algo ya suyo.*

Otra forma de ser creativo:

Leyendo una edición italiana de la Interpretación de los sueños de Sigmund Freud, encontré un pasaje en el que Freud le escribe a un amigo, que dice haber perdido la inspiración. En su carta, Freud le comenta que ha reparado en que las personas que parecen no tener inspiración o creatividad es debido a que, antes de que las ideas hayan salido por la puerta, la parte crítica ya ha cruzado el umbral y desechado todo cuanto ha aflorado en la mente. No es que no tengan parte creativa, o de que ésta esté bloqueada, no se trata de eso, simplemente la parte crítica actúa demasiado aprisa desechando todo cuanto sale a su paso.

Por lo tanto, le voy a proponer que cierre los ojos. Imagine que hay una puerta que conduce al reino de la creatividad. Usted se ve a sí mismo cruzando esa puerta y entrando en el reino de la imaginación creativa. Ahí se dan todo tipo de ideas, sueños, invenciones, opciones, etc. Imagine cómo se funde con ellas, y se divierte jugando con las hadas del reino de la creatividad. Recuerde que está en "Opciónlandia". Usted tiene que llevar sus "creaciones" hasta el reino de la "Realidad" pero deberá pasar por el bosque de "Criticolandia". En este bosque habitan toda una serie de gnomos que querrán tirar sus ideas a un pozo sin haberlas mirado, pues es así como acostumbran a hacer con todo lo que huele a original. Usted deberá convencer a los gnomos de que deben dejarle pasar. Cuénteles un cuento, haga lo que sea con tal de convencerlos de que deben dejarle pasar. Le diré un secreto, los gnomos dejan pasar a aquellas creaciones cuyo autor está plenamente convencido de que merecen la pena ver la luz del reino de la "Realidad". Si usted, en su corazón, desea con todas sus fuerzas llevar esas ideas al reino de la "Realidad" para que sean evaluadas y se estudien las posibilidades además de estrategias de cómo convertirlas en realidad, verá como le dejarán pasar.

Los gnomos representan esas partes o aspectos de su Yo Crítico. Este ejercicio le ayudará a conocerlos-conocerse mejor, y a averiguar qué hacer para que la próxima vez que aparezcan sus "gnomos" particulares sepa qué hacer e idear con gran rapidez cómo salir del "problema" que le ocupe.

"En todo mar de problemas, existe una isla llamada Oportunidad"

Pasando a hacer algo diferente, para variar

Si usted, ante una situación o problema determinado, hace lo mismo que ha hecho siempre, siempre obtendrá el mismo resultado. Para obtener resultados diferentes hay que hacer cosas diferentes. Para hacer algo diferente hay que usar la IMAGINACIÓN y perderle el miedo al fracaso o al ridículo. Piense en cómo está contribuyendo a la situación que le ocupa, y centre su atención en la isla "Oportunidad", pues en todo problema existe la semilla de la solución. Si usted centra su atención en el problema, en lamentarse, en lo mal que se siente, o en lo fatal que está la vida, nunca, NUNCA hallará la solución. Rompa el estado en el que está, pase a hacer algo diferente, muévase, sí, muévase físicamente. Haga alguna de las cosas que le ayudan a sentirse bien, como por ejemplo bailar, pasear, ir a su huerto, cuidar de su jardín, lo que quiera, todo menos quedarse sentado lamentándose de su mala suerte. Si no sabe cómo comenzar a moverse, pruebe a imaginar que está en un cine que tiene varias salas, salga de la sala donde están poniendo la película Problemas, mal yogur e historias para no salir adelante, *y váyase a la sala donde pongan una de esperanza, de alegría, de oportunidades. Pregúntele al acomodador del cine en qué sala ponen una de esas películas.*

> *Pruebe ahora a cerrar los ojos y a imaginar que está sentado en una sala de cine, donde la película versa sobre historias tristes y derrotistas, donde la imaginación no existe. Usted se ha hartado de estar ahí sentado viendo esa película. Levántese, diríjase a la salida. Ahora está en la sala central a la cual dan las puertas de las salas de proyecciones, ahí está también el bar del cine. Vaya al bar y cómprese una bebida de* Imaginación

> y movimiento. *Bébasela. Compre también unas palomitas o algo de comer que tenga sabor de fantasía y de esperanza. Ahora busque una sala donde proyecten una película cuyo título sea* Usando la creatividad para variar. *Ahora se encuentra frente a la puerta de esa sala. Empuje la puerta. Está cruzando el umbral. Escoja asiento. Siéntese. Comienza la proyección. La película la diseñó usted, es su sueño, es cómo es usted cuando es creativo, cuando no tiene miedo a nada. Deje volar la imaginación, y proyecte en esa pantalla sus sueños, sus ideas, sus soluciones, sus opciones... Recuerde, está en la sala donde se proyecta tan sólo una película llena de creatividad, imaginación, ilimitada... Aquí, en esta sala, usted es pura creatividad, imaginación pura, le vienen a la mente todas las soluciones del mundo, toda su energía está centrada en hallar soluciones, opciones. El problema o situación no deseado se quedó en la sala de* Problemas, mal yogur y... *Venga a esta sala cada vez que quiera crear soluciones.*

Muchas veces las personas no hallan soluciones porque tienen un Realista o un Crítico dentro de sí mismos que no deja hablar a la parte Soñadora. Otras veces sucede que no hablan ninguna de las tres, porque ha tomado el mando el Miedo, y éste es muy derrotista y criticodestructivo. El Miedo sólo sirve para agarrotar los músculos, enfriar las ideas y congelar la imaginación. El Miedo es el peor enemigo de Fantasía. Sin fantasía nunca se hubiese llegado a nada, nunca se hubiese descubierto la luz eléctrica, ni se hubiese llegado a la Luna, o tantas cosas más. La fantasía no es mala, pero no es menos cierto que se necesita de la parte realista y de la parte crítica para avanzar y convertir los sueños en realidad. Aunque si usted nunca se atreve a soñar que puede conseguir algo, nunca creará esa imagen en el Universo y nunca se sentirá atraído hacia ella. Muchas veces para llegar a hacer realidad nuestros sueños debemos pasar por fases de creer en nosotros mismos, reforzar nuestra autoestima, aprender a valorarnos, aprender a tener fe y esperanza, no tirar la toalla aunque todo parezca apuntar a que el sueño está en el planeta de nunca jamás, no abandone cuando tan sólo le quedan cien metros para la meta, a veces es así. Toda vez que tenga Miedo, dirija su atención hacia los momentos en que consiguió aquello que quería, si otras veces lo ha hecho ahora también podrá.

"Si otros pueden usted también"
"Si en otra ocasión lo consiguió, esta vez también"

Ahora bien, para conseguir hacer un sueño realidad deberá tener en cuenta todo lo que tendrá que hacer. Pregúntese si está dispuesto a hacer todo lo que tenga que hacer para conseguir ese sueño. Muchas veces envidiamos a otros por lo que tienen o "son", sin embargo, no estaríamos dispuestos a hacer lo que ellos hacen para tener lo que ellos tienen. Tantas veces no es un asunto de poder o no poder sino de estar dispuesto a hacer lo que hay que hacer. La vida no es cuestión de buena o mala suerte. Pongamos por caso que una persona emplea su tiempo y/o gasta su dinero en salir de copas, ir a restaurantes, criticar a otros, envidiar la suerte de otros, etc., mientras que otra emplea el tiempo y el dinero en hacer cursos, aprender cosas nuevas, viajar y estudiar junto con otras culturas, ampliar sus horizontes... La primera no deberá quejarse de tener mala suerte cuando no encuentre trabajo o no sepa qué hacer con su vida. Es obvio cómo la segunda ha seguido avanzando y progresando. Eso sí, la primera seguro que no se detiene a considerar todos los esfuerzos y apuestas que ha tenido que hacer la segunda, a buen seguro que le hubiese gustado tener lo que tiene la segunda pero sin ningún tipo de esfuerzo.

8

Cómo convertirse en Opcionícola

(habitante de Opciónlandia)

Renovarse o... Aburrirse
LUCHO GONZÁLEZ-ALLER

"Quien algo quiere, algo le cuesta", solía decir mi abuela, que era mujer de muchos dichos, viejos y sabios como suelen ser los viejos dichos españoles. Muchas veces alcanzar un sueño requiere enormes dosis de confianza y fe en uno mismo, saber que suceda lo que suceda uno siempre saldrá adelante. Las afirmaciones que de nosotros mismos hacemos diariamente van conformando una realidad que se construye palabra a palabra, tal y como se construye una casa ladrillo a ladrillo. Si usted quiere un día llegar a un punto de conducta diferente de la de este instante, comience por hablar y pensar bien de sí mismo. Si usted repite constantemente que es una persona muy creativa e imaginativa y que siempre tiene soluciones para todo, así comenzará a ser.

Las personas con gran capacidad de recursos no centran su atención y energía en el problema, la centran en la posible solución. Dirigen sus ojos arriba a la derecha (o a la izquierda si son zurdos o vascos), levantan la barbilla, se ponen de pie, estiran la espalda, pintan una sonrisa en su cara, abren los brazos y comienza a pintar enfrente suyo un panorama amplio (ilimitado), iluminado y con color, y comienzan a dejar que se paseen por la pantalla las ideas. No las desechan inmediatamente. En vez de eso, las toman una a una y les evalúan las posibilidades de éxito. Seleccionan unas cuantas, y de esas comienzan por probar en la realidad la que aparentemente tiene más viabilidad. Le diré más. Estas personas de mentes abiertas y plenas de soluciones, con personalidades llenas de recursos, no tienen ningún miedo al ridículo ni a que les digan que se han equivocado. Para estas personas, los problemas son oportunidades de ejercitar su mente, dejar a su imaginación y creatividad ejercitarse (es como un día de gimnasio al aire libre), y luego celebrar que han hallado una solución, una vez más han triunfado sobre los obstáculos. Tienen claro que alcanzarán la meta deseada, lo único que les separa de ella es tiempo, tiempo de reloj, porque en su mente saben que ya están ahí, que ya han conseguido lo que querían. Póngales el problema que quiera, no les va a importar. Se trata de personas con altos niveles de confianza en sí mismos. Caminan erguidos, con la mirada al frente, franca, luminosa y abierta. Cuando le den la mano lo harán con decisión, es su estilo también al caminar, decidido y enérgico. No se arredran ante nada ni ante nadie. No se consideran inferiores ni superiores, son los asertivos del planeta. Los niveles de satisfacción que tienen para consigo mismos hace que no necesiten la aprobación ni los ánimos de nadie, se bastan y se sobran.

Me estoy refiriendo a personas que usan sus recursos. No se trata de extraterrestres, ni mucho menos. Son seres humanos que se consideran a sí mismos privilegiados por usar muchos de sus recursos, por haber aprendido a amarse y a respetarse a sí mismos. Se conocen y se aceptan, disfrutan siendo quienes son. Son entusiastas y llenos de sentido del humor. Valoran las cosas que tienen, y no piensan en lo que no tienen, dado que se tienen a sí mismos, eso les basta, pues con eso tienen todo lo que quieren tener. Estas personas han pasado por tormentas vitales y han salido reforzados de las mismas. Han aprendido a valorarse y a apoyarse en sí mismos. El mundo les puede dejar de lado, pero mientras se tengan a sí mismos nada importará. Sus niveles de amor hacia sí mismos son muy elevados y por lo tanto lo son hacia los demás. Se apoyan en sí mismos, y no necesitan de la aprobación o apoyo de los demás para ir hacia delante. Son su propio motor.

Ejercicio

1o. Le voy a proponer que cierre los ojos. Relájese.

2o. Imagine que está en un patio que representa el momento actual, aquí deja usted todas las características que le definen como ser humano falto de creatividad, o sin capacidad resolutiva. Despójese de estas características como si fuesen un traje, o como hace la serpiente cuando muda la piel, que deja caer la vieja. Salga de esta sala sabiendo que está saliendo de su pasado, pues esta sala representa su "pasado" ya sea éste reciente o remoto.

3o. Ahora vaya a una sala llena de luz, es el reino de "Opciónlandia" donde todo es posible. Está usted en su presente. Imagine que todas esas características, las que conforman una persona o ser humano decidido, encuentra soluciones, abre caminos y dota alas... Imagine que todas esas características se transforman en un vestido, en una copa y en un sombrero. Póngase el traje, al hacerlo éste se pega a su cuerpo como una segunda piel y comienza a fundirse sobre su cuerpo, al fundirse pasa a ser parte de usted por osmosis. Ahora, bébase la copa, ya tiene dentro el líquido maravilloso. Ahora colóquese el sombrero, cubre su cabeza y al hacerlo le transmite todas esas características y las ordena desde su cerebro a su cuerpo.

4o. *Ahora salga de esa sala, y pase a otra sala que es su futuro. Imagínese así en el futuro dentro de dos semanas, dos meses, dos años, etc. Sienta como su futuro se convierte en su presente. Salga por una puerta de esa sala que pone "Presente", y salga tal cual es ahora en este futuro-presente (persona llena de creatividad, creativa, resolutiva, imaginativa, práctica, con niveles altos de autoestima y de autoconfianza).*

5o. *Practique esto una y otra vez, todos los días si es necesario.*

La vida sin opciones se puede llegar a convertir en algo bastante difícil de llevar. Las opciones abren puertas, a veces inmensas. Desde hoy centre su atención en averiguar cómo abrir puertas, cómo puede darle la vuelta a la situación. Deje atrás los días de momentos "callejón sin salida". Toda vez que le ocurra algo centre su atención, ponga toda su energía en pensar cómo puede salir de ésa, qué opciones puede tener. Deje de pensar en la realidad como algo que se le cae encima, y pase a pensar en ella como datos que tiene que considerar al evaluar las posibilidades de triunfo de sus opciones-alternativas. Si sigue colocando su atención en la realidad como efecto ancla, es decir, en eso que el ser humano llama "realidad aplastante", como por ejemplo: "no hay trabajo", "tengo demasiados años para que me contraten", "si no tuviese hijos me arriesgaría", "no hay mujeres que merezcan la pena", "no hay hombres maduros", "estoy harta de ir de entrevista en entrevista", y etcétera, seguirá frente a una puerta cerrada, tal vez un muro. En vez de eso, tome la realidad como punto de referencia, y en vez de denominarles "condicionantes" (igual a "paralizante", "obstáculo",...), denomínelos "palancas para el cambio", puntos donde apoyar su cambio, su nueva realidad.

"Dadme un punto de apoyo y moveré el mundo"

NEWTON

La información que de sí mismo obtenga, así como de la realidad (entiéndase ésta por: mercado laboral, sociedad, situación económica del país y/o suya, situación familiar, etc.), que le rodea tómela como base de datos a partir de la cual elaborar su estrategia para triunfar, para alcanzar la meta que desea. No haga caso de las opiniones agoreras y fatalistas que le digan cosas tales como "todo está muy difícil", en vez de prestar atención a lo que otros le dicen y aprovechar para hundirse, escúcheles pero tómeselo como estímulo para ir adelante. Ante todo y sobre todo crea en sí mismo. Recuerde que todos los que han triunfando haciendo su sueño realidad tuvieron que pasar por varios y repetidos experimentos ("fracasos", en el lenguaje habitual de muchos seres humanos), si bien tomaron cada "obstáculo..." como acicate para seguir y como fuente de datos de la cual aprender para alcanzar la meta deseada.

Toda vez que el resultado no era el esperado se preguntaban lo siguiente:

- ¿qué había sucedido?
- ¿qué era lo que había fallado?
- ¿qué era lo que no habían tenido en cuenta?
- ¿cómo podían hacer para alcanzar la meta?

Preguntas y más preguntas. Acompañadas de un ánimo de lucha y perseverancia, con la fortaleza y la resolución de seguir adelante y no dejarse vencer por ese resultado (alias "fracaso momentáneo"). La autoestima y la seguridad de quien persigue un sueño ha de ser firme y sólida, pues de lo contrario uno flaquea al menor obstáculo. Otra cualidad que se cultiva en el camino hacia el éxito (= hacer los sueños realidad y/o alcanzar metas deseadas), es la resistencia a la frustración, la cual no es ni más ni menos que uno de los síntomas de la madurez psicológica. Cuando uno acepta que las cosas pueden no resultar tal y como uno deseaba y a la primera, la aceptación deviene en madurez, y ésta en sabiduría. No se trata de resignarse, de aceptar sin más la realidad. Cuando hablo de aceptación me estoy refiriendo a ésa que tiene en cuenta la realidad, y que utiliza ésta como palanca de apoyo para dar el salto. La aceptación es hija de la madurez, vive dentro de la familia de la sabiduría. Es compañera de la esperanza, la fe, la fortaleza, la independencia, la audacia, el orden y la claridad. Aceptar que las cosas son cómo son, que la realidad es la qué es, es síntoma de equilibrio interior, de haberse liberado de la influencia externa que las cosas, personas y situaciones tuvieron antaño sobre nosotros. Evidentemente junto a la Aceptación, camina la FLEXIBILIDAD. Ésta es muy necesaria para hacer cambios de rumbo, para variar estrategias o tácticas en nuestro viaje hacia la meta. Sin flexibilidad uno no llegará nunca a la meta deseada, puesto que se empeñará en seguir el camino trazado no importando los resultados obtenidos en las metas intermedias. Uno debe ser como el junco, firme, sólido y flexible a la vez, se dobla pero nunca se quiebra, nunca pierde su identidad, simplemente ha desarrollado una cualidad que le permite adaptarse a las situaciones sin perder su esencia. En el camino a la meta, debemos tener en cuenta otra cualidad o capacidad, la de darse cuenta de QUÉ es lo que uno debe rectificar. Podemos ser flexibles, podemos tener una gran capacidad de aceptación, pero si no somos capaces de darnos cuenta de qué es lo que debe ser modificado, raramente alcanzaremos nuestro objetivo.

SENTANDO LAS BASES PARA DESARROLLAR ESTRATEGIAS

Vamos a enumerar las capacidades a desarrollar o las cualidades a cultivar en el camino del éxito:

1. Creer en uno mismo.

Fundamental para cualquier tipo de meta u objetivo que quiera alcanzar. Decidir que usted se merece ser feliz por derecho de nacimiento, y que sea lo que sea que quiera en esta vida, usted es merecedor de ella sólo por el hecho de haber nacido en el planeta Tierra (Gaia). Usted tiene tanto derecho como cualquiera a obtener lo que desea, no importa cuál sea su raza, color de piel, nivel cultural, origen social, edad o sexo. Los seres humanos estamos hechos del mismo material, y le garantizo que es idéntico, ni mejor ni peor. Otra cosa es el nivel de evolución espiritual que cada uno se ha trabajado. La igualdad existe, otra cosa es que los seres humanos creamos en ella o no, y desde ahí la hagamos realidad. Por eso si quiere contribuir a que la igualdad exista en la Tierra, comience por pensar que usted tiene el mismo, IDÉNTICO valor que sus semejantes.

2. Diseñar la meta, ¿qué quiere uno alcanzar?

Importante saber qué quiere, cómo, cuándo y dónde. No olvide detalle en su diseño del objetivo a alcanzar. Le sugiero que defina su meta, la deje reposar un rato, horas o días, y vuelva sobre la misma después de haber realizado otras cosas y haber centrado su atención en otros asuntos.

3. ¿Por qué quiere alcanzar esa meta? ¿Qué espera lograr con ella? ¿Qué aportará a su vida?

Muchas veces creemos que la consecución de una meta nos traerá la felicidad, la estabilidad interior que anhelamos, la seguridad, etc. Sin embargo, una vez alcanzada la meta nos percatamos de que no nos trajo aquello que pensábamos que nos traería, entonces viene la decepción, la frustración y la desilusión. Sea honesto y sincero con usted mismo. Cuéntese por qué quiere alcanzar esa meta, qué espera lograr con ella, qué aportará a su vida. Responda a la pregunta siguiente "¿es la única manera de lograr lo que desea?" Tal vez descubra que, lo que en realidad pretende alcanzar, no se obtiene a través de su "meta-sueño-deseo". Sincérese con usted mismo, al fin y al cabo usted es la persona más importante de su vida.

4. Decidir qué es lo que se está dispuesto a hacer para alcanzar la meta.

Escriba honestamente qué cosas está dispuesto a hacer, cuáles se plantearía hacer en determinadas circunstancias y cuáles no haría bajo ningún concepto. Es decir, escriba lo "negociable", "lo NO negociable bajo ningún concepto", y "lo no me importa". Sea realista en su definición, al fin y al cabo se trata de un compromiso con usted mismo, no haga las cosas porque quiera alcanzar el brillo social sino por y para usted mismo. Muchas veces queremos el sueño, lo que otros han obtenido, pero no nos detenemos a considerar lo que tuvieron que hacer para llegar ahí y si nosotros estaríamos dispuestos a hacer lo mismo. Piénselo, a nadie le han regalado nada. Tenemos tendencia a fijarnos en el producto final, el éxito alcanzado, pero nos olvidamos del punto de partida y de la trayectoria, del contenido del viaje. A veces, alcanzar la meta requiere pasar años preparándose para lograr llegar a ella.

5. Cualidades o capacidades necesarias para alcanzar la meta.

Enumere las capacidades, habilidades, conductas, valores y creencias que, según usted, son aparentemente necesarias para lograr alcanzar la meta. No se olvide del tiempo de preparación y de la posible inversión en tiempo y dinero que haya que hacer para lograrla. Una vez definidas, señale cuáles de ellas posee ya, cuáles debería mejorar, cuáles tendría que desarrollar y cuáles cree que NO tiene ni tendrá. No importa si cree que no podrá tenerlas nunca, al fin y al cabo en PNL hay solución para esto y se le puede ayudar a cambiar sus creencias, a caminar el proceso de cambio.

6. Aceptación de la realidad, y aprovechamiento de ésta a nuestro favor.

"¿Cómo me puedo yo servir de la realidad?" "¿Cómo puedo hacer para darle la vuelta a la situación y hacerla favorable a mí?" "¿Cómo podría yo sobresalir entre todo esto?" La realidad es la que es, y créame, la solución no está en que cambie lo exterior, realidad o como quiera llamarlo. Por más que cambiasen las cosas fuera, usted se daría cuenta de que nunca han cambiado completamente a su gusto. Por lo tanto, deje de lamentarse de lo mal que están las cosas y de lo difícil que es la vida y pase a la acción. Cambie usted y cambiará su vida. Los cambios dentro de nosotros transcienden al exterior y se ven los resultados.

"Cuando lo crea, lo verá"
WAYNE DYER

7. Flexibilidad.

Ésta es fundamental e imprescindible para triunfar en la vida, no importa el tema elegido. Si se deja guiar por la flexibilidad de ánimo llegará allí a donde se lo proponga, puesto que no le importará tomar atajos, ni seguir los cambios y/o alternativas que le proponga el destino. Muchas veces será usted quien hará variaciones en el trayecto, teniendo siempre en mente el punto final de destino. Si no le importa incorporar cambios a su plan, si acepta los imprevistos como componentes excitantes del viaje hacia la meta, verá culminados sus sueños de forma inusitada e inesperada, el destino siempre le sorprenderá. Recuerde que ser flexible no es sinónimo de dejarse llevar como una hoja a merced del viento y sin ningún tipo de voluntad. Ser flexible supone ser firme, tener claridad de propósito y de mente. Ser maleable, lo cual permite pasar por "lugares" en el trayecto, cuyo trazado sería imposible de transitar de estar ausente la flexibilidad. La rigidez imposibilita el recorrido de lugares angostos en el sendero hacia el éxito. La cualidad de maleabilidad permite tomar la forma de las curvas del camino, de las angosturas, de los precipicios, de los trazados sinuosos e inesperados. La flexibilidad posibilita pasar por cambios de temperatura y adaptarse al frío y al calor del viaje vital. Estoy utilizando el lenguaje abstracto para describir el viaje que hacemos en la vida.

8. Atención, calma, equilibrio, seguridad, confianza.

Además de ser flexible y maleable, conviene poseer cualidades de atención para detectar lo que nos aleja o acerca de nuestro objetivo. Si uno presta atención podrá detectar si el rumbo sigue siendo el correcto o por el contrario hay que hacer modificaciones. Si la calma inunda nuestro ánimo podremos mantenernos serenos aún en la peor de las tempestades, y tomar resoluciones desde la serenidad y no desde la desesperación, lo cual nos permitirá además, sopesar los pros y contras antes de tomar una decisión. Si mantenemos la calma, el equilibrio interior seguirá estable y desde ahí la seguridad en nosotros mismos y en nuestro propósito no se modificará. La confianza depositada en nosotros mismos no tiene porque verse mermada por cambios de rumbo o rectificaciones en el patrón de vuelo, ni mucho menos. Cambiar, hacer variaciones no supone ser estúpido, todo lo contrario. Como dijo el filósofo: "Errar es de humanos. Rectificar lo es de sabios". Cuanto más tormenta haya fuera, más deberá usted mantener la calma.

9. Audacia.

Se trata de otra cualidad necesaria para alcanzar la meta, dado que muchas veces carecemos de audacia para tomar ciertas decisiones en momentos determinados y precisos que nos ofrece la Rueda de la Fortuna como oportunidades únicas en la vida, que de no tomarlas ya no se repiten, no existe una segunda vez. Eso sí, no haga caso cuando desde fuera le digan que era una oportunidad única, escuche a su interior y si lo considera así, así es. No deje de tomar decisiones, no deje de vivir por temor a equivocarse. Si usted confía en sí mismo, si sabe que puede salir de todas, láncese una vez haya evaluado la situación, o no se lance. Pero para ganar hay que arriesgar. Desde el momento en que no sabemos cómo resultará, estamos arriesgando. Las personas que nunca han arriesgado nada, no han logrado su metas. También le diré que no se lance a tontas y a locas, evalúe y sopese primero la situación, repase los puntos anteriores. Escuche a su voz interior, y si no las tiene todas consigo, no se lance. Nadie mejor que usted sabe lo que le conviene o no. Si yo hubiese hecho caso a otras personas en mi vida hubiese dejado de hacer muchas de las cosas que hice, y hubiese hecho otras tantas que no hice, seguí a mi voz interior y no me equivoqué. Sin embargo, he de confesar que toda vez que hice caso a alguien desoyendo mi voz interior que me prevenía en contra, es decir, que me aconsejaba no hacer tal o cual cosa, erré, me equivoqué, fallé. Eso sí, he aprendido a hacer caso de mi intuición, de mi instinto o Voz Interior y dado que el aprendizaje me ha costado un despilfarro de tiempo y de dinero, decidí aprender la lección y hacer caso tan sólo de mi susurro interior. Los demás le pueden aconsejar con la mejor de sus intenciones, pero eso no significa que sea lo más adecuado para usted el hacer tal o cual cosa.

10. Voluntad y firmeza.

Se requieren grandes dosis de voluntad y firmeza para seguir en el camino, levantarse una y otra vez, intentarlo una y otra vez... hasta alcanzar el objetivo deseado. Muchos tuvieron que arruinarse varias veces antes de lograr ver hecho realidad su sueño. Otros tuvieron que pasar penurias y por toda clase de dificultades antes de ver coronada la cima del éxito. Eso sí, todos ellos lograron su propósito porque nunca se dejaron desfallecer y se mantuvieron firmes en su idea.

11. Fe y determinación.

La voluntad y la firmeza se nutren de fe y determinación, van juntas. No importa cuán nublado esté afuera, no importa si le han rechazado su proyecto en muchas empresas, no importa si todo el mundo le dice que está equivocado, lo único que le llevará adelante es la fe. Si usted está determinado a llegar a la cumbre, llegará no importa las vicisitudes que tenga que pasar, porque la fe que tiene en sí mismo y en su sueño serán suficiente alimento para mantenerle vivo. Muchas personas no vieron nunca su sueño hecho realidad porque tiraron la toalla a veces, cien metros antes de la meta, lo cierto es que ellos quizás nunca "sabrán" que estuvieron a punto de conseguirlo y que de haber perseverado un poco más lo hubiesen logrado. Si no lo consigue de una manera, inténtelo de otra, pero no desfallezca. Los sueños siempre se hacen realidad, sucede a veces que uno los saca antes del horno y, claro, la masa se viene abajo por no estar cocidos aún. No boicotee su sueño, siga alimentándolo incluso cuando todo parezca apuntar hacia el "fracaso". Tal vez tenga que revisar sus creencias. Puede que una parte de usted no esté de acuerdo en los esfuerzos que hay que hacer para lograr el sueño. Puede que tenga que trabajar en usted mismo, en ciertas creencias o ideas suyas, mientras avanza en el camino hacia el éxito, hacia lograr ver hecho realidad su sueño.

12. La perfección.

Los sueños siempre llegan, a su debido tiempo, es decir, en el momento, lugar y circunstancias perfectas para nosotros. Puede que su sueño tarde años en llegar, y es que de haberse hecho realidad antes no hubiese sido tan perfecto. Dado que esto no lo sabrá nunca con certeza, confíe en que el Universo se lo dará cuando sea el momento perfecto, y cuando se lo dé, simplemente AGRADÉZCALO y DISFRÚTELO a pleno corazón. Mientras tanto siga confiando, siga haciendo su parte y deje que la cocina del Universo haga el resto. Los sueños se cumplen, hágame caso. "Cuando lo crea, lo verá", W. Dyer. Para ilustrarle esto le contaré una historia propia. Años atrás yo soñaba con ir a New York. Durante años soñé con esto, pero por una u otra razón no "salía" nunca la oportunidad de ir. Cuando por fin salió, fue fantástica. La empresa donde trabajaba me envió a un curso que se celebraba en esta ciudad. Me pagaron el curso, el billete de avión y la estancia en el hotel —uno de los más elegantes de la ciudad— donde se celebraba el curso. Para hacerlo aún más perfecto, coincidió con mi mes de vacaciones, un amigo mío llamó a unos amigos suyos en Boston, los cuales me invitaron a pasar con ellos unas semanas. Disfruté enormemente en compañía de estas personas, hoy mis amigos, maravillosos y de la ciudad de Boston. Fue, sencillamente, perfecto. Dado que disfruto tanto de los regalos que me da el Universo, sin protestar de cuando me los da, me suceden cosas insólitas, cosas que no les acontecen a aquellos que van por la vida siempre protestando.

Disfrute de sus sueños, dé gracias como si ya estuviesen aquí. Imagine lo maravilloso que es cuando uno se siente agradecido y el ser más afortunado de la Tierra. Alimente su sueño. Dígale al Universo que SABE (conoce) que ese sueño llegará en su vuelo correspondiente. Mientras llega el vuelo-sueño, siga disfrutando de la vida, del momento presente (=regalo), y ese sueño llegará. No desespere.

9

El cuerpo como reflejo de la mente

Una de las primeras cosas que reflejan el estado interior de la persona, la cual estamos muy acostumbrados a mirar y a acampañar de la frase "son el espejo del alma", son LOS OJOS. Unos ojos llenos de alegría, de vida, de luz... son la identificación de una persona saneada, sana hasta la médula y coherente, muy coherente consigo misma. La coherencia, o congruencia, se reflejan en el cuerpo y en todos sus elementos. Su mente escribe en su cara, en su cuerpo, en su cabello, en su cabeza, en sus pies, en su piel, en sus piernas...

La incongruencia interior, el desarreglo o desajuste psicológico, la inmadurez emocional, la inseguridad en uno mismo y en su propia valía... No se refleja tan sólo en signos exteriores de manchas, llevar gafas, dolores, irritaciones, pelo cano, calvicie, ojeras, etcétera. Se refleja también, y mucho, en la postura física o lo que se conoce como "lenguaje corporal". Desde la forma de sentarse, la de caminar o la de estar de pie. Los gestos faciales o los corporales forman parte del lenguaje del cuerpo.

Si usted es de los que camina pesadamente, con la cabeza gacha, los hombros caídos, la barbilla incrustada en el pecho, la cabeza ladeada, la espalda encorvada, arrastrando los pies... se sienta sosteniendo su cabeza con un brazo, ladeado, la espalda hacia delante, o tirado en la silla... COMIENCE A PRESTAR ATENCIÓN a estos signos exteriores que delatan lo que sucede en su interior. Se puede aprender a caminar ligero como una pluma, como si fuese un bailarín o danzarina. Se puede aprender a erguir la columna, a corregir las posturas físicas. Todo se puede aprender y corregir. Todo se puede mejorar.

Camina ligero por la vida quien se siente a gusto en su cuerpo físico y en su piel. Mostrando así, esta complacencia al caminar. Observe a la gente. Salga a la calle, mírelos, obsérvelos, estúdielos. Verá muchos cuerpos "arrastrándose" literalmente. Le parecerá que pesan muchos cientos de kilos, como si tirasen del "peso de la vida". No importa si pesan poco o no físicamente. No influye si el cuerpo es joven o viejo. Cuando observe a alguien caminar como si flotase o danzase, como si fuese un niño o una niña pequeña cuyos cuerpos son ligeros, cuando vea a alguien que camina como si su cuerpo físico no estuviese sometido a la ley de la gravedad, párelo, pregúntele cómo se siente consigo mismo. Estoy segura que le responderá con un "estupendamente" o algo parecido, amenizado con una magnífica sonrisa.

Observe al sí mismo en el espejo, en uno grande a ser posible y con mucha luz en derredor. Mírese, mírese como nunca lo ha hecho, es decir, no finja que se está mirando. Mírese a los ojos. Mírese los ojos, las piernas, los brazos, la espalda, el abdomen, el pecho, los pies. Mírese pero hágalo sin criticarse, sin darse un baño de insultos, sin adornarse la mente con una guirnalda de estrepitosos "¡qué asco!". Eso déjelo para los demás. Y si alguien lo hace, invítelo a que se observe a sí mismo... no como castigo, sino como afirmación de sí mismo. Déjelo observándose, estudiándose por vez primera tal vez. Cuando se observe, fíjese en la posición de sus brazos, de sus hombros, de su espalda, de su barbilla, de sus manos, de sus piernas, de sus pies. Mire sus ojos, mírele a los ojos. ¿Qué diría usted de esa persona que está ahí, si ésa no fuese su imagen? Pretenda que está en la posición de OBSERVADOR (alguien neutral). ¿Qué emoción le transmite la persona que se refleja en el espejo? ¿Cómo describiría su estado emocional? ¿Qué diría de su personalidad? ¿Hay o no hay brillo en sus ojos?

El cuerpo como pizarra, espejo o reflejo de la mente. Los ojos como ventanas del alma. La voz como fuente del corazón. Cuando alguien le hable, escuche su corazón. Para ello cierre los ojos, y escúchele. Luego, cierre su oídos y obsérvelo, mientras le siente. ¿Qué diría? Si hace esto se dará cuenta de mucha información que hasta la fecha fue única y exclusivamente patrimonio de su inconsciente. Las congruencias e incongruencias de los seres humanos están reflejadas en sus miradas, en sus ojos, en su voz, en sus cuerpos, en su cara. Un ser feliz, lo respira, lo transmite, lo habla. La serenidad interior se emana, se expande y llega a los demás.

Si usted mismo, o alguien a su alrededor tiene algún problema de piel, alguna alergia, un sarpullido de alguna clase, pregúntese: ¿por qué será?, ¿cuál es la intención positiva de esto?, ¿qué mensaje tiene para mí? Muchas veces la piel se llena de manchas, alergias, picores, etc., puesto que es la única vía que la persona ha hallado para "ventilar" su inconsciente o manejarse con la situación. Cuando no nos encontramos bien con nuestro entorno. Cuando algo o alguien nos produce alergia al no enfrentarnos con la situación. Cuando nuestra cara tiene un sarpullido de ira, de rabia. Cuando nuestro inconsciente está "limpiando" y sacando al exterior, al consciente muchas cosas que "huelen" mal. Cuando queremos poner distancia entre nosotros y algo o alguien... En todas y cada una de esas situaciones, la piel servirá como pantalla donde proyectar todo eso que queremos ocultarnos a nosotros mismos, pero que sale al exterior descaradamente a través de nuestra piel. Son incongruencias de la persona, del ser. ¿Por qué será? ¿Cuál es la intención positiva de esa "situación" de su piel?

Si usted fuma o alguien a su alrededor fuma, es signo inequívoco del poco amor que se profesa a sí mismo. Lo quiera usted reconocer o no, es un deseo inconsciente de morir. Y aunque no lo fuese, no es precisamente un regalo que usted se esté haciendo a sí mismo. Pregúntese cuál es la ganancia, qué obtiene con el fumar. ¿Cuál es la intención positiva de esa parte de usted que fuma?

El cuerpo habla, muestra cómo está usted por dentro. Observe la de miles de abdómenes hinchados que existen en el mundo (algunos van al gimnasio). La de ojeras que observará en muchas caras. La de facciones tensas, destrozadas de dolor, amargadas de hiel, repletas de azúcar, sabrosas de alcohol y noches en vela que se cruzarán en su camino del espejo, tal vez la de usted mismo.

Observe además, cómo se sientan, cómo caminan. Las personas decididas, plenas de esperanza, de ilusión, de expectativas... caminan mirando al frente, dan la mano con vigor, caminan resueltas, con paso firme y decidido. Mientras que las personas derrotadas, deprimidas, amargadas, cansadas de tanto vivir, cansadas de tanto no amar... incrustan la barbilla en el pecho, fijan la mirada en un punto perdido en el suelo, y arrastran sus pies al caminar. Si usted piensa que está deprimido, todo su cuerpo le hará caso. ¡Rompa ese estado! Recupere en su mente una imagen divertida, o una de felicidad y cambie de postura física.

Todos nosotros transmitimos información sobre nuestro estado anímico durante todo el día. Si una persona, pongamos por caso, no se siente segura de sí misma, de lo qué hace, de lo qué dice, o de lo qué vale... ¿Cómo cree usted que le transmitirá a su interlocutor información sobre todo eso? Piense por un momento.

Una de las pistas se las proporcionará la persona a través de los ojos. La inseguridad, la falta de autoestima se refleja en una mirada huidiza, en un no mirar directamente a los ojos. Otra pista será el tono de voz y la entonación, puede que trémula o pretenciosa, puede que agresiva... Todo significa lo mismo: miedo. La postura física será otra forma de chivato. La posición de la columna, la de las piernas (cruzadas, erectas), la de los brazos (cruzados sobre el pecho, o dejados serenamente a un lado). A esto se le denomina lenguaje subliminal. Si usted quiere cambiar su estado de humor o facilitárselo, cambie de postura física. Haga algo diferente, para variar.

Ejercicios corporales

1. *Observe cómo se sienta, camina y está de pie tanto cuando:*

    - *está enfadado*
    - *se siente seguro*
    - *está mosqueado, intranquilo*
    - *está pletórico*
    - *está o se siente triunfador*
    - *se siente inseguro*
    - *siente que no tiene ningún valor*

2. *Observe su cuerpo en el espejo. ¿Qué diría de ese cuerpo reflejado ahí?*

3. *Observe su cara, sus facciones. ¿Qué diría de ellas?*

4. *Tome papel y un lápiz. Escriba las cosas que le ayudan a sentirse mejor. Escriba al menos veinticinco. Le daré pistas: escribir, pasear, poner música, bailar, reír, hablar por teléfono, jugar a la pelota, ir al gimnasio, ir al cine, etc.*

5. *Describa imágenes que al recuperarlas en su mente le hacen sentir o le ayudan a sentirse bien. Tómese un momento de relax, y escríbalas luego.*

6. *Póngase en una posición cómoda, ya sea en una silla o en un sofá o sillón. Cierre los ojos. (Estas instrucciones puede grabarlas o puede leérselas alguien). Traiga a su mente la imagen de cómo es físicamente en la actualidad. Imagínese que tiene una enorme pantalla de cine delante suyo, proyecte esa imagen ahí. ¿Qué le ocurre a usted? ¿Cómo se siente cuando se ve en la pantalla? ¿La imagen está enfocada o borrosa, con brillo o mate, lejos o cerca, con color o en B/N, en movimiento o parada, con perspectiva o sin ella, con profundidad o plana? ¿Qué sensaciones tiene, y dónde están localizadas en su cuerpo? ¿Hay voces, sonidos? ¿Cómo son éstos? Todo esto hágalo en posición ASOCIADA, es decir, sintiendo que usted es usted.*

7. *Ahora aléjese, después de usted mismo y colóquese como si fuese un espectador que lo observa a usted y a lo que hay en la pantalla: en SEGUNDA posición. ¿Qué le sugiere lo que ve? ¿Qué resaltaría de lo que ve en la pantalla?*

8. *Ahora aléjese aún más. Sitúese en una TERCERA posición. Imagine que es alguien que observa la escena a través del cinematógrafo, desde ahí ve a la Segunda posición, a la Primera y lo que hay en la pantalla. Está usted totalmente disociado de lo que ocurre. Desde esta posición, responda a: ¿qué intención positiva cree usted que tiene la persona para estar así o tener el cuerpo que tiene? ¿Qué ganancia obtiene con lo que quiera que sea lo que haya proyectado en pantalla?*

9. *Vuelva a Primera posición. Cree una imagen IDEAL de cómo le gustaría ser, qué cuerpo le gustaría tener, etc. Sitúe esa imagen en la parte inferior derecha. De momento déjela ahí.*

10. *Siguiendo en Primera posición, comience a intercambiar las imágenes que hay en pantalla, la grande (antigua) se va haciendo cada vez más pequeña y la pequeña (la Deseada) va agrandándose, hasta que la Deseada haya reemplazado a la Antigua. La primera vez hágalo muy lentamente, la segunda más aprisa, la tercera aún más, y así hasta hacerlo a una velocidad que aún pueda usted seguir conscientemente. Una vez colocada en pantalla la imagen Deseada, y en el cuadrado inferior la Antigua, comience a intensificar la Deseada todo lo que pueda, dele más color, más brillo, más luz, más enfoque, más perspectiva, más lo que sea.*

11. *Vaya a Segunda posición. Observe la escena.*

12. *Vaya a Tercera posición, observe la escena. Desde aquí obsérvese a sí mismo en Primera posición disfrutando de su nueva imagen, y para grabar más esta experiencia*

haga un "pase de modelos", es decir, vístase con ropa de Verano, de Primavera, de Otoño, de Invierno. Obsérvese a sí mismo en las cuatro estaciones del año con ropa de esas estaciones. Disfrute viéndose a sí mismo (Primera posición) disfrutar de lo que ve en pantalla. Dígale algo a su Primera posición, dele un mensaje positivo. Retoque lo que usted crea conveniente, mejore lo que hay en pantalla, al fin y al cabo es usted el director de esa película, y el sí mismo (Primera posición) es su actor o su Yo Consciente.

13. *Una vez hecho lo anterior, regrese a Primera posición. Desde aquí levántese y vaya hacia la pantalla. Entre en la película. Asóciese con las imágenes. Conviértase en el actor o actriz que había en la pantalla. Disfrute siendo el protagonista de cuerpo tan maravilloso que veía en la pantalla. Refuerce todo lo que sienta, refuércelo aún más. Intensifique sus emociones. Disfrute.*

14. *Salga de la pantalla, vaya a buscar a la Primera posición, y disfrute sabiendo que es el actor o actriz de la pantalla. Observe como en la pantalla no hay nadie (pues usted está ahí, consigo mismo).*

15. *Vaya a Segunda posición y obsérvese a sí mismo en Primera disfrutando de saber que es el actor o actriz de la pantalla.*

16. *Vaya a Tercera, y observe al observador (Segunda), y al Protagonista (Primera posición) disfrutando con y de toda la escena.*

17. *Regrese a Primera posición. Y ahora vuelva a la película, entre de nuevo en la pantalla. Ésa es su película.*

Esta nueva película es la que ahora se observa desde la Segunda y la Tercera posiciones, ya no hay más Primera, pues usted está en la pantalla, y desde ahí es ya esa nueva imagen que creó para usted en su mente.

18. *Ahí, tal y como está, dese una metáfora para su nuevo estado-imagen. Esta metáfora será la que llevará presente de ahora en adelante y que le ayudará a crear/trasladar al plano real-tiempo-espacio su nueva imagen Deseada. Cada vez que se mire en el espejo, de hoy en adelante, al mirarse traiga a su memoria/imagen interior la metáfora.*

NOTA: *Este ejercicio es válido para hacer cambios en su salud corporal (por ejemplo, verse andando, nadando, etc., normalmente), lenguaje corporal, tratar el exceso de peso, moldear su silueta, observarse a sí mismo en situaciones sociales, etc.*

EL ARTE DE LA DIVINA SONRISA

La risa como terapia es algo que se está aplicando recientemente como terapia alternativa, pero yo no le voy a pedir que se pase el día riendo sino SONRIENDO. Sonríale a la vida. Sonríase a sí mismo. Nos olvidamos a menudo de sonreír, y la sonrisa desencadena toda una serie de emociones interiores que se traducen en un mejor tono vital, en una piel más luminosa, en un cuerpo más grácil, en una postura más relajada y serena de todo el cuerpo.

Aprenda a sonreír.

Se necesitan más de 600 músculos para poner una cara enfadada y tan sólo unos pocos para sonreír.

La sonrisa ayuda a levantarse por la mañana, pone una nota de color en el ánimo con el que encaramos el nuevo día, otro nuevo día en el paraíso. Alégrese de estar sobre tierra y no bajo tierra. Es un día más como oportunidad para ser feliz.

"Hoy puede ser un gran día... plantéatelo así..."
JOAN MANUEL SERRAT

Deténgase a pensar sobre cómo influyen o determinan, la calidad de su día o el tipo de día que tiene usted, las creencias que acarrea en su mente sobre la vida, su trabajo, su familia, etc., como si fuesen verdugos que le esclavizan. Deténgase y siéntase como se siente cada mañana. Ahora cambie, pase a creer que sus ideas sobre las cosas y la vida en general son como ángeles que llevan sus tareas, las de usted, aligerándose éstas y pareciendo plumas de oca. Ponga una sonrisa en su boca y en su ánimo, en su alma. Observe la vida desde una posición de desapego, disociada, serena y sonriente. ¿Se siente igual? ¿Qué cambios se han dado en su cuerpo físico? ¿Qué le sucede a su cara, a su cabeza, a su estómago, etc.? ¿Qué otros cambios señalaría usted como significativos?

EL ENTUSIASMO

Éste es consecuencia de la sonrisa. Van unidos como siameses. Un ser entusiasmado con la vida lleva siempre una perenne sonrisa en su cara. Pero no es la sonrisa de un estúpido, no. Es alguien que trasmite la felicidad, el bienestar interior, la serenidad del alma y el entusiasmo que le produce estar aquí a través de su sonrisa.

La sonrisa del entusiasmo es trasparente, traslucida, limpia y cristalina. Adorna las facciones de un rostro sin necesidad de que éste sea bello físicamente o no. Lo hace, lo transmuta. La persona que posee buenos y sanos niveles de autoestima sonríe con mucha frecuencia. Adorna las respuestas con su magnífica sonrisa. Da gusto estar a su lado, verla, sentirla. Pero más a gusto se siente ella misma con la vida en sí misma, con su vida. La sonrisa es la prueba de lo dichosa que se siente esa persona de estar aquí en la Tierra.

PRACTIQUE la sonrisa. Dedique diez minutos al día a sonreír. Mírese al espejo y sonría. Y luego salga a la calle a practicar. Cuando pida algo, sonría. Cuando pague algo, sonría. Cuando salude a alguien, sonría. Observará como a los demás se les dibuja una sonrisa a su vez. Se percatará de que la gente le responde de diferente manera a cuando usted les hablaba sin sonreírles. La sonrisa es mágica, los demás nos abren las puertas de su corazón. La sonrisa facilita la relación entre los seres humanos. Si sonríe, muchos querrán estar cerca de usted. La sonrisa atrae ángeles, edifica armonía y promueve la creatividad.

Practique, haga su SEMANA DE LA SONRISA. Durante 7 días, sonríale a todo el mundo:

La sonrisa es... angelical
ROSETTA FORNER

¡Pinte una sonrisa en su vida!

Inaugure la semana de la sonrisa haciendo un dibujo de una gran y magnífica sonrisa. Mejor aún..., haga varios. Puede colgarlos por toda la casa, donde puedo verlos. Llévese algunos a su despacho, póngalos donde pueda verlos durante todo el día. Escoja fotos de gente riendo y cuélguelas también donde las puede ver. Ponga una sonrisa en la puerta de su despacho, o en su mesa, en su coche, en su nevera, en su cama... Contagie la sonrisa a todo el mundo.

No permita que nadie se dirija a usted sin sonreír. Explíquele la importancia de la sonrisa. Cuéntele que está en su semana de la sonrisa.

Practique también el entusiasmo y la esperanza. Destierre las palabras negativas o fatalistas de su vocabulario, al menos durante esta semana. Dedíquese a entusiasmarse con todo lo bueno que hay en su vida, en el mundo, en el Universo, en la gente. Vea tan sólo el lado bueno de la Vida. Dedíquese al sano aprendizaje del REENCUADRE.

El REENCUADRE, es darle la vuelta a las cosas, verlas desde el lado optimista o bueno. Sacarle partido a los obstáculos. Verlo desde el lado positivo. Fijarse en lo que aporta a nuestra vida, o en cómo se le puede sacar partido o las circunstancias.

"Aprenda a darle la vuelta a las situaciones, como si le diera la vuelta a la ropa. Así de fácil".

10

Creando la Casa de la Abundancia

Un día leí en un libro que los ricos emplean mucho tiempo contando o pensando en su dinero, y me vino a la mente la imagen del tío Rico, aquél que salía en los dibujos del pato Donald del genial Walt Disney. El tío Rico siempre aparecía contando su "tesoro," es decir, rodeado de monedas de oro, muy brillantes por cierto. Eso me hizo pensar y caer en la cuenta de algo que yo hacía inconscientemente: contar mi dinero, tocarlo, saborearlo en el sentido figurado de la palabra. Ahí es cuando me di cuenta de la existencia de mi cajita mágica.

Poseo una cajita de madera, la cual me regalaron en un viaje a África —del que guardo muy buen recuerdo—, me la dieron estando alojada en uno de los siete más lujosos hoteles del mundo. En ella guardo monedas y billetes de curso legal de varios países del mundo, además guardo permanentemente una tarjeta mía de visita con dos billetes engrapados a la misma. Es más, ahí deposito dinero en efectivo y/o talones —sólo unos días— que gano con mi trabajo. Me gusta ir a contarlo, tocarlo. Eso me hace sentir "rica", y ese sentimiento cobra tal fuerza que mutiltiplica el contenido de su interior. Siempre he hecho el comentario de que mi dinero "crece" en esa cajita. Si hay dinero en ella, sé que hay entrada de dinero a mi vida.

Cuando hace muchos años yo tenía tan sólo unos pequeños ahorritos, no llegaban a cien mil pesetas, me gustaba mirar la libreta del banco y cuando veía la cantidad me sentía rica. Me sentía dichosa de tener esa cantidad que me permitiría comprar cosas. Es más, yo la llamaba la cuenta de los caprichos. Y no tenía otra, lo confieso. Esos eran todos mis ahorros. Pero para mí era mi "lámpara de Aladino," mi lámpara mágica.

Cómprese una cajita de madera, una que le guste, cuánto más le guste, mejor. Ponga dentro de la cajita, un billete o varios. De vez en cuando, abra la cajita y cuente el dinero, tóquelo, siéntalo. Imagínese como se va llenando, véala llenarse. Sienta como el dinero llega a usted, no importa el canal. Alégrese de tener ese dinero, sienta mucha alegría, cuánta más sienta mejor, y DÉ GRACIAS por poseer ese dinero y por poder disfrutar del mismo. Toda vez que crezca el dinero, coja un poco y empléelo en comprar cosas para usted. Es decir, comparta su abundancia, haga que otros tengan también de esa cajita. Disfrute, saboree con todos sus sentidos en sentido metafórico o literal si es comida, las cosas que haya comprado con ese dinero. Siéntase generoso con el mundo. Sienta la generosidad de la vida. La abundancia económica no es cuestión de tener más o menos dinero sino de **sentirse rico con el que usted posea**. Aprenda a sentir la abundancia que crece en su cajita mágica. Visualice a menudo esa cajita, no importa si está cerca o lejos de la misma. Incluso cuando esté en otro país siga pensando en su cajita. Esos pensamientos son como olas que empujan el dinero hacia ella, son vibraciones de energía fructificante que multiplica lo que hay dentro de la cajita mágica. Los pensamientos son ondas de energía que atraen su igual en el universo, por lo tanto si usted piensa constantemente en la abundancia, en como crecen sus ahorros o activos financieros, en lo abundante que es usted en dinero..., verá como éste crece y crece en su vida. La multiplicación es posible cuando se siente la certeza de su posibilidad. Créaselo y lo verá, pero no espere a verlo para creerlo. Cada uno de nosotros creamos nuestra realidad.

Proceda del mismo modo con sus libretas o cuentas bancarias. Si usted cada vez que piensa en sus cuentas siente que "no tiene un duro" porque existe un saldo de menos de 100,000 —o 50,000—, pesetas (tal vez menos), eso es lo que generará más y más en usted: LA SENSACIÓN DE POBREZA, DE ESCASEZ. En cambio si opta por pensar "¡MARAVILLOSO, TENGO 10,000 FANTÁSTICAS PESETAS, QUÉ BIEN!", verá como esas crecen y crecen. Y lo harán, porque en usted sólo habrá emoción de riqueza material, de prosperidad material. Esa emoción le hará conectar con la vibración energética de la abundancia monetaria. Olvídese del cómo llegará a usted el dinero, céntrese sólo en disfrutar del pensamiento de abundancia. Cuánto más piense que es pobre de dinero, más tendrá de esto, es decir, de pobreza material.

Es cierto que no sé cuánto tiempo tardará en funcionarle a usted la cajita mágica, pues depende de cuanto tenga que limpiar. Me explicaré. Usted ha ido acumulando activos o lingotes de pobreza, puede que tenga cien mil de esos. Por lo tanto, no porque piense una vez en todo lo que le he dicho y se compre la cajita mágica, inmediatamente le va a funcionar. Si acumuló cien mil lingotes de pobreza, ahora necesitará de cien mil de prosperidad para sustituir los antiguos y desde ahí cada vez que cree un lingote de prosperidad ya no será para sustituir a los viejos, si no para crear abundancia.

"Tenga siempre dinero en efectivo en su casa para tocarlo, sentirlo..."

CREANDO LA CASA DE LA ABUNDANCIA

1o. Limpiar lo viejo:

Aceptar que al principio hay que emplear las energías multiplicadoras y positivas en sustituir lo viejo (pobreza) por lo nuevo (riqueza). Vendría a ser el equivalente a derribar una casa y limpiar el solar de escombros.

2o. Cimentar o arraigar prosperidad:

Hacer los cimientos para la nueva casa. Los cimientos se han de hacer bien hechos, en caso contrario no sostendrán la casa y ésta se vendrá abajo. Por lo tanto, dedique un cierto tiempo a construir los cimientos de su riqueza. Esto significa que al principio deberá ser muy prudente en sus gastos, deberá gastar una pequeña parte de lo que vaya creciendo en la cajita, "no tire la casa por la ventana" toda vez que tenga dinero. Puede que en esta etapa tenga que dedicarla tan sólo a aprender como es que no tiene dinero, qué le sucede a usted que no conecta con la corriente de abundancia. Puede incluso que tenga que gastar dinero en "arreglarse", en hacer unos buenos cimientos. La compra de libros, la asistencia a alguna terapia que le ayude a conocerse a sí mismo o a algún seminario sobre cómo crear abundancia... estarán muy indicados. Puede que incluso le convenga tomar unas clases práctico-caseras de cómo ser un buen economista (cómo optimizar su sueldo, sus ahorros, etc.).

3o. Levantar la estructura, los pilares:

Una vez hechos los cimientos, le conviene levantar la estructura de su casa de abundancia y prosperidad. ¿Cómo? Muy sencillo. Siguiendo con esta analogía de la casa, le diré que el equivalente a levantar unas buenas estructuras interiores consiste en tener pensamientos positivos y constructivos. En amarse y apreciarse a sí mismo. En no hablar mal de usted sino bien. En decirse a sí mismo que es abundante y rico en dinero. En no decirle a los demás que no le llega el dinero, o que anda escaso. En no ser tacaño con usted sino generoso. En disfrutar de vez en cuando de su dinero. En mirar su cuenta corriente y sentirse dichoso de tener ese dinerito, o dinerazo en la cuenta. En no decir que la vida está cara. En pensar que está aprendiendo de maravilla a ser próspero. En felicitarse por los progresos que hace. En estar practicando la regla de oro: "gane lo que gane, gaste el 50% y ahorre el otro 50%", al cabo de un tiempo será rico, tendrá dinero y sin que le hayan aumentado el sueldo, tan sólo habiendo aprendido a manejar el dinero. No piense en lo que cuesta levantar la estructura de su casa de prosperidad, sino en lo bonita que quedará cuando esté terminada. Disfrute con esa visión.

40. Construyendo las paredes:

Gaste un dinero en arreglar la casa real que habita, donde duerme y están sus cosas. No hace falta que se gaste una fortuna, bastará con una buena limpieza, unos botes de pintura y un poco de imaginación. Dele toques personales, píntela del color que le plazca, cubra el sofá con una tela del color que le gustaría... Haga que su casa-hábitat sea un lugar donde se sienta feliz. Toque la cajita mágica, sienta como es feliz de estar con usted. Cómprese ropa que le guste, es mejor gastar en poca ropa que sea realmente de su gusto, que en mucha ropa que no tenga muy buena calidad. Dese el capricho de tener un par de zapatos buenos. Usted y sus pies se merecen un calzado bonito, un buen momento para hacer este capricho realidad puede ser durante las rebajas. No tiene por qué comprar en época normal, puede darse sus caprichos de ropa, zapatos... buenos aprovechando las rebajas. Lleve un buen corte de pelo, cuide su aseo y aspecto físico. Váyase de viaje a algún sitio soñado. Dese lujos a su alcance, hágase ver a sí mismo que es rico. Llene de esa sensación y vivencia su vida. Cuando gaste, hágalo con alegría. Y no deje de pagar a nadie, ni lo desprecie u ofenda regateándole el pago o el precio de sus servicios.

5o. Colocando el techo:

No existen ya más los pensamientos negativos o de escasez, y si de vez en cuando se cuelan por alguna rendija sabemos como atajarlos. Usted tiene ya un "buen colchón", es decir, ha aprendido ya a gastar y a ahorrar, por eso cuando vengan la época de las lluvias y el frío invierno, le pillarán con el techo colocado y sin goteras. Usted no pasará frío. La vida tiene ciclos, y hay que ahorrar para cuando llegan los ciclos bajos, eso es el equivalente a tener buen techo. Como lo es también, haber aprendido a comprar cosas realmente necesarias, y no para tapar huecos emocionales. Usted ha aprendido a ser fiel a sí mismo y no a seguir los dictados de la publicidad o de la moda. Se compra o cambia de coche cuando le hace realmente falta y no para "aparentar éxito"... Sea generoso consigo mismo, pero no confunda esto con el despilfarro o el hacer cosas para que los demás vean que tenemos. Haga lo que haga, compre lo que compre, que sea siempre por y para usted y no para que los demás le quieran, le admiren-envidien, etc. Usted no tiene más calidad humana por tener tal o cual cosa.

6o. El broche final:

Ante todo desarrolle una autoestima y una autovaloración a prueba de bombas. La base de su prosperidad debe ser el amor a sí mismo. Rodéese de generosidad auténtica. Haga todo aquello que le plazca sin esperar la aprobación, sin faltarse el respeto a sí mismo ni a los demás. Si usted se siente seguro de sí mismo, se respeta y ama, se dará cuenta que tiene más dinero y/o lo disfrutará mejor y en cosas que realmente le gustan. Y esto será así porque no tendrá que aparentar nada ante nadie. Viva su vida, a su estilo, y gaste su dinero en disfrutar de su ya existente felicidad interior. Disfrute de la Vida, para eso está. Y cuánto más disfrute al gastarse el dinero, es decir, cuánto más se de a sí mismo cosas de calidad, más dinero tendrá. Es la paradoja de la vida: si gasta el dinero con actitud miserable, éste no le crecerá, pero si por el contrario lo gasta con alegría y en cosas que realmente le gustan, éste se multiplicará. Hágame caso, sea feliz y hágase homenajes (esto lo decía un amigo mío), y yo me tomé al pie de la letra su consejo.

La cajita mágica es algo que está dentro de usted, lo único que yo he hecho es ponerle en contacto con ese recurso suyo por nacimiento. Aprenda de los cuentos de hadas, de los dibujos y películas para niños. Imíteles. Imite al que encuentra la lámpara de Aladino: frote su cajita mágica. Use su imaginación, úsela para crear prosperidad y no para acumular escasez. Deje a un lado sus prejuicios limitadores de adulto, no se es más inteligente ni menos porque crea en la magia de la vida. Pregúntele a la gente de éxito, les escuchará decir que siempre confiaron en sí mismos, que tienen una seguridad en sí mismos a prueba de bombas atómicas, que siempre han usado su creatividad y que son, entre muchas cosas, personas de grandes recursos e ideas propias. No tienen en cuenta si los demás comparten o no sus ideas, sus ideas son válidas sólo por el hecho de que son suyas.

"La mejor abundancia que puede tener un ser humano es la alegría, fuente inagotable que existe dentro de su corazón y que emana el dorado líquido del alma: el Amor"

En verdad, no tendría ni que seguir escribiendo este libro. No tendría ni que haberlo empezado, porque la auténtica riqueza consiste en amarse a uno mismo. Este acto tiene como consecuencia la seguridad en uno mismo, la confianza, la autoestima, la valoración, la absoluta certeza de que uno vale en sí mismo. Si usted cree en sí mismo, nada ni nadie le podrá detener en su camino hacia la prosperidad y la abundancia de lo que elija. Usted puede hacer sus sueños realidad... Tan sólo tiene que creer que ello es posible y desearlo con todo su corazón. Pida alinearse con la voluntad divina, y que se cumpla la misma. Usted es hijo del Universo, y éste tiene de todo para todos. La Abundancia del Universo es Infinita y HAY PARA TODOS. Reclame su parte. Se la darán, se lo aseguro. La única condición es estar dispuesto a disfrutar de la abundancia y a usarla con amor y generosidad.

11

El baúl de la vida

Las experiencias son los tesoros escondidos que guarda en el baúl de su vida. El trigo del que saldrá la harina de la vida. La materia con la que tejemos nuestros trajes. Los hilos que forman la tela para el ser que seremos en el presente-futuro está en las experiencias de la vida, la nuestra. Esas experiencias son como referencias que tenemos, y es la forma de archivarlas, de interpretarlas lo que tiene importancia, lo que moldeará nuestra vida. La vida es como un huerto, de cómo limpiemos el huerto, con qué semillas lo sembremos, con qué tipo de agua lo reguemos y qué tiempo hagamos que haga dependerá la existencia y la calidad de la cosecha. Pero, a mí la vida pasada me recuerda a un baúl. Un hermoso baúl donde guardo los recuerdos, las referencias más preciadas de mi vida. En casa de mi madre hay un baúl antiguo, donde ella guarda los vestiditos y los sombreros que de pequeña me hizo, es nuestro tesoro, el tesoro de una hada niña. Ese baúl es un tierno punto de referencia de mi infancia, un cúmulo de actos de amor, de jerseys tejidos con cariño, que son parte integrante del material que conforman mis columnas o estructuras interiores. Otras de mis referencias vitales de la infancia son los paseos por la playa con mi abuelo, las anécdotas protagonizadas junto con mi padre, que se empeñaba en llevarme en brazos para que yo pudiese ver el mundo y el mundo me pudiese ver a mí. Las referencias que han dado forma a mi vida de adulta se hallan guardadas amorosamente en el baúl de mi vida-infancia. Son un tesoro auténtico, lo juro.

Cuántas más referencias de gran calidad tenga en esta vida, mayor será el potencial de elección y oportunidades que tendrá. Un número elevado de experiencias de calidad nos ayuda a evaluar más efectivamente el significado de las cosas y lo que podemos hacer.

¿Qué son las referencias? Referencias son todas aquellas experiencias que hemos tenido en la vida y que han sido archivadas dentro del sistema nervioso —todo aquello que hemos visto, oído, olfateado, saboreado, tocado, vivenciado— almacenado en el gigantesco archivador que es el cerebro. Algunas referencias las escogemos conscientemente, en cambio otras son escogidas inconscientemente. Algunas referencias son el resultado de cosas que hemos experimentado directamente, es decir, son de nuestra propia cosecha, otras en cambio son información que hemos recibido de otros. Todas las experiencias humanas son y serán distorsionadas, eliminadas, borradas, generalizadas, tergiversadas mientras las estamos archivando en nuestro sistema nervioso. Incluso tenemos archivadas referencias de experiencias que nunca sucedieron, se trata de cosas que imaginamos, y es que nuestro cerebro no distingue la realidad de la imaginación.

Muchas de estas referencias se almacenan para soportar una creencia, y una creencia no es sino una sensación de certeza sobre el significado de algo. Si usted cree que es inteligente es porque ha activado ciertas referencias que soportan esa idea, ese sentimiento de seguridad. Puede que haya tenido la experiencia de salir exitoso de retos mentales tales como un test, un examen, o un proyecto nuevo de trabajo. Todas estas experiencias que actúan como referentes son como los pilares que sostienen la idea de que usted es inteligente. Cuando alguien se tiene a sí mismo por creativo es porque tiene un montón de pilares —compuestos por experiencias— que aguantan esa idea. Lo mismo ocurre con las ideas no tan positivas o reforzadoras. Me refiero a esas ideas que de pequeño le inculcaron acerca de sí mismo.

Dentro de nosotros hay ideas suficientes que soportan cualquier idea que nosotros queramos: sobre si somos flexibles o inflexibles, imaginativos o racionales, somos habilidosos o patosos, somos generosos o egoístas. La clave está en expandir las referencias que están disponibles dentro de nuestra vida. Debemos buscar conscientemente experiencias que nos retuercen el sentido de quienes somos, de lo que somos capaces, de nuestros recursos y potencialidades, lo mismo que organizar dichos referentes de forma que nos retuercen y ayuden a alcanzar nuestras metas, cualesquiera que éstas sean.

Cada uno de nosotros poseemos una lista inagotable de referencias que pueden diseñarse de acuerdo a nuestra voluntad. Cada día estamos añadiendo nuevas referencias a este suministro. Una medida importante de inteligencia es la manera en la que la persona usa su fábrica de referencias. ¿Se dedica a tejer una bolsa en la que esconderse o por el contrario fabrica unas alas que le lleven volando por el mundo? Deténgase a pensar si conscientemente se dedica a excavar en las experiencias de su vida tratando de encontrar memorias que retuercen su base y la hagan más consistente. Toda vez que me pongo a pensar sobre el qué será de mí en el futuro, me detengo y me pongo a buscar un montón de referencias que tengo y que soportan la idea de que siempre he salido adelante de forma exitosa, obteniendo siempre aquello que he deseado y ha sido positivo para mí. Eso me hace sentir segura y seguir adelante. Empleo las mismas estrategias que siempre uso para triunfar, con sus variantes si es preciso, y así llego a mis metas. Todos nosotros tenemos un montón de referencias maravillosas para ayudarnos a vivir.

El sentimiento de certeza, la sensación de que algo es así tal y como nosotros pensamos es algo extremadamente importante. Por eso cada vez que vamos a hacer algo, de forma consciente o inconsciente echamos mano de los archivos REFERENCIALES que poseemos. Y le aseguro que poseemos muchos más de lo que a veces creemos. Si sus referencias son negativas o pobres, ya puede imaginarse cómo va a ser el resultado actual. Por eso, comience a descubrir cuáles son las referencias de que dispone usted y pase a modificarlas, a reorganizarlas, a añadir otras que le sean más productivas. La vida se ve muy distinta desde la montaña de las referencias positivas y triunfantes.

Las referencias pueden modificarse. Pueden ser seleccionadas y discriminadas a voluntad. Pueden añadirse nuevas. Pueden borrarse de su archivo. Y todo ello mediante sencillas técnicas. Para comenzar la tarea le diré que deberá QUERER HACERLO. Recuerda aquel dicho español que reza: "QUERER ES PODER". Sin un acto volitivo de querer hacerlo no es posible comenzar ningún progreso. Es más, a esto debe añadirse una voluntad férrea de seguir en el camino, y grandes dosis de esperanza. Muchos seres humanos tienen la tendencia a querer ver resultados inmediatamente, dejando todo progreso si inmediatamente no pueden calibrar resultados. Muchas veces, los resultados no comienzan a aflorar hasta bastante tarde, porque hay un proceso, un proceso de "compouding", las cosas se cuecen y componen hasta estar listas para salir a la superficie. Mientras están en ese proceso no pueden ser palpadas por el consciente, sin embargo el inconsciente sabe que están ahí, y manda señales al consciente a través de los sueños. Si bien es cierto, que esta sociedad moderna está demasiado ocupada en analizar el mundo exterior en detrimento del interior donde están todas las respuestas. Hemos olvidado hacer uso del inconsciente, negamos todo aquello que no nos interesa o creemos que no es interesante o valioso. Sin embargo, esas negaciones son también referencias que tenemos de lo que hacemos. Y si hemos coleccionado referencias de negación, ya puede imaginarse lo que ocurre... Toda vez que algo no nos guste, lo negaremos, negaremos su existencia.

¿Cómo usa usted sus referencias? ¿Cómo las interpreta conscientemente de manera que le retuercen, que le ayuden a alcanzar sus metas? ¿O es usted, por el contrario, de los que hace que su cerebro quede atrapado automáticamente en experiencias en las que no recibió apoyo, en las que sintió que nadie le quería o confiaba en usted, o en ideas tales como: "La vida es una jungla donde hay que luchar para sobrevivir o malvivir...," "Yo no merezco triunfar, no merezco amor", "Siempre que intento algo, fracaso"?

El cómo use sus referencias determinará el cómo se sentirá. Pues el que algo sea bueno o malo, positivo o negativo, triunfo o fracaso dependerá en base a qué lo compare usted o del cómo lo esté comparando. Si usted se compara con alguien que tiene mil millones de pesetas y usted tiene tan sólo cien, evidentemente pasará a pensar que tiene poco dinero, mas si lo compara con alguien que tenga tan sólo un millón es evidente que usted posee mucho dinero. Todo depende de la base de referencia o comparación. Que algo sea bueno o malo, depende mucho de nuestras referencias. Tal como enunció Einstein en su teoría de la relatividad: "todo en el Universo es muy relativo". Depende de cómo se mire. Escoja pues una base de referencia que le permita verse grande, rico, sabio, inteligente. O mejor aún, no se compare con nada ni con nadie. Atrévase a estar feliz y satisfecho de sí mismo y de lo que posea tan sólo basándose en usted mismo, le irá mejor, créame. El que usted se sienta satisfecho no hará o impedirá que usted progrese, mejore o evolucione. Desde la aceptación y la complacencia se da la auténtica evolución. Si usted basa su evolución, su progreso en la insatisfacción le costará avanzar puesto que hallará muchos escollos en su camino. Esos escollos no son más que su propias dudas, sus propias insatisfacciones acerca de sí mismo. Empleará mucho tiempo y esfuerzo en relacionarse y manejarse con sus insatisfacciones, lo cual restará tiempo y energía al progreso. Las transmutaciones o transformaciones profundas en el ser humano no se producen de la noche al día, ni basándose en insatisfacciones y/o no aceptaciones de sí mismo. Usted no podrá transmutar nada dentro de sí mismo hasta que no esté dispuesto a aceptarse y a amarse tal y como es. El camino de vuelta a casa, de vuelta al ser comienza con un acto de valentía envuelto en amor: aceptarse tal y como es, no importa cómo esté siendo. Si lo hace, la aceptación le permitirá avanzar en el camino de retorno al Ser. La recuperación del Ser, es volver a recolocar, devolver a la Luz todo aquello que de nosotros estaba negado. Volver a completarse pasa por aceptar que se ha convertido en un ser incompleto, estando esas partes, que le faltan, aparcadas en algún lugar del inconsciente, en algo llamado Sombra. Si usted no acepta que existen partes de usted mismo que están negadas, que fueron desgajadas en algún momento de su vida, le será bastante difícil el devolverlas a la Luz, y progresar mediante la transmutación de esas sombras, de esas referencias etiquetadas como "no deseable", "defecto", etc.

Las referencias dan forma a los comportamientos y conductas de las personas. Si usted hiciese ahora mismo una lista con las cinco o seis experiencias más importantes o que han dado forma a su vida, pasaría a enfrentarse con algunas de las referencias más importantes de que usted dispone. Si compartiese éstas con otras personas, podría darse cuenta de cómo referencias idénticas generan significados tan increíblemente diferentes. Algunas personas han sido abandonadas de pequeñas por sus padres, otras han sido objeto de abusos sexuales y/o psicológicos. Otras han perdido sus fortunas. Otras han sufrido accidentes físicos, atentados, o enfermedades que les han dejado secuelas en sus cuerpos y/o en sus mentes. Otras han perdido sus puestos de trabajo. Hay quien ha perdido a miembros de su familia en una guerra, en un accidente o en un atentado. Sin embargo, cada uno interpreta esa misma referencia de manera diferente, unos lo hacen de forma que la experiencia refuerza la idea que no merece la pena vivir, otros, en cambio, la usan para motivarse a sí mismos, para encontrar una nueva y mejor razón para vivir, para expandirse, crecer, evolucionar, crecer, compartir, hacerse más sensibles, convertirse en mejores seres humanos, amarse, disfrutar de la vida.

Las referencias no se limitan a su experiencia actual. Su imaginación es una fuente inagotable e inmejorable de referencias. Necesitamos recordar que nuestra imaginación es diez veces más poderosa que nuestra voluntad. Una imaginación que está viva, que es libre, nos proporciona un sentido de la certeza y una visión que nos lleva más allá de las limitaciones del pasado. Como todo en la vida depende del cristal del color con que se mira. Uno puede utilizar los fracasos como referencias de que se está acercando a la meta, o por el contrario como referencias de que se aleja más y más con cada intento que no da como resultado lo que se esperaba. Usted escoge cómo quiere usar los resultados si como referencias de aproximación o de alejamiento de la meta, cualquiera que sea ésta.

Imagine por un momento que es usted agricultor, sí, el agricultor de su vida. Como agricultor deberá limpiar el huerto de malas hierbas, es decir, deberá eliminar los pensamientos negativos y todas esas referencias que le impedirían obtener una buena cosecha. Lo mismo que un agricultor debe preparar la tierra para sembrarla, así tendrá usted que preparar su mente para poder sembrar las semillas del éxito futuro en cualesquiera de las áreas que elija. Una vez ha eliminado "las malas hierbas", limpiado y arado la tierra, deberá pasar a escoger las semillas con las que sembrar y obtener futuras magníficas cosechas. Este escoger las semillas tiene su equivalente en la selección de referencias positivas, si usted escoge buenas semillas obtendrá excelentes cosechas. Si en el pasado obtuvo cosechas pobres, malas o inexistentes con toda probabilidad se debió a que se basó en referencias pobres, las cuales no apoyaron su nueva cosecha-objetivo-meta. Y usted añadió, con toda seguridad, una referencia más de "otra vez una mala cosecha/fracaso". Si quiere que eso no le vuelva a ocurrir, comience ya desde hoy a seleccionar y a modificar sus referencias-semillas. Deje de pensar que cada cosecha "pobre" fue un fracaso y pase a considerarla como un eslabón más en su camino hacia la excelencia, es decir, cuánta más experiencia tiene mejor podrá ser la próxima cosecha, o lo que es lo mismo: ya sabe unas cuantas maneras de obtener malas cosechas y unas cuantas de cómo mejorarlas. Una vez haya seleccionado las semillas-referencias, deberá abonar la siembra, y eso se hace desde las referencias positivas aderezadas con confianza-esperanza-fe. No se eche a temblar cada vez que vea el cielo nublado, ni tan siquiera cuando haya tormenta. Cuando la tierra está bien trabajada, las semillas son de excelente calidad y se ha procurado toda serie de cuidados a la tierra, debe confiarse en la obtención de una magnífica cosecha. La tierra se alía con la climatología, y nada ni nadie podrá detener esa excelente cosecha que está gastándose en las profundidades del alma de la tierra.

La experiencia se obtiene a base de experimentar, de probar, y de obtener resultados. Haga que sus referencias estén asociadas a resultados y no a fracasos. Los resultados son neutros, si quiere puede teñirlos de éxito. Nada ni nadie puede etiquetar sus referencias, o colorearlas, excepto usted mismo. Deje volar su imaginación, use esa parte suya tan maravillosa como es la creatividad. Ser imaginativo y/o creativo, no es sinónimo de "no tener los pies en el suelo", más bien todo lo contrario. Usar la imaginación es ser realista, puesto que usted estará usando todos y cada uno de sus recursos. Si sólo usa la razón, la lógica, estará autolimitándose a sí mismo, y eso es no ser realista, es no estar conectado con su realidad global. Use pues su imaginación, y dedíquese a imaginar cómo puede alcanzar todo aquello que se proponga.

Hay muchas maneras de aumentar las referencias personales de uno, y una de las formas es a través de la lectura. Lea, devore libros. No se limite únicamente a sus experiencias para acumular referencias. Use las de otras personas, hágalas suyas. Al leer usted se funde con el autor en muchos momentos, y acaba sintiendo como él/ella. Yo me inspiré mucho en los libros del Dr. Wayne Dyer hace años. Lo mismo que el musical *Los miserables* me inspiró mucho sobre la amistad, el poder de transmutar el destino, la fuerza de la voluntad, el amor y la perseverancia cuando la vi por vez primera en New York, y sigue inspirándome cada vez que escucho la música y saboreo el texto de las canciones. Hubo un libro que leí hace muchos años escrito por una mujer ejecutiva en una agencia de publicidad americana, titulado *La ejecutiva,* al que recurrí durante muchos años como fuente de inspiración toda vez que los asuntos de mi vida profesional se ponían cuesta para arriba. El personaje de aquel libro acabó siéndome tan familiar que me vi reflejada en ella aún sin tener historias similares. La mujer ejecutiva de ese libro, me sirvió para muchas de mis referencias imaginadas, y funcionó.

Albert Einstein decía que la imaginación era mucho mejor que el conocimiento. Y estoy totalmente de acuerdo con él. Le garantizo que no hay malas experiencias, se trata tan sólo de una mera etiqueta que usted les colocó cuando no le gustó el resultado. Toda experiencia contiene en sí misma una enseñanza. Muchas personas me comentan que a mí me gusta mirar la vida por el lado bueno y acabar sacando algo positivo de toda situación, es cierto. No sé si escogí o no la experiencia al ciento por ciento, lo que sí sé es que de mí depende sacar alguna enseñanza de provecho o no. No tengo catalogada ninguna de mis experiencias pasadas como fracaso, y no lo digo de boca para afuera, es decir, estoy convencida de que así es. Esa convicción es la que sostiene y conforma mis referencias dando solidez a mi presente. Volvería a vivir toda y cada una de las situaciones de mi vida aún a sabiendas del resultado final. ¿Que por qué? Porque es mi vida, mi forma de haber llegado hasta donde estoy en la actualidad. Sin todas esas experiencias no habría tenido la oportunidad de aprender lo que he aprendido. Ya sé que usted estará pensando que se podría haber ahorrado tal o cual hecho y haber aprendido directamente tal o cual cosa, o que maldita la falta que le hacía aprender de esa manera. Piense que sigue catalogando esa experiencia de mal tan sólo porque no salió como a usted le hubiese gustado, y es que hay que aceptar que no tenemos control sobre las demás personas, ni sobre el Universo, que la única vida sobre la que tenemos responsabilidad es sobre la nuestra. Deje ya de lamentarse y pase a agradecer la oportunidad de haber podido vivir esa situación, esa experiencia, esa vida, y de haber aprendido.

Andando su vida se habrá dado cuenta de que cuánto más repite algo más lo aprende. Por eso, repetir un seminario, un curso, volver a leer un libro, ejercitarse más y más en algo le lleva hacia la maestría. Repita una y otra vez las cosas que le gusten, vuelva a leer los libros que le impactaron positivamente... Sacará nuevas enseñanzas en cada repaso.

ABRIENDO EL BAÚL Y SELECCIONANDO:

Volvamos a repasar la lista de esos eventos que hayan impactado o dado forma a su vida. Recuerde que todo en la vida sucede por alguna razón, con algún propósito y que todo nos sirve. Por eso, si le impactó negativamente ahora va a reinterpretar ese suceso de forma que quede archivado en su inconsciente de forma positiva. Puede que esto requiera fe, o tomar algún tipo de perspectiva que no había considerado hasta la fecha. Hay veces en que tardamos meses o años en encontrarle el significado o el sentido a un suceso de nuestra vida. Mientras repasa la lista de los acontecimientos que han conformado su vida positivamente, le propongo que piense en las referencias, evidentemente nuevas, que le gustaría tener o que serían valiosas para lograr su propósito. Tal vez una buena pregunta sea: ¿Cuáles son las referencias que necesito para triunfar en esto o en lo otro, para obtener esto o lo otro en la vida? Tal vez necesite hacer lo que en PNL se llama "modelar" a alguien, es decir, tomar como modelo o referencia a alguien que haya tenido éxito en tal o cual campo. Puede que sus referencias le sirvan de fuente de inspiración a usted. Averigüe cómo piensa, siente, habla, camina, se sienta, imagina esa persona, cuáles son sus creencias (qué cree acerca de sí mismo, de la vida, etc.), su modelo de referencia.

Además de obtener referencias de sí mismo y/o de otros, pase ahora a elaborar una lista de las referencias divertidas que usted posee. Puede que no las necesite, sin embargo piense que pueden proporcionarle entretenimiento o que le ayudarán a sentirse mejor. Yo comencé a asistir a clases de aerobics por dos razones, una porque me gusta bailar pero no tragar humo, así que no puedo ir a discotecas, y otra porque seguir los pasos que marca alguien me ayudó a disciplinarme y a ser interdependiente. Me divierto y aprendo sobre mí misma. Dedíquese a hacer cosas nuevas e inusuales. Todo aquello que se sale de nuestra rutina nos aporta referencias divertidas y llenas de color. En época de navidades suelo ir de compras tan sólo por disfrutar del color y del calor de esas fechas. Lleno mi vida de referencias maravillosas y gratificantes. Mi cumpleaños está lleno de fantásticas referencias creadas por mí misma, desde el invitarme a mí misma a desayunar en un sitio lindo, hasta dedicarme un increíble baño de espuma, la mejor tarta de cumpleaños y el champán francés que me gusta y una cena inolvidable con las almas gemelas que se han cruzado en mi camino en esa fecha. Un día me di cuenta de que era yo quien le ponía color a mis referencias, a mis días. Desde entonces me dedico a mimarme, a pintar mi vida del color que me apetece. Soy y seré dueña de mi destino, de mis referencias, de la forma de entender y archivar mi vida. Para recuperar la maravillosa infancia de que disfruté, revivo una y otra vez esas referencias y añado, en la actualidad, nuevas en la misma línea con mis padres. Mi infancia y mi tiempo presente actual están unidos. Usted puede hacer lo mismo.

La línea del tiempo:

Coloque en el suelo una línea del tiempo imaginaria. Ponga una señal que indique el momento presente. En un lado sitúe el pasado y en otro el futuro. Sitúese en el presente y vaya hacia atrás con las referencias que a usted le gustaría tener, y después dé vuelta al presente. Repita el proceso tantas veces como crea necesario hasta que en su "presente" sólo haya maravillas. Desde ese presente magnífico, camine el futuro y llénelo también de las referencias, de los momentos que le gustaría tener. Recuerde que lo que nos da forma son los momentos de nuestra vida. ***Coleccione, pues, momentos inolvidables.***

Ahora con todo lo que obtuvo en su línea del tiempo, vuelva al baúl, y coloque allí dentro, de forma amorosa, los recuerdos que quiera tener de ahora en adelante como puntos de referencia cada vez que abra su baúl particular.

12

Atrévase a cambiar. Cambie sus creencias y cambiará su destino

Las creencias, las ideas, tienen un poderoso efecto sobre todos nosotros. Influyen en nuestro cuerpo, desarrollan enfermedades, impiden la sanación de dolencias, nos atascan en el paro, nos aferran a la miseria, y nos enganchan el éxito. Cuando hablo de creencias no me estoy refiriendo a las creencias religiosas sino a las ideas que tenemos sobre nosotros mismos, sobre los demás y la vida en general. Robert Dilts, profesor de NLP (co-fundador y co-desarrollador de la NLP), lo explica larga y ampliamente en su libro *Beliefs* (Creencias). Él sostiene que al cambiar las creencias, cambia nuestro mundo, cambia nuestra experiencia del mismo y cambia nuestra vida. Estoy con él en que es así. Judy DeLozier, codirectora junto con Robert Dilts de la NLP University (en California, USA), dice que si te levantas pensando que el mundo es un lugar hostil, hallarás muchas razones que así lo demostrarán. El mundo es como es, pero nosotros colaboramos. Nosotros le ponemos el color que creemos que tiene. Cuando usted se halle en una situación no deseada, hágase la siguiente pregunta:

"¿Cómo estoy yo contribuyendo a esto? ¿Cuál es mi contribución?"

Aunque le cueste admitirlo, usted está colaborando en crear la situación que tiene. Tal vez su contribución se reduzca a pensar que no puede ser de otra manera, que no hay alternativas. Lo cierto es que, no es poco si esto es así, siempre contribuimos de una u otra forma a las cosas que nos suceden. Uno de los pilares base de la abundancia es la RESPONSABILIDAD. Somos responsables de nuestra vida. Somos responsables de las consecuencias de nuestros actos, aunque nos gustaría poder cambiarlos muchas veces. Pero para eso está la experiencia, para aprender de las cosas que hacemos, de sus resultados y de las que dejamos de hacer, o que nunca nos atrevimos a hacer. Confiar en nosotros. Cambiar nuestras creencias sobre nosotros mismos, sobre los demás, sobre el mundo. Nos facilitará la vida, la creación de abundancia en cualquier tema que elijamos. Mejorará nuestra experiencia vital, nos dará mayores satisfacciones. Cambie sus creencias y cambiará su vida.

El siguiente ejercicio —inspirado en el que ha creado ROBERT DILTS: *Changing Belief Process*—, está pensado para ayudarle a modificar sus creencias.

Ejercicio

a) Escoja una creencia que quiere cambiar.

b) Escoja ahora la creencia que querría tener en su lugar. No importa la que sea. Atrévase a creer lo que le apetezca, por una vez en su vida. Aquí no hay límites, sólo los que se autoimponga usted.

c) *Arregle un semicírculo con 7 sillas. Ponga en el asiento de cada una de ellas, o enfrente en el suelo, los siguientes papeles por este orden:*

1a. MENSAJE actual (la creencia no deseada)
2a. TIEMPO DE DUDA
3a. BIBLIOTECA AKÁSICA
4a. RECURSOS
5a. YO DECIDO CREER (su diseño)
6a. APRENDIENDO A CREER
7a. SIN NEGOCIACIÓN

Hay dos sillas extras fuera del semicírculo, situadas enfrente de las demás, la 8a. EL LUGAR DEL ALMA, y la 9a. FUERA DEL TIEMPO.

1a. MENSAJE ACTUAL: ¿cuál es la idea de la que se quiere deshacer, ésa que le gustaría cambiar? Siéntese en esa silla y siéntase en ese estado. Asóciese con esa idea. Una vez lo haya hecho, tome notas de qué emociones siente, ¿dónde localizaría a esas emociones, de las ideas o pensamientos que le vienen a la mente, de las imágenes, sonidos, olores, sabores, dolores, etc.? Más tarde le serán muy útiles estas anotaciones para comprobar si esa idea sigue ahí todavía o se fue.

2a. TIEMPO DE DUDA: todo el mundo ha tenido momentos en los cuales ha comenzado a poner en duda algo que hasta entonces había considerado incuestionable, y se ha dicho a sí mismo algo así como: "Hum, tal vez los niños no vengan de París..." "Hum, tal vez no hay que nacer rico para triunfar en la vida..." "Hum, tal vez aún siendo mujer puedo llegar a presidenta de una compañía..."

Asóciese con ese estado. Reviva ese momento en el que empezó a cuestionarse cosas, a dudar de su propia creencia.

3a. BIBLIOTECA AKÁSICA: aquí es a dónde debe ir con su imaginación para encontrarse con su "bibliotecario" y que le muestre dónde está esa idea archivada y cómo es. De paso, observe cómo es su propia biblioteca akásica. Puede que se encuentre con que la idea que sostiene actualmente la creó en otra vida anterior a la actual.

4a. RECURSOS: Usted tiene unos recursos ya dentro de usted que si los usa le permitirán pasar de esa idea que no quiere a la deseada. Busque en su interior. Y anote los recursos (capacidades o habilidades) que usted tiene y que decide poner en marcha para pasar a convertir la idea deseada en un sueño hecho realidad. Tome nota de sus recursos, anótelos para repasarlos luego.

5a. YO DECIDO CREER (su diseño): Aquí dedíquese a imaginar vívidamente esa idea que usted quiere realmente para usted. Obsérvese a sí mismo cómo usar los recursos que tiene convierte esa idea o creencia deseada en realidad. Recréese en este punto.

6a. APRENDIENDO A CREER: reviva, recupere un momento de su vida en el que se abrió a creer algo diferente por primera vez. Siempre hay un momento en la vida en que nos planteamos que tal vez eso pueda ser así. Por ejemplo, puede que se haya dicho a sí mismo algo así como: "Tal vez sea verdad que hay vida después de la muerte". "Tal vez sea cierto que la homeopatía funciona". "Tal vez sea verdad que la mente tenga poderes ilimitados y nos podamos curar a través de ella..."

Reviva ese momento. Siéntalo vivamente en usted. Ánclese en ese estado, tóquese un lugar de su cuerpo, suavemente, mientras está reviviendo intensamente ese momento.

7a. SIN NEGOCIACIÓN: Todas los personas tenemos cosas, ideas, personas, etc. en nuestras vidas que consideramos sagrado, es decir, que nunca negociaríamos, que bajo ningún concepto aceptaríamos que alguien lo pusiese en duda, le hiciese daño, o nos pidiese que traicionásemos. Busque lo que es sagrado para usted. Asóciese con ese algo que es sagrado para usted.

Ahora, siéntese en la silla 1a. ¿Siente lo que sentía al empezar el ejercicio?, ¿se han modificado sus sensaciones? Si es así, enhorabuena, ha colapsado su idea no deseada. En caso contrario (b), regrese a la silla 7a. y repita el proceso. Regrese después, de nuevo a la 1a. y compruebe otra vez. Repita (b) hasta que no sienta nada en la silla 1a. Cuando no sienta nada será la mejor prueba de que la idea no deseada se fue, se fue para siempre... si usted así lo desea. Regrese a la posición 3a. (Librería Akásica), y compruebe si se han dado cambios y cuáles han sido.

8a. EL LUGAR DEL ALMA: ahora venga a la silla del alma. En esta silla, usted es su alma, su Yo superior, su energía más elevada. Desde aquí contemple a su personalidad terrena (lo que usted llama "yo"), con amor incondicional, con total aceptación. Sienta como le inunda la luz de la serenidad, como desde aquí es capaz de entender a su yo/personalidad y aceptar como fue que creó esa "idea no deseada". Desde este lugar, dele al Yo/personalidad algún recurso extra que no sabe que tiene (el Yo en la silla 4a. lo desconocía conscientemente), y/o algún comentario que le vendría muy bien para afianzar o reafirmar la idea nueva.

9a. FUERA DEL TIEMPO: ahora venga a esta silla. En ella podrá viajar adelante y atrás en el tiempo, con su imaginación, ¡por supuesto! Imagínese que esa nueva creencia la tenía ya hace un día, hace dos, hace tres... Hace 1 mes, hace 2 meses, hace... Hace 1 año, hace dos años, hace 3 años... Viaje hacia atrás en el tiempo con esa creencia. Imagínese que siempre estuvo ahí y los efectos que provocó el tenerla. Usted no cambiará lo que sucedió en eso llamado realidad, pero sí cambiará el cómo archivó esa experiencia, es decir, las emociones asociadas.

Cuando imagine lo pasado desde el tener esa creencia, hágalo de la forma más real posible, es decir, imagínese actuando de acuerdo a esa creencia. Véase a sí mismo comportándose así. Obsérvese utilizando sus capacidades y habilidades de acuerdo a esa creencia. Tenga en cuenta sus creencias y valores desde esa idea deseada. Siéntase siendo esa idea deseada. Obsérvese desde el nivel del alma actuando con esa idea deseada. Haga la escena lo más completa posible. Cuánto más tiempo dedique a hacer esto, más y mejores serán los efectos del ejercicio.

Ahora vaya hacia el futuro. Véase, imagínese con esa nueva creencia. Observe los efectos que produce, el tener esa creencia deseada, en su vida. Hágalo igual que cuando fue hacia el pasado.

Cuando tenga bastante, regrese al momento actual, y dé por finalizado el ejercicio. Puede recoger las sillas. Guarde sus notas, si así lo desea.

"CREENCIAS: PASAPORTE A LA FELICIDAD"

Artículo publicado en Diario 16 (20 Noviembre 1997)

Cada vez más, se acepta que las enfermedades tienen componente"mental" o "psíquico", con lo que el término "Psicosomático" va cobrando más y más relevancia. La mente influye en el cuerpo, y viceversa. En nuestro cerebro u ordenador central, existe todo un paquete de CREENCIAS que influyen, cuando no determinan, nuestro comportamiento, nuestra reacción frente a acontecimientos vitales, salud, pareja, trabajo... Las creencias de las que hablo no son religiosas. Me refiero a esas acuñadas en PNL con el término de "programaciones". Un ejemplo lo ilustrará: "Soy una idiota" (refleja una programación negativa en el Nivel Lógico de Comportamientos); "Soy director general" (programación en el de Identidad); "Soy incapaz de hablar en público" (creencia en el de Capacidades). Si desde niño le han ofrecido programaciones negativas: "eres tonto", "eres un inútil", "esto es cosa de niñas", no se extrañe de acerca del cómo se maneja en la vida, y de que los escollos o problemas le parezcan "muy difíciles". Si por el contrario le han programado positivamente: "si quieres, puedes", "eres muy inteligente", "tienes mucha fuerza de voluntad", "eres una maravilla", "¡qué guapa eres!", etc., se le presentarán los mismos asuntos o problemas que a los demás, no obstante, los afrontará como palancas de cambio, como oportunidades en vez de como obstáculos. Creencias.

Creencias que condicionan nuestra vida, que marcan nuestro destino, que tejen nuestra felicidad. Creencias que hemos creado o adoptado de otros e introducido en nuestro cerebro. Creencias. El poder se lo confiere el hecho de ser nuestras, y estar fuertemente arraigadas en nuestra mente. Han sido grabadas a fuego día tras día. Las hemos alimentado cada día añadiendo una hebra a esa "maroma/creencia". La fuerza de las programaciones + creencias lo ilustra el caso de un paciente mío que no podía conciliar el sueño (Síntoma) desde hacía más de 30 años sin ayuda (pastillas, infusiones, etc.). Un día averiguamos la CAUSA: se trataba de una creencia implantada en la niñez. La creencia/programación: "todas las noches al ir a dormir, tenía que preguntar a sus padres desde su habitación, a oscuras, si había sido bueno". Por supuesto estos siempre le respondían que "NO", y ese no estaba asociado a que vendría el demonio a llevárselo. Sustituimos la creencia, reparamos la herida del niño interior, y desde entonces duerme como "un cura" (sic). En otro caso de exceso de peso, una mujer, averiguamos que el exceso de peso (su compulsión a comer), se debía a que no quería ser atractiva para los hombres; dicha creencia se había formado a partir de que de pequeña sufrió incesto. Ella CREÍA que estando gorda conjuraba los demonios interiores. Ninguna de las personas con las que he trabajado era consciente, es decir, recordaba la causa, tan sólo vivían los síntomas, creyendo ella que estaba gorda porque comía mucho, cuando el comer mucho (la acción) venía creado por la causa real (el miedo a que se reprodujese la situación de incesto). En el caso de él "insomne", la intención positiva del insomnio era "evitarle el entrar en contacto de nuevo con el terror que sentía ese niño de tres años".

Las cosas —enfermedades, situaciones—, que nos ocurren son "SÍNTOMAS". Mientras no se sepa la CAUSA (y el nivel lógico en el que está arraigada), no se soluciona nada. He aquí por qué el repetir una frase positiva no es suficiente, cuando no ineficaz. Los niveles lógicos los determinó ROBERT DILTS, y son: ENTORNO, COMPORTAMIENTOS, CAPACIDADES, VALORES-CREENCIAS, IDENTIDAD Y ESPIRITUAL. Las creencias las tenemos arraigadas en uno o varios de estos niveles, de tal forma que hasta que no se descubra en qué nivel está no se podrá solucionar. Es más, en función del nivel en el que se haya instalado la creencia será más o menos fácil de sustituir. Pongamos un ejemplo: una persona que tiene cáncer, puede que tenga la creencia de que es un castigo de Dios porque se portó mal. Otro ejemplo: Alguien que cree que no puede hacer lo que le apetece en la vida porque su entorno no se lo permite. En el caso de la primera persona (la del cáncer), habrá que hacer mucho más trabajo para ayudarle a modificar la creencia, puesto que ésta está en el nivel más profundo (el Espiritual), mientras que la persona que tiene la creencia en el nivel de Entorno, será fácil el modificarla. Es por esto que repetir frases no funciona en muchos casos.

El inconsciente es una parte magnífica y maravillosa de nosotros. No es un enemigo, no. Es un amigo. Es la cueva donde guardamos nuestros tesoros, nuestros dones negados, nuestros recursos desterrados. La PNL tiene la llave que abre esa cueva, la forma de llegar hasta ella y de recuperar y devolver a la luz nuestros recursos, dones... La Hipnosis Ericksoniana permite relajar a la persona, llevar al consciente a estado de trance y que aflore lo que hay en el inconsciente. La persona no se duerme, no pierde la consciencia, tan sólo se la "distrae" para que no interfiera, es decir, para que no haga lo que suele hacer en estado de vigilia. Durante el sueño el inconsciente nos cuenta cómo hacer para mejorar, qué debemos modificar, qué debemos corregir para alcanzar nuestra meta, para sanar. Sin embargo, una vez despiertos tendemos a olvidar los sueños, eso si los recordamos pues hay gente que no recuerda nada. Es más, hay gente que no duerme lo suficiente como para que se de fase de sueño paradójico donde tienen lugar los sueños, con lo que se va estresando ya que entra información pero no depura. Una de las funciones del sueño es depurar ideas, pensamientos que ya no nos sirven. El inconsciente necesita su tiempo de intervención, y si ese tiempo se lo roba el consciente (no dormimos lo suficiente), insiste en que durmamos más y más horas para hacer su trabajo: mantenernos sanos psicológicamente hablando, eso lo consigue depurando, ventilando, limpiando todo lo que hemos incorporado durante la fase diurna.

Creencias. Si cree que es posible curarse de una enfermedad, así será. Si cree que llega el invierno y hay que resfriarse, así será. Son las predicciones que se cumplen a sí mismas. Es infinito el poder de las creencias que anidan en nuestro cerebro. Como sociedad tenemos creencias que hemos adoptado a su vez como individuos, pero que no sirven a todos. Créese sus propias creencias, pero de las "mágicas". Cuando cree que algo es posible, se da la oportunidad de usar muchos de los recursos que poseemos, tales como: desarrollar estrategias, análisis, intuición, razonamientos, síntesis, coraje, entusiasmo, convicción, determinación, etc., etc.

A los que han logrado superar enfermedades, que han sobrevivido a catástrofes vitales (despido laboral, pérdida de un ser amado, divorcio, etc.), que han triunfado en todo aquello que se han propuesto, pregúnteles por su secreto, por lo que pasa por su cabeza, la opinión sobre sí mismos y la vida. Observe cómo caminan, cómo miran, cómo hablan. Las personas con creencias positivas, reforzadoras, estimulantes, tienen buena opinión de sí mismos, caminan con determinación y la columna vertebral bien erguida, lo cual hace que circule perfectamente la energía vital. Observe cómo se sienta, camina y habla alguien que dice estar deprimido: cabeza gacha, barbilla incrustada en el pecho, espalda encorvada, está como replegado en sí mismo. Puede romper el estado modificando la postura física. Si está harto de pensar siempre igual, cambie, haga algo diferente para variar. Tire a la basura ideas apestosas como: "soy un desastre", "hay crisis", "es muy difícil", "estoy viejo para...". Comience desde hoy mismo a programarse para la victoria: "es posible", "hay una solución y la hallo", "puedo alcanzar mi meta". Varíe sus creencias. Sane su vida. Sane su alma. Sane su mente. Es posible. Si quiere, puede. Recuerde: "Todos los recursos están dentro de usted, lo único que tiene que hacer es usarlos". Benditas las creencias que nos impulsan a triunfar como seres humanos. La PNL (1) es una terapia altamente eficaz para sanar enfermedades (alergias, gastritis, cáncer, etc.), cambiar creencias, modificar conductas y comportamientos insanos, dependencias (fumar, comer...), fobias, exceso de peso, insomnio, trabajo (como triunfar en su profesión), inseguridad... La PNL se aplica tanto en el campo de la salud como en el de los negocios. Si el trabajo terapéutico de PNL se acompaña del trabajo espiritual (Reiki), el tratamiento es holístico. La mente influye el cuerpo, y viceversa, y el Espíritu también.

El Reiki, para mí es la "medicina del alma". Su efecto se deja sentir a niveles muy superiores. Para mí es una Fuerza que crea luz en mi interior, provocando dicha iluminación no sólo la visión de lo que tengo que modificar en mí, sino también me proporciona el coraje necesario para tirar adelante, para hacer lo que tengo que hacer, para poner manos a la obra e iniciar el camino de la sanación. Puede que para sanar una persona tenga que acudir a un terapeuta de la mente, o a la medicina alopática, o a la alternativa, o dejar el trabajo, o dejar una pareja, lo que sea... Los síntomas nunca son las causas. Se dice que Reiki lo cura todo, es cierto y no lo es. Reiki no es un ser con vida o identidad propia, es la Fuerza del Universo, es la Fuente. Pero la Fuente, Dios, Universo o como le quieran llamar, no nos manda enfermedades, no nos castiga, de ahí que podemos usarle para sanar pero el trabajo debe hacerlo uno mismo. Y hacer ese trabajo supone no sólo arremangarse sino buscar la terapia más adecuada. Si el ser humano tiene una mente, y ahí es donde está la programación errónea que crea enfermedad, la creencia equivocada, el "enfermo" hará bien en recibir terapia psicológica (PNL, Psicoanálisis, etc...), además de tratamientos Reiki. Yo animo a mis pacientes a que se inicien en el Reiki, para tomar parte activa en su sanación y que lo combinen con la terapia más idónea para su "enfermedad o tema", porque el Reiki (Dios, Universo, Fuente, Luz Espiritual...), es compatible con todo.

Si tenemos cuerpo físico, mente, emociones y Espíritu, vamos a darnos un tratamiento holístico, es decir, tratar el nivel adecuado con la terapia apropiada, y así podremos sanar de verdad.

Somos dueños de nuestro destino, nos guste o no. Tal vez ésa es una creencia a modificar y a sustituir por otra mucho más sana: SOY DUEÑO DE MI DESTINO, CREO MI VIDA

TAL Y COMO YO LA DESEO. Con PNL se pueden cambiar las creencias, sustituir una creencia que no nos gusta o nos impide crecer por otra más asertiva y/o positiva. Con PNL podemos reforzar nuestros recursos, dones. Con PNL podemos sanar emociones. Con Reiki y PNL podemos ayudarnos a vivir mucho más sanos y mejor. La vida es una maravilla, todo depende de sus creencias. Puede que sea de los que piensa que esto es "un valle de lágrimas", o tal vez es de los que cree que esto es "un paraíso llamado escuela Tierra" donde venimos a aprender y a disfrutar. Su ciencia determinará una experiencia muy diferente. Modifique sus creencias y cambiará su vida. Recuerde que QUERER ES PODER. Eso sí, tal vez necesite que alguien le ayude a modificar sus creencias, y a darle luz a su alma.

Segunda Parte

Reescribiendo el guión

13

¿Qué es eso de reescribir el guión?

Consiste en aceptar, como punto de partida, que hemos vivido parte de nuestra vida acorde al guión o a las creencias que otros nos dieron. Muchas de esas creencias dadas son las socialmente adoptadas por la gran mayoría, pero suelen ser ideas de escasez, a saber: "soy mayor para volver a estudiar", "ya es tarde para...", "no es posible curarse de esta enfermedad", "llevo gafas porque trabajo con ordenadores", "las mujeres no pueden alcanzar determinados puestos en las empresas", "no se puede ser madre después de los cuarenta", "no es buena época para cambiar de trabajo", "para aprender bien un idioma hay que comenzar de niño", "a los 39 no se puede empezar a bailar ballet", y un largo rosario de frases plenas de escasez y ausentes de toda abundancia de Esperanza.

Muchas personas piensan que la escasez se refiere única y exclusivamente al dinero, están equivocadas. La escasez de dinero no es sino una consecuencia de otra acción, es decir, la CAUSA habría que buscarla en otro lugar de nosotros. Puede que tengamos poco dinero porque no hayamos aprendido a manejarmos con él, o quizás su carencia se debe a que nos hemos creado una serie de gastos que vacían nuestra cuenta bancaria desde principios de mes. Tal vez tengamos mucho dinero, y sin embargo carezcamos de alegría, de confianza en nosotros mismos, de fortaleza, de valentía, de coraje, de entusiasmo... El dinero al fin y al cabo no da la felicidad, y ésa es una gran verdad. No obstante casi todos queremos tener dinero, prestigio y poder no tanto porque creamos que proporciona felicidad o permite conseguir cosas placenteras, sino porque el que no gana mucho dinero es considerado un fracasado. Socialmente se suele medir el valor de una persona por la cantidad de dinero que tiene ("tanto tienes, tanto vales", dice el refranero español). Considerando que la cantidad de dinero es directamente proporcional al éxito profesional, y viceversa. Así las cosas, muchos seres humanos dejan la piel en el intento de alcanzar puestos de trabajo excelentemente remunerados, y se sienten mal si no tienen un sueldo elevado, o tienen mucho dinero... para podérselo enseñar a los demás. El dinero debería ser simplemente un instrumento para obtener cosas que nos proporcionen placer, y para disfrutar de las cosas no hay que poseer dinero en primer lugar sino autoestima, es decir, haber aprendido a disfrutar de la vida haciendo todo aquello que nos place en cada momento sin ofender ni perjudicar a nadie. Trabajando con alumnos míos he podido constatar como el esforzarse en vivir acorde al guión que les dieron padres, educadores, la sociedad en general, no conlleva sino estrés e infelicidad, cuando no enfermedad. Mantenerse fiel al guión de otros, traicionando el nuestro propio nunca es saludable ni para nosotros ni para nadie. **Todo lo que hagamos, debemos**

hacerlo por y para nosotros. Sólo siendo fieles a nosotros mismos conseguiremos transmitir felicidad a los demás y compartirla con el resto del mundo. No podemos dar aquello de lo cual carecemos. Es más, muchas de esas personas —alumnos míos que están aprendiendo a vivir su vida acorde a su guión propio—, con las que trabajo se manifiestan fuertemente frustrados y resentidos con todos aquellos que les rodean pues sienten que les han "obligado", o condicionado, a tragarse el guión vital que tienen en sus manos, a saber: "seguir siendo marido o esposa, cuando no son felices en ese matrimonio, es más, algunos de ellos se casaron sin estar convencidos al cien por ciento ni enamorados"; "permanecer en una empresa o tipo de trabajo porque la familia se desilusionaría si lo dejaran, o porque otros pensarían que se ha vuelto loco..."

El caso es que todos esos que se fuerzan a estar en lugares o en parejas que no les gusta, que se traicionan a sí mismos por no "desilusionar" a alguna figura de autoridad acaban por generar desequilibrio en sus vidas, en sus cuerpos, en sus almas. Uno debe permanecer fiel tan sólo a los dictados de su corazón, escribir su propio guión de vida y dejar de lado el que le ofrecen los demás. Nada más saludable que atreverse a vivir la vida a su aire. Hay que convertirse en un ser independiente, uno de verdad. De esos que saben estar a solas consigo mismos y también estar felices cuando lo están con los demás: un "In-ter-dependiente".

LOS NIÑOS INTERIORES

Todos tenemos dentro de nosotros niños dañados o saneados dependiendo de si les permitimos expresarse y les damos contento, o de si les dejamos de lado ignorándolos a costa de nuestra felicidad. Existen muchos niños interiores, más de los que refleja este ejercicio, pero el diseño de este ejercicio nació a partir de trabajar durante años con algunos seres humanos cuya causa del problema que les ocupaba solía ir asociado a un "niño interior maltrecho". Dejarles hablar por fin, es un primer paso hacia el camino interior de la felicidad. Dichos niños están deseando "hablar", así como ser abrazados, reconfortados, mimados y atendidos. Suele tratarse de niños interiores ateridos de frío emocional, necesitados de un "padre" y de una "madre" interiores que nunca tuvieron. No me refiero a que estas personas no tuvieran físicamente padres, sino al hecho de no tenerlos efectivamente hablando. Estos adultos con niños interiores famélicos de cariño, deberán ejercer de padres afectuosos y cálidos de sus niños interiores, para así poderles reparar la maltrecha autoestima y devolverles la creencia en sí mismos, así como el aprendizaje de la búsqueda del placer en la vida, y no la persecución de la infelicidad. Muchos "adultos", como consecuencia de una infancia y de una adolescencia faltas de cariño, y de apoyo referencial de sus padres que les ayudase a crecer emocionalmente, se pasan su vida adulta tratando de "evitar el dolor" en vez de "buscar el placer" en todas las situaciones vitales. Muchos de ellos no consiguen una relación romántica satisfactoria, o personal-general, porque huyen siempre de sus propias emociones ya que no aprendieron a hacerse con ellas, y toda vez que les crece en el corazón una pulsión emocional o un sentimiento con el que no saben cómo manejarse, se cierran como ostras en su intención positiva de "acallar y calmar ese volcán" que no aciertan a integrar porque nadie les enseñó cómo cuando eran adolescentes o niños.

A muchos de los que conozco, de niños, les mandaron callar toda vez que hacían o decían cosas que a los adultos que les rodeaban no les convenía. Su facultad asertiva, o don natural del "saber decir NO", fue anulado a base de bofetadas psicológicas, hasta que aprendieron que "ser ellos mismos", o decir lo que pensaban, era doloroso. Se pertrecharon en su coraza, se aislaron detrás del muro de silencio de sus niños interiores, tratando de buscar refugio en el silencio de quienes eran pensando que así conjurarían los demonios exteriores y les dejarían en paz. Los de afuera, a veces, que no siempre, puede que les dejasen en paz, pero quienes no les dejaron en paz a todas luces fueron los niños interiores dañados que reclamaban ser oídos, amados y apreciados.

Despertando a los niños interiores

El ejercicio consiste en "dejarlos hablar" a cada uno de ellos. Se pueden poner cinco sillas, y en cada una de ellas un letrero con el nombre de ese niño/a, en el orden que prefiera. Luego uno se sienta en cada silla y "deja hablar" a ese niño/a. Ese dejarle hablar puede escribirse en una libreta lo que vaya surgiendo. Cuando se conecta con ese niño/a interior, hay que decirle algo así como: "por favor, necesito que me digas todo aquello que has deseado siempre decirme en relación al tema... (el que se decida). Perdóname si hasta ahora no te he pedido que hablases o no te lo he permitido. Desde ahora en adelante cuentas con mi amor y cuidado, yo cuidaré de ti porque te quiero, tú eres yo y yo soy tú. Yo siempre te protegeré".

1. ***Niño/a sabio:*** *es el que está conectado con el alma. Es esa parte de nosotros que ve y sabe la verdad.*

2. ***Niño/a mágico:*** *está conectado con las fuerzas ocultas del Universo. Le gusta estar en la natura-*

leza, con las hadas, los gnomos... Cree en la magia, puesto que él/ella es la magia.

3. ***Niño/a emotivo:*** *Vulnerable, sensitivo, sensible, amoroso, mimoso... En él/ella residen los emociones más profundas.*

4. ***Niño/a juguetón:*** *Le gusta jugar, reír, hacer bromas, pasársela bien. No quiere saber nada de deberes ni de obligaciones.*

5. ***Niño/a creativo:*** *Le encanta expresarse libremente, crear nuevas cosas. Le gusta jugar con su imaginación y fantasear. Le gusta bailar, cantar, pintar, soñar...*

- ***LUZ (se coloca en el centro de la estrella de 5 puntas, o del pentágono):***

  Es esa parte de nosotros, angelical, que re-conecta o reúne de nuevo a todos los niños, interconectándolos a todos con un cordón de luz dorado, para que sepan que todos ellos forman una misma comunidad llamada "ser humano" con el nombre personal que tenga cada uno.

MAGIA EN EL CORAZÓN

Mucho se habla de la autoestima, pero ¿cómo podríamos hacer para al menos tratar de sanearla un poco, cuando no de subirla y reforzarla? La autoestima, o amor a uno mismo, es el resultado o consecuencia de que una suerte de recursos estén activados en nosotros, cuando no lo están o no se usan con eficacia, tanto su ausencia como su "mal" uso acaba por derivar en una bajada de la autoestima, y es ahí cuando somos "presa o víctimas" de depredadores de todo tipo: personas con conductas manipulativas y/o faltas de respeto, mala comida, malas compañías, insistimos en relacionarnos con personas que no nos quieren o que no nos quieren bien o no contribuyen a nuestra felicidad, nos centramos en evitar el dolor en vez de buscar el placer, permanecemos en trabajos que no nos aportan nada excepto dinero, permitimos que hablen sobre nosotros y ataquen nuestra identidad sin pararles los pies y pedirles respeto a la vez que hablen de comportamientos, no decimos lo que pensamos, no tenemos conductas asertivas...

No amarnos es un pasaje seguro a la infelicidad. Pero no hay que echarle a nadie la culpa de ello. más bien debemos responsabilizarnos de nuestros actos, pensamientos, y no uso de recursos. Nos irá mucho mejor si cogemos las riendas de nuestra vida y nos dedicamos a dirigirla hacia donde queremos y con el tipo de gente que queremos en nuestra vida.

Existen aspectos que de ser usados/activados construyen y refuerzan la autoestima, son los siguientes:

1. Amor y Comprensión
2. Bienestar y Alegría interior
3. Curiosidad, Generosidad y Apertura
4. Entusiasmo y Pasión
5. Flexibilidad y Elasticidad
6. Seguridad y Autoestima
7. Paciencia y Constancia
8. Optimismo y Esperanza
9. Persistencia y Fe
10. Coraje y Decisión Determinativa
11. Serenidad y Calma Interior
12. Gratitud

13. Ternura, Alegría y Renacimiento
14. Plenitud y Abundancia
15. Limpieza y Renovación Interior

Procedimiento:

Cree un símbolo para cada uno de estos aspectos. Anótelo. Luego cree un recipiente simbólico donde guardarlos, coloque los símbolos dentro del mismo, uno a uno. Luego, una vez finalizado esto, deposite el recipiente con los símbolos dentro, en el lugar sagrado de su Ser. El símbolo puede ser una flor, un color, un objeto, lo que más nos guste.

Jugando al "Si yo fuese..."

Los arquetipos hablan de nosotros y sobre nosotros. Lógicamente pueden variar a lo largo de la vida de una persona. Por ello vamos a averiguar cuáles son los nuestros.

Paso No. 1:

Definir si yo fuese un MAGO, ¿quién sería? El mago es aquél que con su magia puede lograr lo que quiera.

Paso No. 2:

Definir si yo fuese un REY o REINA, ¿quién sería? El rey o la reina, es aquél que ostenta el poder y que gobierna, dirige y lidera a otros.

Paso No. 3:

Definir si yo fuese un GUERRERO, ¿quién sería? El guerrero es aquél que persigue un objetivo, y que lucha para conseguirlo. Es ése "yo" valiente, aguerrido, pleno de coraje que se lanza en pos de una meta.

Paso No. 4:

Definir si yo fuese un AMANTE, ¿quién sería? El amante es aquél que con su amor puede lograr lo que quiera. Utiliza sólo la fuerza del amor en su dimensión más genérica.

Paso No. 5:

Formar parejas con REY/REINA vs MAGO, y GUERRERO vs AMANTE. Y desde ahí, "hablar" sobre un tema elegido. Por ejemplo: "¿qué diría fulanito (mi Rey/arquetipo) de mi meta de ser escritora?" Proceder así con el resto.

14

Los pilares básicos

"El grado de entusiasmo y placer
con los que acometemos empresas en la vida,
o incluso un grado óptimo de ansiedad,
nos impulsan a conseguir la meta".
DANIEL GOLEMAN

Existen pilares básicos o fundamentales en la vida de las personas, tienen mucho que ver con la abundancia y cómo esas personas experimentan la realidad, la saborean, la disfrutan y le sacan el fruto. Los optimistas viven más y mejor. La esperanza hace que las personas sigan adelante aún cuando todo es de intenso color negro, y nada apunta hacia una salida del túnel. El buen humor hace más llevaderos los momentos "duros". Estudios realizados por el profesor Seligman (Universidad de Pensilvania), señalan que el optimismo, mezclado con esperanza puede predecir el éxito académico. Según él una combinación razonable de talento y la habilidad de seguir adelante cuando las cosas van mal es lo que lleva al éxito. El optimismo, así como la esperanza, significa tener grandes expectativas de que, en general, las cosas mejorarán, de que todo irá bien en la vida, no importan las frustraciones y los desengaños que se tengan que afrontar. El optimismo es una fuerza que arrasa con toda negatividad. El optimismo barre toda mala suerte y despeja todo nubarrón. Por eso el buen humor, unido al optimismo, es tan poderoso y contribuye a hallar soluciones cuando las cosas se ponen feas. El buen humor refuerza la habilidad para pensar con flexibilidad y con complejidad, por lo que es más fácil hallar soluciones a los problemas, tanto intelectuales como interpersonales. Sobre todo ayuda cuando se requieren soluciones creativas. La gente que posee buen humor suele ser más creativa, normalmente está más distendida, más relajada y más apta para tomarse las cosas con menos dramatismo.

Se ha llegado a la conclusión de que la esperanza juega un papel fundamental en la vida, proporcionando una ventaja considerable en la consecución de metas en general en la vida. La esperanza se ha definido, técnicamente, como la capacidad de ver y sentir que las cosas se resolverán favorablemente. "Esperanza es creer que uno tiene la capacidad de darle la vuelta a las situaciones, y que uno posee fuerza de voluntad para llegar hasta la meta propuesta". Si uno tiene esperanza no se deja llevar por la ansiedad, y la desesperación no puede cundir en nuestro ánimo.

El optimismo acompaña a la esperanza. Las personas optimistas por naturaleza, no se culpan a sí mismas de los fracasos, en su lugar, evalúan las situaciones y fijan la atención en su comportamiento, en el posible fallo en el análisis de la situación, y en la posible intervención del otro (como factor desencadenante del fracaso). Los optimistas creen en su eficacia personal, creen que uno es el artífice de su propia vida y que pueden enfrentarse con cualquier reto que la vida les proponga y salir airosos del mismo.

Ejercicio

Vamos pues a construir Optimismo, Buen humor y Esperanza en nuestras vidas. Cualidades éstas que nos permiten disfrutar de la abundancia que existe en nuestras vidas. Vamos a despertar estos recursos que habitan en nosotros y que nacieron con nosotros, aunque inactivos existen y viven en nosotros esperando que el príncipe azul los despierte cual bellas durmientes.

Se necesitan tres sillas, y una cuarta extra.

- *Silla 1: BUEN HUMOR*
- *Silla 2: ESPERANZA*
- *Silla 3: OPTIMISMO*
- *Silla extra: FLUIR, VOLAR, ENSOÑACIÓN*

- **Primera parte:**

1o. Imagina que en cada silla está sentada una musa. Comienza por sentarte en la silla de la musa del Buen Humor. ¿Cómo sería ser una musa del buen humor? ¿Cómo vería la musa del buen humor la vida en general?

2o. Ahora trasládate a la silla de la musa de la ESPERANZA. ¿Cómo sería ver, sentir, oír el mundo, su vida, desde la Esperanza? ¿Qué dice esta musa?

3o. Ahora trasládate a la silla de la musa del OPTIMISMO. ¿Cómo sería ver, sentir, escuchar la vida, el mundo desde el ser Optimista? ¿Qué dice esta musa?

4o. Regresa a la primera silla (Buen humor), repasa lo que dijo esta musa. Repite los gestos y palabras que hizo/dijo.

5o. Regresa a la segunda silla (Esperanza), repasa lo que dijo esta musa. Repite los gestos y palabras que hizo/dijo.

6o. Regresa a la tercera silla (optimismo), repasa lo que dijo esta musa. Repite los gestos y palabras que hizo/dijo.

7o. Repite el proceso desde 4o. a 6o., ambos inclusive.

8o. Ve a la silla extra. ¿Cómo fluye ahora tu vida? ¿Cómo te sientes? ¿Te sientes en el séptimo cielo? ¿Eres capaz de percibir el lado bueno de la vida? Si persistes en tu mal humor o negatividad repite el ejercicio desde el comienzo. En esta silla se hace la síntesis del ejercicio, y se acaba siempre con una metáfora del nuevo YO, de la nueva actitud. Despierta tus recursos de Buen humor, Optimismo y Esperanza que todo ser humano llevamos dentro.

- **Segunda parte:**

1o. Escoge un tema que quieras tratar (puede ser de cualquier tipo). Imagina que en cada silla está sentada una musa. Comienza por sentarte en la silla de la musa del Buen Humor. ¿Cómo sería ser una musa del buen humor? ¿Cómo vería la musa del buen humor esa situación o asunto?

2o. Ahora trasládate a la silla de la musa de la ESPERANZA. ¿Cómo sería ver, sentir, escuchar el asunto que le ocupa desde la Esperanza? ¿Qué le dice esta musa?

3o. Ahora trasládate a la silla de la musa del OPTIMISMO. ¿Cómo sería ver, sentir, escuchar el asunto que te ocupa desde el ser Optimista? ¿Qué te dice esta musa?

4o. Regresa a la primera silla (Buen humor), repasa lo que dijo la musa aquí. Repite los gestos y palabras que hiciste/dijiste.

5o. Regresa a la segunda silla (Esperanza), repasa lo que dijo la musa aquí. Repite los gestos y palabras que hiciste/dijiste.

6o. Regresa a la tercera silla (Optimismo), repasa lo que dijo la musa aquí. Repite los gestos y palabras que hiciste/dijiste.

7o. Repite el proceso desde 4o. a 6o., ambos inclusive.

8o. Ve a la silla extra. ¿Cómo fluye el asunto ahora? ¿Ha cambiado la situación?. Si persistes en tu mal humor o negatividad repite el ejercicio desde el comienzo. En esta silla se hace la síntesis del ejercicio y se acaba siempre con una metáfora de la nueva situación.

15

Diálogos entre la Escasez y la Abundancia: "El pacto de gobierno"

Éste es un ejercicio eminentemente práctico, para el cual necesitaremos dos sillas, y una grabadora o alguien que anote lo que vayamos diiciendo.

a) Estableciendo el escenario

1. *Colocar las dos sillas una enfrente de la otra. En una se coloca el cartel de "ESCASEZ", y en la otra el de "ABUNDANCIA".*

2. *Para empezar, siéntate en la silla "E" (escasez). Sentado en esta silla devienes, es decir, te conviertes en tu parte "Escasez" o subpersonalidad Fulanito (tu nombre)-Escasez, una vez te hayas metido en la piel de*

esta subpersonalidad tuya, comienzas a decir, como Escasez que eres POR QUÉ eres escaso en tal o cual cosa, o por qué tienes escasez.

3. *Una vez que ha hablado la subpersonalidad "E", te sientas en la silla de "A" (abundancia), y desde el ser esta subpersonalidad de Abundancia habla, cuenta por qué eres abundante en lo que seas, o en qué sientes que generas abundancia y por qué. Habla siendo la subpersonalidad abundante. Es importante conocer cómo siente y se describe a sí misma la subpersonalidad abundante.*

b) El pacto

Las dos subpersonalidades deben establecer un pacto, es decir, llegar a un acuerdo de crear abundancia. Dicho acuerdo lo firmarán ambas partes, y será un contrato con sus claúsulas a cumplir, y los tiempos que pueda haber involucrados. Para ello, después de la declaración previa que hayan hecho ambas subpersonalidades, se deberá proceder a NEGOCIAR un pacto de creación de abundancia en lo que tú elijas. Evidentemente los contenidos deberán ser reconocidos por ambas partes y aceptados. Al final, ambas partes lo firmarán.

Se aconseja que establezcas fechas, es decir, que fijes objetivos por etapas, con sus fechas (mes-año) correspondientes.

Por ejemplo:

Objetivo	Fecha cumplimiento	Observaciones
Aprender a respetarme	31 diciembre 2000	Hacer curso...
Ser consciente de las declaraciones (cómo hablo de mí)	21 agosto 2000	Leer libros sobre construcción de la autoestima

c) Acortando distancias: el abrazo de cooperación

Siéntate en la posición tercera, para ello traza una línea de la silla Escasez a la silla Abundancia y de ahí una tercera (la del pacto), creando un triángulo (el vértice es la posición "Pacto". Siéntate pues en el vértice (Pacto). Cierra los ojos. Imagina que en una mano tienes la subpersonalidad "E" y en la otra mano a la subpersonalidad "A". Acércalas, imagina que se dan la mano, o que se funden en un abrazo. Luego idea un símbolo para esta "fusión", un símbolo que la suma de energías te sugiera.

Lleva ese símbolo a tu corazón, imagina que éste se abre y que puedes instalar dentro del mismo dicho símbolo. Cierra tu corazón, y deja que la energía abundante florezca dentro de ti, al florecer comienza a irradiar una magnífica luz (el color lo dejo a tu elección). Imagina que desde tu corazón comienza a emanar esa luz, dicha luz es la luz de la abundancia; siente como esta luz se expande por todo tu ser arriba y hacia abajo, llenando cada poro de tu piel, hasta que tú, por dentro eres de este color.

Cuando te sientas lleno de este color, abre tus ojos tranquilamente y regresa al momento presente. No sin antes haber dado las gracias a tus dos partes (escasez y abundancia).

Cuando establezcas el escenario

Es aconsejable que te formules preguntas como las siguientes:

- *¿Cuál es la intención positiva de ser escaso en tal cosa, o de tener escasez?*
- *¿De qué me libro o prevengo creando escasez en esto?*

- *¿Qué obtengo teniendo escasez en eso?*
- *¿Qué conflictos comportaría a la subpersonalidad Escasez, el ser abundante?*
- *¿Qué sucedería si pasase a tener Abundancia en este tema? ¿De qué me prevengo?*
- *Si yo pasase a tener abundancia en esto o en aquello, ¿qué cosas se modificarían en mi vida, qué personas se verían involucradas y/o afectadas por el cambio, y cómo?*
- *¿Cómo afectaría a toda "mi vida" el tener abundancia?*
- *¿Qué obtendría teniendo abundancia?*
- *¿Qué pensarían los demás de mi caso de tener abundancia o ser abundante?*

El objetivo es averiguar el porqué o los porqué de la persistencia de esa personalidad, puesto que conociendo los motivos (causa) podremos sanar los efectos. La subpersonalidad Escasez deberá definirse a sí misma, puedes elegir un símbolo para ello si lo prefieres, el símbolo puede ser un color, un objeto, o cualquier otra cosa que tú quieras.

16

La Escasez y los otros: una interpretación ordenada

Ejercicio

Paso No. 1:

Escoge 4 personajes importantes para ti en tu vida (tu padre, tu madre, tu mejor amiga, etc.), y 4 sillas. Escoge el tema a tratar a través de la Escasez. Después, coloca espacialmente las sillas formando un cuadrado, y sienta en ellas a las 4 personas que has escogido, ellos serán tus espectadores.

Paso No. 2:

Imagina en el centro del cuadrado cualquier cosa que simbolice la abundancia, para ello deberás sentarte, cerrar los ojos e imaginar una situación de abundancia, tienes que recrearla con todos los sentidos: siéntela, vívela, hazla real de nuevo. Hacer un repaso de los siguientes aspectos te ayudará a recrearla:

a) VISUAL: ¿Hay colores, cuáles, son brillantes, opacos? Las imágenes, ¿están enfocadas o desenfocadas? ¿Están cerca o lejos? ¿Tiene forma, cuál: redonda, cuadrada, etc.? Es importante que definas las imágenes existentes si las hubiera.

b) AUDITIVO: ¿Hay sonidos? ¿Cómo son estos: graves, agudos, rítmicos, melodiosos, agradables, disonantes, etc.? ¿Hay palabras? ¿Se habla en tono alto, bajo, cómo? Es importante que definas el sonido existente si lo hubiera.

c) KINESTÉSICO: ¿Hay alguna emoción asociada? ¿Dónde localizarías la emoción de poderla localizar en algún lugar del cuerpo físico? ¿Hay algún olor, es rancio, suave, agradable, a qué huele? ¿Hay algún sabor, cómo es, rancio, agrio, dulce, amargo, etc.? ¿Hay alguna sensación física de tacto: tacto de terciopelo, de seda, de esparto, etc.? Es importante que definas, que vivencies las sensaciones, olores, sabores si los hubiera.

El tema sobre Escasez —para ser enfocado y trabajado desde la vertiente de la Abundancia— a escoger ha de ser algo nuestro, es decir, algo en lo que seamos escasos y/o lo hayamos sido pero en lo cual queramos mejorar. Una vez escogido el tema hay que situarse en el centro del cuadrado formado por las 4 sillas, si bien esta vez hay que enfocar el tema desde la abundancia. Pondremos un ejemplo para ilustrar lo que decimos:

EJEMPLO: *El tema es "Escasez de atractivo físico". Pongamos el caso de una mujer que no se considera a sí misma suficientemente atractiva. Objetivamente es muy bella, alta y con buena figura. Sin embargo, a pesar de que con los años se ha ido convenciendo de su belleza física, aún persiste dentro de sí misma lo que, entre otras personas, le decía y le hacía sentir su madre cuando era adolescente a propósito de la belleza corporal toda vez que tenía una cita con un amigo, de tal forma que comenzó a tratar de esconder su belleza, al tiempo que en su mente se grababa el mensaje: "escasez de atractivo físico".*

Así pues, esta mujer deberá ahora sentar en cada una de las cuatro sillas, una a una a las personas que fueron importantes para ella en relación a este tema, y "hacerlas hablar".

IMPORTANTE: deberás hacer ver lo que piensa y lo que verdaderamente siente la persona en cuya piel te "has metido". ***Hay que hablar desde la realidad y no desde el deseo.***

Una vez que sientas que estás preparado, pasa al siguiente punto.

Paso No. 3:

Una vez realizado el paso No. 2, te levantas y te sientas en una de las sillas donde está sentado uno de los 4 espectadores que has escogido. ¿Qué dice de ti, esta persona, en esta situación? ¿Está contento(a)? ¿Está enfadado(a)? Imítalo tanto en el lenguaje corporal (gestos, expresiones faciales, etc.), como en el lenguaje tonal (tono, volumen, entonación de la voz). Repites esto mismo sentado en cada una de las 4 sillas/personajes, siempre siendo ese personaje, dices lo que él/ella diría y como lo diría.

Se trata de que hagas consciente las palabras y comentarios que de esas personas has escuchado en referencia a ese tema desde que eras pequeño. Cuando termines, regresa al centro y desde ahí da las gracias a cada uno de ellos por sus comentarios.

Es importante que recuerdes lo siguiente, y que lo escribas:

a) ¿Qué pensaban tus padres de la abundancia?
b) Escribe sus frases acerca de la abundancia.
c) ¿Qué opinas ahora de estas frases?
a) ¿Quién era o es lo persona abundante en tu familia?
e) ¿Hay alguna otra persona que tú asocies con la abundancia y la escasez?

Paso No. 4:

Una vez finalizado el paso No.3, conociendo y habiendo hecho consciente todo este proceso de conocer cuáles eran las programaciones de escasez, que en forma de comentarios has recibido de otros, puedes pasar a cambiar.

Por lo tanto, este paso consistirá en hacer un, "switch", es decir, vas a darle al interruptor de la luz. Cierra los ojos. Imagina que te sientas en el patio de butacas de un cine donde hay una pantalla gigante. Observa una escena con esas 4 personas haciéndote sus comentarios sobre el tema escogido pero, para empezar, desde la escasez. Hazlo muy claro, enfoca la escena muy bien, con gran nitidez de imágenes y claridad de sonidos. Dicha escena deberás situarla arriba a la izquierda en tu mente.

En la butaca donde estás sentado hay dos interruptores, uno para tu mano izquierda (lado del cerebro donde se archivan las vivencias y visualizas lo que ya conoces y has vivido). Vas a pulsar este interruptor, que ahora está en "On" y lo vas a poner en "Off", al hacerlo, esta vivencia archivada y/o programa mental con el título ______________ (lo dejo a tu elección, pues es tu programa y por ello el título se lo debes poner tú), se borra, desaparece de la pantalla quedándose ésta vacía.

A continuación, dale al interruptor que tienes a tu derecha y que está en "Off", dale y ponlo en "On". Al darle al "On", en la pantalla aparecerá la versión Abundancia del tema que estás tratando. Esta escena POSITIVA la visualizarás en principio arriba a la derecha. Verás a tus 4 espectadores celebrando contigo esta Abundancia, hablando en tono amable y usando palabras positivas.

Una vez que tengas la escena muy vívida, tan vívida que ya es REAL, ¡grábala! Dale a un botón imaginario que dice "grabar", y grábala. Ponle un título (usa siempre palabras positivas) y grábalo también. Al hacerlo, la escena se traslada del lado derecho al izquierdo. Y, realizando este traslado del lado derecho al lado izquierdo, más el hecho de haberlo grabado (el nuevo "programa"), se completa el proceso de sustitución, por lo tanto desde hoy el contenido del programa tema "tal" (el que hayas estado tratando), queda para siempre grabado, vivenciado y archivado en su versión ABUNDANCIA.

17

Vamos al cine

Ejercicio 1: "Cambiando y retocando el final real por uno feliz"

En este ejercicio vamos a aprender a cambiar el final de una vivencia como si de una película se tratase, no importa cuál haya sido ésta ni cuándo haya ocurrido.

Procedimiento:

Para este ejercicio deberás sentarte cómodamente en una silla, y procurar que nadie te interrumpa cuando estés realizando el ejercicio.

Paso No. 1:

Siéntate cómodamente, cierra los ojos y recupera en tu memoria una situación o acontecimiento de tu vida en lo que te hayas sentido y/o sido muy abundante.

Paso No. 2:

Imagina que estás en un cine. Estás sentado en el patio de butacas, y hay una pantalla de proyección. Proyecta la película tal y como sucedió en el pasado real.

Paso No. 3:

Una vez visionada la película, trata de dar respuesta a lo siguiente:

- *¿Qué sucedió, qué fue lo que causó que la abundancia se rompiese, se esfumase?*
- *¿Intervino algo y/o alguien en la ruptura de esa armonía de abundancia?*
- *¿Cómo eran tus pensamientos, tus hechos, tus actos?*
- *¿Era tu comportamiento congruente, había coherencia entre lo que pensabas, decías y hacías?*

Paso No. 4:

Ahora, pasa a imaginar que cambia el final, es decir, en vez de acabar la película tal y como acabó la vez que se dio en la realidad, ahora va a cambiarle el guión y crear un final feliz. Para ello idea primero el final, ensáyalo en la pantalla de proyecciones, y una vez tengas listo el nuevo final, el ¡feliz! pasa al paso siguiente.

Paso No. 5:

Proyecta la película hasta un poco antes del momento en que las cosas comenzaron a cambiar, es decir, elimina el trozo de escasez. Así pues, sabrás que éste será el principio o primera parte de la película, es decir, el trozo que has decidido conservar ("Momentos felices").

Paso No. 6:

Ve ahora a la sala de proyecciones. Verás un proyector de cine con la inscripción "FNG (Final No Gusta)" toma la cinta, colócala y visiónala en un aparato especial que hay en ese cuarto donde se puede ver la cinta fotograma a fotograma. Corta la cinta por el sitio donde la paraste (paso 4), así pues ya tienes tu primera parte de película o "Momentos Felices".

Toma ahora la cinta que está en el otro proyector que hay en esa misma sala, que lleva la inscripción "FF" (Final Feliz). Vete al aparato de montaje, y añade esta cinta a la otra cinta (la que contiene el principio que tú has decidído conservar: "Momentos Felices"). Une el principio de "Momentos felices" con el "Final Feliz", y pégalos con un pegamento especial diseñado para pegar cualquier cosa eternamente. Colócalas en un tercer proyector con la inscripción de "PFA" ("Película Felicidad Abundante"). Enchufa el proyector, ponlo en marcha y vete a la sala de proyecciones de nuevo.

Paso No. 7:

Siéntate a ver la nueva película. La tienes que ver de principio a fin con el nuevo final: "Final Feliz" (FF), ***haz esta operación al menos 3 veces.***

Paso No. 8:

Una vez realizado esto, levántate y dirígete a la pantalla. ¿Recuerdas la escena de la película de Woody Allen, La rosa púrpura de El Cairo, *donde el protagonista se sale de la pantalla y se va a buscar a la mujer que está sentada en el patio de butacas, llevándosela con él a la película de nuevo? Pues bien, ahora eres tú el que se dirigirá a la pantalla y entrará dentro de la película.*

Desde la película mira el patio de butacas, tú ya no estás ahí, no puedes estarlo puesto que estás dentro de la película, TU PELÍCULA CON FINAL FELIZ Y ABUNDANCIA.

Paso No. 9:

Observa cómo transcurre la película de tu vida, una vez está en un continuo e interminable final feliz. Sabes muy bien, que ese "final continuo" será el que tendrás a partir de ahora y para siempre en esa situación. Graba esta idea en tu mente.

Paso No. 10:

Centra tu atención en tu respiración, y regresa tranquilamente al momento presente. Abre los ojos cuando estés listo.

Ejercicio 2: "Creando películas con final feliz"

En este ejercicio vamos a aprender a CREAR el final feliz anticipadamente. Para ello escogeremos un tema de nuestra vida en la que se está dando escasez, y que querríamos cambiar. Para ello deberemos sentarnos cómodamente en una silla, con la espalda recta, cerrar los ojos y relajar nuestra respiración.

Paso No. 1:

Una vez escogido el tema, nos iremos al cine, entraremos en el patio de butacas y nos sentaremos mirando la pantalla en el lugar que nos plazca. Desde el asiento, comienza a proyectar la "película" del tema escogido hasta el momento presente.

Paso No. 2:

Para la proyección en este preciso momento del presente.

Paso No. 3:

Trasládate mentalmente 2 años en el tiempo, viendo como este problema lo has resuelto. Imagínalo y proyéctalo "solucionado", con final feliz.

Paso No. 4:

Trasládate ahora tres años más, es decir imagínate dentro de 5 años, todo sigue igual de perfecto, igual de bien.

Paso No. 5:

Ahora visiona la película comenzando el día de hoy, y sigue sin parar pasando por el mes siguiente, hasta finalizar el año, y luego dentro de dos años, dentro de tres, dentro de cuatro, dentro de cinco, dentro de seis, dentro de... ***HAZ PRESENTE EL FUTURO.***

Paso No. 6:

Crea un slogan, como si fuese a promocionar esta película, algo en el estilo de: "Y vivieron felices y comieron perdices", que solían utilizar los cuentos de hadas.

18

La historia de la Abundancia en tu familia: ¿Tribunal de la inquisición o lámpara de Aladino?

Ejercicio

Se trata de averiguar que pensaba tu familia de la Abundancia. Para ello deberás coger papel y lápiz. Siéntate cómodamente. Toma una hoja que será la del "cuadro de honor" de la Abundancia, irás anotando "medallas", es decir, cada vez que encuentres en uno de los miembros de tu familia alguna idea o situación de ABUNDANCIA, deberás colocarle una medalla, y al final harás el recuento de cuántas ha acumulado. Procederás igualmente con una hoja de "barrotes de Escasez", anotarás un "barrote" toda vez que alguien de tu familia diga (haya dicho) o haga (haya hecho) algo que sea relacionado con la escasez.

Paso No. 1:

Cierra los ojos. Imagina que eres un director de teatro. Haz salir a escena a cada miembro de tu familia, uno a uno. ¿Qué dice, el que está en el escenario, sobre la abundancia, sobre la escasez? ¿Estás de acuerdo con lo que dice? ¿Qué cambiarías? ¿Cómo ha afectado esto a tu vida? Si no estás de acuerdo con lo que dice, dile lo que tiene que decir en vez de eso. Imagina que te lo está diciendo a ti. Si es alguien de tu familia que se empecina en decir cosas negativas, colócale a un lado, en el bando de los "Escasos". Si lo que dice es de corte positivo, colócale en el bando de los "Abundantes".

Paso No. 2:

Ahora recuenta cuántos de ellos tienes en cada bando. Cuántos en el "Escasez", y cuántos en el "Abundantes". No te preocupes si gana el bando de la escasez. No te importe si parecen el tribunal de la Inquisición de la precariedad y la escasez. Puede que descubras que has tenido una familia así, un jefe así, un cónyuge así, etc.

Paso No. 3:

Pídele a tu ayudante que te traiga la lámpara de Aladino. Una vez que la tengas, haz salir de nuevo, al escenario, a cada uno de los miembros de tu familia. Uno por uno, les vas ofreciendo la lámpara de Aladino. Pueden formular un deseo, sólo uno. ¿Qué deseo crees tú que formularían? Cuando todos hayan formulado su deseo, pide que te devuelvan la lámpara.

Paso No. 4:

Toma la lámpara. Pídele al genio de la lámpara que te dé una cajita de polvos mágicos de abundancia. Abre la caja, sopla los polvos sobre el escenario, e imagina cómo toda tu familia se convierte en oro y va vestida de color verde esmeralda. De ahora en adelante, de ahora hacia atrás sólo hay Abundancia absoluta en tu familia y a tu alrededor. Imagínate cómo habría sido tener una infancia así.

Paso No. 5:

Pídele al genio que te otorgue un símbolo, uno que te recuerde que vives en una familia estilo Aladino.

Paso No. 6:

Guarda la lámpara de Aladino en un lugar de tu mente, donde sepas que nunca más te volverás a olvidar de ella. Cada vez que algún miembro de tu familia diga o haga algo en relación a ti, que sea "escaso", llévalo al escenario y pregúntale. Luego tócalo con el polvillo mágico de tu cajita aladina. Y para finalizar, pídele a tu genio particular que eso al llegar a ti se transforme en abundancia.

19

La igualdad de oportunidades: para tener yo no tengo que quitarle a nadie, el Universo es una fuente inagotable y generosa

Muchos creen que para tener hay que quitarle a otro, y no me refiero tan sólo al dinero, sino también a la inteligencia, a la bondad, a la belleza... Algunos no quieren cobrar por su tiempo, o si cobran les parece siempre mucho lo que cobran, y ciertamente tienen una idea errónea acerca del dinero y de sí mismos. De amarse a sí mismos no se menospreciarían, y de enfocar el tema del dinero desde una perspectiva aséptica y energética se darían cuenta de que el dinero no es sino una corriente de energía de las muchas que hay en este planeta:

"El dinero en sí no es ni malo ni bueno, no tiene poder intrínseco. Pero lo que sí lo tiene, es el uso que hagamos de él, y la relación que tengamos con esta corriente de energía llamada dinero".

Mucha gente se enfada si oyen a otro hablar bien acerca de sí mismo, o alabar sus características como si al hacerlo les imposibilitase a ellos poseer lo mismo, es decir, lo igual, que no lo idéntico. Dos personas podemos ser muy inteligentes, y a pesar de poseer ambas inteligencias de igual coeficiente nunca podremos poseer la misma inteligencia, puesto que la de cada uno será única y exclusiva para cada uno de nosotros. Entonces, ¿por qué preocuparse o enfadarse cuando alguien habla de lo inteligente que es? No será que nos hemos creído el cuento de que el Universo es una fuente finita y que esto es como una cesta con fondo y fin, a la cual hay que llegar primero para coger antes de que se acabe...

Pero no sólo es esto, sino que además está la "falsa humildad", que no es sino la clara demostración de lo poco abundante que se es de autoestima y de amor hacia uno mismo. El que yo hable bien de mis ojos, pongamos por caso, no excluye ni invalida el que otro tenga a su vez preciosos ojos, ¡como si tan sólo uno en este mundo pudiese tener ojos bonitos! Si esto sucede en cosas tan aparentemente nimias, ¿qué no sucederá cuando se trata del vil metal llamado dinero?, y es cierto, la humanidad entera ha asistido desde el inicio de los tiempos a la usurpación por parte de unos de los bienes de otros. No es pues de extrañar que tengamos la idea de que "PARA TENER YO, TENGO QUE QUITÁRSELO A OTRO".

Si persistimos en esa idea nunca llegaremos a amarnos en ese sentido pues pensaremos que tal vez tener dinero nos alejará de los seres queridos, o porque los demás llegarán a pensar de mí que soy uno más de esos que "roba", que quita el dinero a otros. Así pues, uno tendrá que haber realizado el ejercicio No. 5 de este manual para tratar de averiguar porqué se empeña en ser escaso en tal o cual cosa.

La falsa humildad consiste en hablar mal de uno mismo porque lo que se busca en verdad es la aprobación de los demás, la validación de nuestra persona por parte de otros, es decir, le hemos dado el poder de nuestras vidas a otros. Yo no me estoy refiriendo con ello a la prepotencia, puesto que la actitud prepotente es la de "Yo soy esto, pero NO los demás", mientras que la de la persona sana con un buen nivel de autoestima que se aprecia y acepta como es dirá: "Yo soy esto y lo otro, y tú también". Sólo el que no se ama a sí mismo se siente amenazado por la presencia de otros, por las cosas o características que otros posean o digan poseer. La persona segura de sí misma, a gusto en su piel no se sentirá jamás amenazada por lo que puedan tener o ser los demás, pues sabe que en este mundo hay para todos y que la suerte no existe. Eso llamado "suerte", es tan sólo una excusa, la coartada perfecta que ha fabricado el ser humano para librarse de la responsabilidad de tener que coger las riendas de su vida y decidir qué tiene y qué no quiere tener. El Universo no es caprichoso, ni selectivo, ni racista, ni tiene preferencias, eso es lo que se cree el ser humano, o lo que quiere creer para así tener aún más tranquila la conciencia: "si el Universo es xenófobo, si es partidista... entonces por qué yo no". A muchos les parece correcto pensar que la vida es dura, y que esto es un campo de batalla donde hay que ir a dentelladas.

Olvidaba que, en esta sociedad actual y llamada moderna, prima mucho el dinero, pero más que el dinero en sí, el uso externo que del mismo se haga, es decir, de la utilidad que se le dé puesto que se le ha conferido el valor de VALORIZAR y EVALUAR al ser humano en función de la cantidad que tenga de dinero. La riqueza material es sinónimo de CALIDAD, mucha gente dice "soy de buena familia, somos ricos", como si el ser pobre de dinero comportase pobreza de todo y en todo. Vamos, es increíble la ceguera que inunda a muchos humanos, como si una persona sin dinero no pudiese ser de buena calidad, o como si el dinero fuese quien en verdad le otorgase la calidad. Lo único, que a mi modo de ver, permite el dinero es hacer toda una serie de cosas que se pueden hacer con determinadas cantidades de dinero, pero todavía no se sabe de nadie a quien el poseer dinero haya hecho feliz, ni le haya dado la iluminación interior, ni la capacidad de amar y de disfrutar de la Vida. Así pues, tal vez deberíamos empezar por valorar lo que tenemos y sentirnos RICOS.

Ejercicio

Parte No. 1:

Toma papel y lápiz. Divide la hoja en dos mitades:

En qué soy rico o abundante	En qué soy escaso
Enumerar aquí	Enumerar aquí

Parte No. 2:

Responde a las siguientes preguntas:

- *¿POR QUÉ CREO QUE SI YO TENGO OTRO/S SE QUEDARÁN SIN? ¿Quién me ha inculcado esa idea?*

Parte No. 3:

Responde a: ¿Qué haría falta para que yo me sintiese bien teniendo lo mío y disfrutando de ello, sin pensar que le estoy quitando a alguien?

Parte No.4:

Responde: ¿Cómo alimento yo la idea de que para tener algo hay que quitárselo a otro? ¿Cómo sería vivir sin esa idea?

Parte No. 5:

¿Qué haría, diría, pensaría, sentiría, si supiese que tengo todo el tiempo y dinero del mundo? ¿Estoy realmente haciendo lo que haría en ese caso? ¿Por qué no lo hago?

Parte No. 6:

Imagina que vives en una tierra, país o lugar donde todo el mundo tiene de todo, ¿qué tendrías tú, qué te gustaría tener de verdad, qué te pide tu corazón?

Parte No. 7:

Diseña el tipo de vida que quieres tener de ahora en adelante. Imagínate en un luqar donde todo el mundo tiene todo lo que desea tener (amor, dulzura, serenidad, casa, comida, espacio vital, tiempo libre, salud, amor, amistad, etc.). Intensifica más y más en ti la sensación que te produce el saber que ese lugar existe de verdad, y que tú vives en él.

Parte No.8:

De ahora en adelante, cada vez que al comprar algo lo pagues, sonríe y da las gracias (hazlo mentalmente), a esa persona que te lo vendió, al que lo fabricó, al que lo embaló, al que lo transportó, al producto en sí por estar en el mundo y satisfacer tus necesidades. Dale las gracias también a las personas que te obsequian con su amistad.

Parte No. 9:

Por último, imagina cómo encima tuyo se abre una compuerta, y comienza a caer en tu vida todo aquello que deseas.

20

Haciendo algo diferente para variar

Sabemos hacer cambios en nuestras vidas. Cambiamos de vestido, de camisa, de zapatos, de coche, de peinado, de lavadora. Dado que sabemos qué hacer cuando el coche ha dejado de gustarnos (lo cambiamos), podemos hacer lo mismo con todas las áreas de nuestras vidas: CAMBIOS (algo diferente).

Si hacemos cambios, lograremos cosas distintas. Si toda la vida hemos tomado galletas y café con leche para desayunar, y un día decidimos pasar a tomar cereales y zumo de naranja, el desayuno nos sabrá diferente. En la vida hay que proceder igual: hay que hacer algo distinto para obtener variedad. Todas las personas que han triunfado, y han conseguido lo que se han propuesto, ha sido porque cuando no les ha gustado algo, o les ha dejado de gustar, se han puesto a hacer cosas diferentes en vez de malgastar su tiempo en quejarse de lo que tenían. La rutina no lleva al progreso.

Incluso aquello que funcionó en su día, llega un momento en que deja de funcionar o de servirnos. Por eso:

- si uno siempre se peina igual,
  siempre tendrá la misma imagen.
- si siempre va al mismo lugar de vacaciones,
  siempre verá las mismas cosas
- si siempre que tiene un examen hace cualquier
  cosa menos estudiar, siempre reprobará...

Seguro que muchas veces en la vida te has dicho "siempre me pasa igual" o "haga lo que haga, nunca varía la historia". Pero... ¿te has parado a pensar alguna vez por qué será que siempre te súcede lo mismo? Las personas, muchas veces, no nos damos cuenta de que hacemos una y otra vez lo mismo. Repetimos una y otra vez las mismas acciones, los mismos gestos, los mismos comportamientos, las mismas conversaciones, etc. Pondré un ejemplo para ilustrar lo que quiero decir:

> Se trata de DETERMINACIÓN. Hay que romper la rutina, dejar de ir todos los días a la misma parada de autobús. Cambiar de parada. Porque sino el mismo resultado será siempre el mismo destino (lo que es igual a rutina).

¿QUIERES SABER CÓMO HACER PARA OBTENER RESULTADOS DIFERENTES?

Muy sencillo: HACER ALGO DIFERENTE PARA VARIAR. Pero, ¿qué es eso de hacer algo diferente? Pues, siguiendo con el ejemplo anterior, significa irse a otra parada de autobús, o tomar el tren, o ir en bicicleta, o...

Las personas de éxito cada vez que no consiguen lo que quieren, hacen algo diferente, pero nunca repiten lo mismo. Pongamos por caso que decide adelgazar. No conseguirá su meta (adelgazar) a menos que haga cambios, por ejemplo: variar los hábitos alimenticios (comer menos o cosas de pocas calorías, etc.), hacer ejercicio, caminar... Si uno se siente insatisfecho en o con su trabajo, ¡ya es hora de hacer cambios! Quizá haya que empezar por estudiar algo nuevo que proporcionará nuevas opciones, o buscar otra empresa, o hablarle al jefe de nuestras inquietudes, o mejorar las relaciones humanas con los compañeros, o...

SI QUEREMOS ALGO DIFERENTE, TENDREMOS QUE HACER ALGO DIFERENTE de lo que veníamos haciendo hasta ahora. Cuentan que el fundador de la empresa HONDA se arruinó 5 veces antes de conseguir lo que quería: crear una empresa de éxito de motocicletas Honda. Lo consiguió, pero a la ¡quinta vez! Cada vez que fracasaba en su objetivo, se preguntaba qué había hecho que No debía, y qué DEBERÍA haber hecho. Nunca, en las cinco ocasiones, hizo lo mismo; fue haciendo cosas diferentes hasta que logró su meta. Además de esto, aprendió de sus "errores", y mantuvo vivo el compromiso consigo mismo de hacer lo que hiciese falta con tal de ver su sueño hecho realidad. Debemos, pues, hacer igual.

Procedimiento:

1. Escribir en un papel QUÉ es lo que se quiere conseguir, o lo que se quiere cambiar en la vida, ya sea esto en el terreno personal, laboral, de pareja, salud, etc.
2. Escribir cómo podría hacerse para conseguir ese cambio que se desea.
3. Poner en marcha la estrategia (lo qué se quiere hacer de diferente), es decir, pasar a la acción.
4. Si se ha conseguido: ¡FELICIDADES! En caso contrario, hay que pensar, hacer lo que el fundador de HONDA: "¿qué hice que no tenía que haber hecho?, y ¿QUÉ TENGO que hacer que no haya hecho?"

5. ¿Qué se puede hacer de diferente esta vez para conseguir lo que se quiere?
6. Volver a intentarlo.
7. ¿Se ha logrado esta vez? Si es afirmativo: ¡ENHORABUENA! Si fue No, hay que repetir el proceso desde el punto 4 al 7 hasta tener ÉXITO.

Si estamos hartos de la rutina. Si la vida que vivimos ya no nos satisface. Si como el señor Honda, estamos dispuestos a hacer lo que sea con tal de lograr hacer realidad nuestro sueño. Entonces: **¡Hay que hacer algo diferente, para variar!** Si Thomas Edison se hubiese conformado con las velas para alumbrarse, o se hubiese rendido al primer fallo (tuvo muchos hasta que consiguió inventar una bombilla eléctrica que funcionase), o hubiese seguido haciendo lo mismo después de cada intento fallido, no existiría la luz eléctrica. Si el señor Honda se hubiese rendido la primera vez que se arruinó, nunca hubiesen existido las motos HONDA.

Ya se sabe: RENOVARSE O... ¡ABURRIRSE!

21

El equipo fantástico

El equipo fantástico no es sino el reunir en equipos diferentes partes de nosotros o recursos, con el fin de hallar soluciones y no quedarnos atascados en el problema. Este ejercicio se basa en el desarrollado por Robert DILTS: "la técnica Walt Disney". Robert ideó este genial ejercicio a partir de su estudio de modelaje de Walt Disney, observando que según quién se presentase a reunión se producía uno u otro resultado. Muchas personas creen carecer de un "Crítico" interior, llamándose a sí mismas "soñadoras", porque al no concluir casi nunca nada de lo que inician o no materializarlo los demás les etiquetan con ese epíteto calificativo: "eres un soñador". Lo que les sucede es, sencillamente, que su Crítico y su Soñador, "no se hablan". Sí, no se hablan entre ellos, quizás se refunfuñan o se insultan, pero no dialogan, no forman equipo, no luchan trabajando por una causa común. Cuando se les enseña a trabajar juntos, la consecuencia es que la persona, como un todo integrado, pasa a poder desarrollar sus proyectos, ponerlos en práctica y concluirlos. Formar equipo, sí. Criticar y/o quejarse, no. Criticar o quejarse de algo no conduce a la solución. La solución reside en averiguar qué le sucede al equipo, quién está al mando, por qué no deja actuar a los demás, y cómo pueden entenderse para crear un equipo o comunidad de trabajo.

Ejercicio

Este ejercicio se basa en juntar en una reunión a varios partes —subpersonalidades— de la persona.

En primer lugar hay que convocar a las tres partes principales, o el "equipo manager", a saber.

- *la CRÍTICA*
- *la SOÑADORA*
- *la REALISTA*

Trataremos de saber cómo se enfoca la escasez en determinadas áreas y/o situaciones de la vida, para a partir de ahí diseñar un plan "creativo" para solucionar este "problema" y alcanzar el objetivo de prosperidad/ crecimiento. Procederemos igual si se trata de un asunto de escasez en alegría, dinero, salud, entusiasmo, creatividad, amor, ilusión, concentración, no uso de determinados recursos...

- **la CRÍTICA:**

¿Quién es, qué función tiene? El Crítico es la parte de nosotros mismos que como su nombre indica se encarga de hacer las "críticas" pertinentes, es decir, poner pretextos, buscarle vueltas a las cosas o a las ideas que tenemos. Si bien, muchas veces resulta que se convierte en un "crítico destructivo", estropeando todos nuestros proyectos o ideas, e impidiéndonos progresar. Es necesario tener un crítico que cuestione las ideas, proyectos, etc., pues sin

esa parte podríamos llegar a embarcarnos en toda suerte de aventuras descabelladas que sólo nos traerían desastres y sufrimientos. Ahora bien, debe estar muy saneado para que dé ideas, depure y equilibre, pero para que destruya todo lo que pase por nuestra "oficina mental".

- *la* SOÑADORA:

¿Quién es? Es nuestra parte creativa, la que imagina y genera soluciones, en suma es "la fábrica de sueños y de milagros" particular de cada uno. Sin una parte soñadora, o con ella bloqueada, no somos capaces de generar nuevas alternativas a los problemas, no podemos hallar soluciones, nuestra vida carece de chispa, de alegría, convirtiéndose en pura rutina. Si bien, un Soñador carente de "Realismo" y de "Criticismo" puede llegar incluso a desembocar, en extremo, en "esquizofrenia" o síntomas de esta patología psicológica, o en una vida "desequilibrada" propia de esas personas con múltiples ideas pero que no llevan ninguna a cabo, que pasan de una situación a otra sin hallar la estabilidad en su vida. Soñar es necesario, pero soñar apoyados en un realismo y en un criticismo. Soñar para dar motor y energía a nuestras vidas. Soñar para crear alternativas diferentes a la "rutina" vital. Soñar para dar con soluciones a problemas cotidianos que de no soñar nunca habría sido posible hallar una solución. Soñar para crear nuevas formas de vida, nuevas alternativas que mejoren nuestras vidas. Soñar para alcanzar la eternidad y traerla a la Tierra aunque sólo sea un instante. Al parecer hay muchas más personas con su parte Soñadora bloqueada que actuando con libertad, no es extraño pues que lleven vidas carentes de abundancia, carentes de prosperidad positiva.

• *la* **REALISTA:**

¿Quién es? Es esa parte estratégica de nosotros que hace realidad nuestros sueños y proyectos; que pone de acuerdo al Crítico y al Soñador que hay en nosotros. Es el organizador, el director, el manager, el productor, el analista. Es esa parte que se encarga de elaborar las estrategias para llevar a cabo los proyectos y conseguir los objetivos (nuestros sueños). Es nuestra parte analítica, estratega, buscadora, mediadora, sin ella podríamos embarcarnos en proyectos donde pasaríamos del pesimismo al optimismo sin ningún contacto con la realidad, es decir, estaríamos funcionando desde la parte Crítica y desde la parte Soñadora, obviando la Realista. Necesitamos adscribirnos a la realidad para poder llevar adelante nuestros proyectos. Necesitamos organizar, desarrollar y evaluar las posibles alternativas para conseguir lo que nos proponemos.

Una vez que se ha trabajado con el "equipo manager" se procederá a convocar a las siguientes subpersonalidades o aspectos de uno mismo:

• *el* **AMOR:**

¿Quién es, qué función tiene? Se trata de nuestra parte más sensible, más vulnerable, más emotiva, y también más inocente y pura. Es esa parte de nosotros que sólo sabe amar no importa lo qué le hagan o nos hagan. Es amor incondicional, lleno de respeto y de perdón. Contempla las situaciones con amor, ternura y sensibilidad. Es libre, respetuosa, dulce e interdependiente.

• *la* **LIBERTAD**

¿Quién es, qué función tiene? Se trata de nuestra parte que se dedica a ser quién es, a mostrarlo a los demás.

Es libre, auténtica. Carece de ataduras, vuela por la vida libre, expresándose siempre a su aire en cada momento y en cada situación, ya sea ésta de trabajo, relaciones, estudios, comida, creatividad, danza, dibujo, etc. Tiene alas para volar por el mundo a su aire. Es independiente y le gusta hacer las cosas a su manera, no como quieren las demás que las haga. Está repleta de vida, es enérgica y valiente, por algo es ella misma de forma genuina.

• la BUENA

¿Quién es, qué función tiene? Se trata de esa parte de nosotros que quiere que los demás la quieran, por ello hace lo que hace por complacer a los demás y no porque le apetezca hacer algo. Actúa condicionada por el qué pensarán o dirán de ella, por eso no tiene en cuenta lo que ella quiere ni lo que desea: sus propios sentimientos no cuentan. Evidentemente es una "dependiente" insana, pues cree que al actuar así los demás le darán amor, la querrán, da para recibir, pero no da con libertad e incondicionalidad, sino que da para recibir algo a cambio, aunque sea aprobación.

• la DECEPCIÓN

¿Quién es, qué función tiene? Es esa parte de nosotros que se siente traicionada porque los sueños no se han cumplido. No es una luchadora, sino una resignada, que prefiere quejarse de su mala suerte antes que reaccionar. Es triste, falta de energía, y está enfadada. Siente que le han contado mentiras. Echa la culpa a alguien del equipo por no apoyar a "Soñadora" para que pueda hacer sus sueños realidad. Es una "reactive", es decir, reacciona

ante las circunstancias pero no hace nada por cambiarlas, no pone en marcha ningún plan alternativo, en su lugar se dedica a lamentarse.

- *la* **RABIA**

¿Quién es, qué función tiene? Se trata de esa parte que se siente rabiosa, enfadada y decepcionada porque no ha podido conseguir algo. Su actitud es de "reactive", es decir, reacciona frente a los acontecimientos pero no hace nada alternativo excepto enrabiarse. Suele tener un comportamiento cerrado, negativo, culpabiliza a otros de su situación, se revuelve sobre sí misma. Ahora bien, su intención positiva es la de tratar de llamar la atención sobre algo que no estamos haciendo: no reaccionamos de forma sana frente a una situación, nos estamos olvidando de nosotros mismos en algún aspecto.

- *la* **FRUSTRACIÓN**

¿Quién es, qué función tiene? Más allá de la Rabia, está la Frustración. Ésta es profunda, negativa. Es esa parte de nosotros que se siente profundamente decepcionada. Se revuelve contra sí misma, por lo que acaba por socavar la autoestima de uno mismo. Se pregunta ¿"por qué a mí"? todo el rato, si bien lo acompaña de pensamientos desvalorizadores. Se centra en el acontecimiento de forma negativa, no es capaz de ver nada positivo en ello. Gira y se cierra sobre sí misma, aumentando la sensación de desastre y de fracaso.

- *la* **ASERTIVA**

¿Quién es, qué función tiene? Se trata de nuestra parte sana, adulta, respetuosa y valiente. Es la que considera

que tenemos derechos: derecho a decir no, a ser felices, a ser respetados, a ser libres, a no ser pisoteados, etc. Es amorosa, valiente, y sabe que lo mismo que ella es digna de respeto y tiene sentimientos, así los tiene la otra parte. Su filosofía es: "yo gano, tú ganas". Sencilla, sensible, valiente. Mira a los ojos del otro con serenidad. Sabe que la verdad prevalece. Sabe que uno tiene sus derechos, y que es digno de amor y de respeto: "podrás no estar de acuerdo conmigo, pero al menos, respétame. Respeta mis ideas, mi forma de ser, etc..." Es muy sana, "proactiva" e interdependiente.

• *el* CORAJE

¿Quién es, qué función tiene? Se trata de esa parte que pone en marcha el comportamiento "proactivo", es decir, es ese recurso que nos hace ir hacia adelante en una situación dada, que hace que no nos rindamos ante nada y que plantemos cara a cualquier situación. Es esa parte de nosotros que al confiar en que dentro de uno residen todos los recursos, opta por "luchar" y no por rendirse ante algo. Es fuerte, serena, llena de energía y de fuerza, a la par que robusta y optimista.

Proceso para dirigir la reunión:

1. *Colocar en el suelo tres hojas. En una se escribirá la palabra "CRÍTICA", en otra la palabra "SOÑADORA", y en otra la palabra "REALISTA".*

2. *Debe decidirse la colocación espacial (en el suelo) de las 3 hojas/roles. La colocación tanto en lo referente a ordenación (cómo se ordenan los tres) y lejanía o proximidad ubicacional entre sí y respecto del alumno,*

es algo a decidir por la persona que está realizando el ejercicio, esto debe ser espontáneo.

3. *Una vez colocadas en el suelo se procederá a realizar el ejercicio.*

   3.1. *Sitúese encima del "CRÍTICO", y desde ahí háblele al "Soñador". Dígale lo que quiera decirle siendo el Crítico. Una vez hecho, vaya al "SOÑADOR", y desde ahí pregúntese si lo ha entendido, siendo el Soñador. Sí lo ha entendido dígase "SÍ", y proceda a responderle al "Crítico", si no lo entendió diga "NO", y vuelva a la posición "CRÍTICO". Repita, desde ahí, el mensaje al "Soñador". Vaya del "Crítico" al "Soñador" hasta que esas partes hayan comprendido lo que dice cada una de ellas.*

   3.2. *Cuando el Soñador haya entendido el mensaje y le haya replicado al Crítico, diríjase desde el "Crítico" al "Realista", dígale lo que le tenga que decir.*

   3.3. *Pase a la posición "REALISTA", sitúese encima del papel, y desde ahí compruebe que Realista entendió lo que le dijo el Crítico. Si no lo entendió diga "NO", vuelva a la posición "Crítico" y repita el mensaje. Regrese de nuevo al Realista y compruebe que esta vez entendió el mensaje. Si lo entendió pase al punto siguiente.*

   3.4. *El REALISTA es el estratega del grupo, esa parte de nosotros mismos que diseña el cómo conseguir u obtener lo que queremos. Diga lo que tenga que decir siendo su parte Realista, y dígaselo tanto al Crítico como al Soñador. Cada vez que se dirija a una de esas partes, trasládese a ella y compruebe desde ahí que esa parte comprendió el mensaje.*

4. *Una vez que haya completado el diálogo-reunión entre estas 3 partes, proceda a colocar las otras espacialmente en relación a éstas, una vez ha concluido la primera fase de reunión con CRÍTICA, SOÑADORA y REALISTA, vamos a ver qué quieren decir las otras partes, si es que tienen algo que decir.*

5. *Cuando haya completado el diálogo-reunión entre todas las partes, proceda a colocarlas espacialmente de nuevo. A buen seguro que la colocación espacial (distancia y ubicación con respecto a ellos) ha sufrido un cambio dramático cuando no considerable.*

6. *Desde esa nueva situación (¿quién está al lado de quién y cómo?), haga la segunda parte de la reunión que consiste en "idear" el plan a equipo completo (Crítico + Soñador + Realista + resto subpersonalidades) para alcanzar el objetivo propuesto.*

7. *Fin del ejercicio. Puede repetirlo las veces que crea necesarias. Cuántas más repeticiones, más experiencia tendrá, más habilidoso será y más fuerte será la nueva programación positiva en su subconsciente.*

22

Cómo sacar provecho de todo tipo de situaciones

REENCUADRAR:

Todo es posible si sabemos darle la vuelta a las situaciones. Existen personas que son BUSCA SOLUCIONES, que no se arredran ante nada en la vida, saben que existe una solución para todo y centran sus esfuerzos en hallar esa solución. Esas personas, lo sepan o no, practican el reencuadre de las situaciones, que literalmente vendría a ser: cambiarle el marco a la situación, darle la vuelta.

Mi abuela María Roseta solía decir: "para todo hay solución." Y añadía: "menos para la muerte". Mi abuela era una maestra, sin saberlo, en el arte del REENCUADRE. Pero reencuadrar o volver a encuadrar no tiene nada que ver con los marcos de los cuadros y sí de las situaciones. Se trata, ni más ni menos que DE DARLE LA VUELTA A LAS SITUACIONES. De buscar la parte positiva. De aprender de cada cosa que nos sucede. De buscar el qué podemos hacer para solucionar lo que sea en vez de malgastar nuestro tiempo y nuestras energías en lamentarnos del supuesto "error". Reencuadrar es preguntarse: ¿cómo puedo darle la vuelta a esto?

¿Cómo puedo hacer para solucionarlo? Las personas que salen de todas las que se les presentan suelen dominar muy bien este arte del reencuadre.

Reencuadrar: ¿Cómo se consigue ser un maestro del reencuadre?

1. NO OLVIDE CONTAR: Para empezar cuente hasta cien cuando se encuentre ante un supuesto problema, fracaso o error. No se olvide de contar hasta que se calme. Antes que nada hay que rebajar el estado de ansiedad.

2. NO SE MORTIFIQUE: Piense que "a lo hecho, pecho". Esto quiere decir que se centre en pensar qué puede hacer y no en buscar culpables, o en lamentarse de que se podría haber hecho esto o aquello. Ya está hecho y lo mejor que puede hacer ahora es APRENDER de su error y buscar una solución, la mejor.

3. SEA CREATIVO: conecte con su parte creativa, es la parte de usted que le ayuda a encontrar soluciones. Esto se logra dirigiendo los ojos arriba hacia la derecha (y hacia la izquierda si es zurdo o genéticamente —de origen— vasco). Además: levante la barbilla, ponga la espalda recta (sentado o de pie), ponga la columna en su sitio, y abra los brazos, extiéndalos y las palmas de las manos deben estar dirigidas hacia arriba. Las personas cuando están en fase de "inspiración o creativa",

están como perdidos, mirando las musarañas, con la espalda, y todo su cuerpo estirado hacia el cielo.

4. USE LA LÓGICA PARA VARIAR. Ahora necesitará conectar con su parte CRÍTICA. Le será de gran ayuda para evaluar, sopesar y considerar si las ideas que le ha sugerido su parte creativa son válidas, viables y son las adecuadas. La mayoría de las personas tienen mucha práctica en este estado, ya que es el habitual aunque en negativo: criticamos todo lo que se nos pone por delante. Pero ahora le voy a pedir que critique pero constructivamente, es decir, poniendo los pros y los contras a las ideas/solución de la parte creativa. Para conectar con esta parte, póngase a pensar en un momento que habló de algo que no le gustaba y le estaba poniendo pretextos. PÁRESE. Fíjese en qué postura corporal tiene: cómo están sus brazos, sus piernas, su barbilla y el resto de su cabeza, su tronco. Por regla general, las personas miramos arriba a la izquierda, cruzamos los brazos y a veces, también las piernas, y nos ponemos bastante tensos.

5. SEA PRÁCTICO. Pero además de la parte CRÍTICA y de la CREATIVA, necesitará también de otra para hacer un buen trabajo y convertirse en una experta o experto del reencuadre. Necesita ser PRÁCTICA/O, ¿Qué es eso? Ser práctico consiste en decidir qué solución de las que propone la parte CREATIVA es la mejor, teniendo en cuenta los comentarios que ha hecho la parte CRÍTICA. De ahí nacerá la mejor de las soluciones.

6. CONFÍE: recuerde que si otro puede hacerlo, usted también. Recuerde que es un ser humano maravilloso, que toda la información que necesita para manejarse en

la Vida está dentro de usted; la sabiduría o inteligencia natural en nada tiene que ver con la académica (mi abuela nunca fue a la escuela y era una mujer muy sabia). Pase lo que pase, usted siempre lo hará lo mejor que sabe, estará dando lo mejor de sí misma y de sí mismo. La experiencia la adquirimos a base de ensayos, errores y aciertos.

7. SALTE AL RUEDO, es decir, ponga en práctica la solución. Y siga aprendiendo de usted y de sus cosas.

Al principio, hacer todo esto requiere su completa atención, por eso le sugiero que practique a solas en su casa al menos 10 veces antes de hacerlo en el trabajo. Si aprendió a conducir, acuérdese de cómo tenía que pensar en cada cosa antes de hacerla, y cómo después de un tiempo de práctica se olvidó de todo eso y ahora es todo un proceso automático. Si no tiene carnet de conducir, ese proceso es el mismo que cuando aprendió a coser, o a cocinar, o a pintar, o a leer, o a hacer cualquier otra cosa: al principio requería mucho su atención, y ahora es automático, es decir, ni se fija en lo que hace. Lo hace y punto. Pues con esto de aprender a REENCUADRAR las situaciones que se nos presentan en la vida cotidiana de cada día, es exactamente lo mismo: al principio parece que cuesta, pero una vez aprendido nos facilita mucho la vida. Lo que no hacen es lamentarse o culpabilizarse de que podrían haber hecho esto o aquello. Mi abuela solía decir también: "nadie nace enseñado", y añadía: "si hubieses sabido lo que sabes ahora, eso no te habría pasado. Pero eso, lo sabes ahora. Por lo tanto, aprende para la próxima vez". Reencuadrar es buscar la parte positiva en toda situación, y eso ayuda mucho a hallar una solución y a adquirir "cultura vital" o "sabiduría".

SE ACABARON LOS FRACASOS VITALES. ¡BIENVENIDOS LOS RESULTADOS!

Hemos aprendido que toda vez que no logramos algo que queríamos, hemos FRACASADO. Llamamos "fracaso" a todo aquello que no sale como deseábamos o esperábamos. La gente dice que un matrimonio fracasa cuando deciden separarse, o que se equivocaron cuando han hecho algo y no les "ha salido bien", o cuando se compraron una cosa y pasado cierto tiempo dejó de gustarles. Se nos enseña a pensar en términos de fracasos y de éxitos, pero no de RESULTADOS.

En verdad, cada vez que hacemos algo obtenemos un resultado. Lo que hacemos (acción) se convierte en algo (resultado). Las acciones son como experimentos en el gran laboratorio que es la Vida, toda ella es un continuo experimento: a veces nos encanta el resultado y en cambio otras, lo aborrecemos. Todo es una continua oportunidad de aprendizaje.

Si usted piensa en las cosas que hace como en experimentos, se librará, para empezar, de la ansiedad que acompaña a todo proceso vital. Usted, nunca fracasa cuando no obtiene algo que deseaba. Usted tan sólo ha obtenido un resultado diferente al que esperaba. Los resultados nos permiten aprender de ellos, en cambio los fracasos nos bloquean y nos dejan sin esperanza alguna en el corazón. Uno suele sentirse triste cuando piensa que ha fracasado, pero no cuando experimenta o prueba.

¿Se acuerda de cuando era pequeño y experimentaba con todo? Imagínese a un niño pequeño que está aprendiendo a caminar, ¿cree usted que conseguiría algún día ponerse de pie si cuando se cae, en su intento de aprender a andar, se lo toma como un fracaso? Seguro que no. Los niños experimentan, en su proceso de aprender cualquier cosa, así de sencillo. Ellos consideran que los resultados de sus experimentos son información, no fracasos. Pero se trata de una información de la cual aprenderán: hacen algo diferente (rectifican) de lo que hicieron, y lo vuelven a intentar hasta que consiguen lo que quieren (ÉXITO).

Vuelva a conectar con la sabiduría natural que tenía cuando niño, pase a considerar todo lo que hace como EXPERIMENTOS y todo lo que obtiene como RESULTADOS, y se verá libre de la ansiedad que producen los tan "temidos fracasos". Lo que hacen los niños se llama: E.P.E.P.É (Ensayo Prueba Ensayo Prueba ÉXITO: ¡Lo logré!). Ya sabe: cuando algo no le guste, haga algo diferente hasta lograr lo que quiere, (haga E.P.E.P.És). Y, como los niños, diga adiós a los fracasos vitales y dele la bienvenida a los resultados.

LA PRÁCTICA DEL REENCUADRE SOMÁTICO

Judy DeLozier (escritora —autora de varios libros importantes de PNL—, antropóloga, además de socia y colaboradora de Robert Dilts en la NPL University) diseñó una metodología sencilla y fantástica para entrar en contacto con el "somatic syntax", es el S.C.O.R.E bailado: mediante la creación de unos pasos de baile, que más tarde al unirlos crearán una danza, se pretende poner en contacto al alumno con la parte somático-emocional del tema elegido para trabajar-bailar. Los pasos de baile se crearán para las etapas siguientes:

1o. CAUSAS
2o. SÍNTOMAS
3o. RESULTADOS (Outcome)
4o. EFECTOS
5o. RECURSOS (será el último paso a crear y a añadir a la danza)

Ejercicio

Procedimiento:

Ponga la música que más le guste para este ejercicio. En vez de hablar, creará un baile, no importa si usted sabe bailar o no. Para este ejercicio puede vestirse como le plazca. Puede incluso, diseñar su propio traje de "danza de la abundancia". Deje volar la imaginación y disfrute del baile. Los pies deberán estar encima de cada papel cuando se ejecute el paso de baile creado para ese apartado, es decir, uno debe colocarse espacialmente encima (es el punto de referencia).

En una primera parte, se bailará en primer lugar los SÍNTOMAS, lo más aparente, lo que le sucede (todo "problema" tiene unos síntomas exteriores y/o interiores). A continuación, creará un paso de baile para LO QUE LE GUSTARÍA O COMO LE GUSTARÍA QUE FUESE (el resultado). De ahí pasa a los EFECTOS que produciría en su vida el que las cosas estuviesen como a usted le apetece que estén. Repase los pasos que ha creado.

En una segunda parte, comience esta vez por las "CAUSAS" (lo que lo ha originado) del tema que haya escogido para trabajar. A continuación, sitúese en los "Síntomas" (repita aquí el paseo que creó anteriormente). Luego vaya a los Resultados y después a Efectos. Repita de nuevo desde el inicio todos los pasos. Enlácelos. Repita esto al menos 3 veces.

Ahora, piense qué hay en usted, cómo podría hacer para pasar de la situación que no desea (Causa y Síntoma) a la que desea (Resultado y Efecto). Son sus recursos. Cree un paso de baile que los defina. Una vez que lo tenga, incorpórelo a los otros pasos, y ahora enlace todos los pasos: Causa-Síntoma-Recurso-Resultado-Efecto.

TEATRO:

Una vez terminada la danza, imagine que es usted un bailarín, o bailarina, famoso. Póngale título o nombre a su danza. Véase a sí mismo en un gran cartel anunciador junto con el título de la danza que ha creado.

23

Aerobic mental

En este ejercicio aprenderemos a hacer ejercicio mental para desentumecer los músculos mentales, flexibilizar las neuronas, estirar los nervios y tonificar la materia gris.

Ejercicio

Procedimiento

Paso No. 1:

Siéntate cómodamente en una silla de respaldo vertical, o en una de tijera (ergonómica). Cierra los ojos, y relaja tu respiración.

Paso No. 2:

Imagina que estás en un gimnasio. Llevas ropa comoda para hacer ejercicio, puesto que hoy hay clase de "aerobics". Escoge la música que desees. Imagina que tus ideas sobre la escasez y la abundancia son tu cuerpo físico. Dicho cuerpo está entumecido, en baja forma pues no lo has entrenado en mucho tiempo, no le has hecho ningún caso *ni prestado ninguna atención en los últimos tiempos; así pues tiene una capa de grasa que es tu "armadura"* de escasez (deshechos que el cuerpo no ha eliminado) formada por tus ideas sobre el tema que nos ocupa.*

** **NOTAS:** Puedes escoger entre imaginar;*

a) que te recubre una capa de grasa-escasez.

b) que te recubre y/o encierra una armadura (como la que llevaban los caballeros de la Edad Media para ir a las Cruzadas).

Coloca en el rol de instructor a una persona que admires, bien por su capacidad de generar abundancia, bien por su capacidad de tolerancia y/o flexibilidad, inteligencia, etc. La música comienza a sonar. El instructor comienza a estirar los brazos, los levanta, los gira hacia dentro y hacia afuera. Mueve las piernas, y baila mentalmente al son de la música que has escogido. A medida que bailas más y más, notas como la capa de grasa-ESCASEZ va disminuyendo. Sigue bailando, sigue bailando...

Después de un rato de bailar, la capa de grasa ha desaparecido. Hemos quemado la escasez, y reluce nuestro maravilloso cuerpo de nuevo.

Tienes que "bailar" en tu imaginación hasta que esa capa de escasez, que recubría tu cuerpo al iniciar la sesión de aerobics, se haya disuelto y desaparecido por completo.

Paso No. 3:

Ahora vamos a tonificar los músculos de la ABUNDANCIA que hay en nuestros brazos, ello desembocará en un mayor aprovechamiento de nuestra materia gris: capacidad creativa, análisis, capacidad de diseñar estrategias para conseguir alcanzar aquello que nos propongamos, etc. Vamos a fortalecer nuestra capacidad para recibir, acoger, acunar, fructificar y repartir la Abundancia que recorre la Tierra, siempre viva y disponible para todo aquél que la quiera "amar" (sinónimo de "tomar, disfrutar, repartir y/o compartir").

Para ello, agarraremos pesas, una en cada mano, y flexionando el brazo por el codo acercaremos la mano+pesa al hombro, haremos esto varias veces, y al hacerlo notaremos y veremos como los músculos voluntariosos+tomadores de la abundancia, que forman los brazos, se van fortaleciendo, se desarrollan hasta tener un volumen maravilloso, y una fuerza extraordinaria.

Los brazos agarran, abrazan, acunan, reparten y comparten. Unos brazos fuertes permiten abrazar a la vida con mayor intensidad que unos brazos débiles. Es más, a unos brazos fuertes suelen ir unidos unas manos seguras y decididas, conectados ambos por unas muñecas flexibles y poderosas.

Nuestras manos nos proporcionan clara información sobre nuestra forma de relacionamos con la vida. Así unas manos fuertes, grandes y abiertas nos hablan de una persona generosa, alegre, abundante, fuerte y valerosa (sin miedo a la Vida ni a nada). Por el contrario, unas manos pequeñas nos indican que su portador es por lo general una persona poco generosa consigo mismo y/o temerosa de "tomar" las experiencias que la Vida le ofrece generosa y módicamente por lo qué pueda suceder... no vaya a ser que no le guste lo que ha escogido, si bien nunca diría "escogido" sino "lo que me ha TOCADO".

Los manos de una persona temerosa, que necesita controlar todo y a todos, debido quizás al miedo interior generado a partir de una idea de desvalorización de sí misma, presentarán una rigidez y tensión que las harán aparecer como "garras" ante los ojos de los demás antes que como manos; cuando no mostrarán con la edad, por aquello de la cristalización en la parte física, de los pensamientos reiterados a los largo de los años, la "historia" y personalidad de su portador.

Paso No. 4:

Vamos ahora a fortalecer los músculos de la VOLUNTAD+DIRECCIÓN que toma la abundancia, para ello deberemos ejercitar los músculos de nuestras piernas (las piernas nos llevan en la vida). Saldremos, mentalmente hablando, a una pista de atletismo cubierta que hay en el gimnasio, y correremos saltando de vez en cuando uno que otro obstáculo. Daremos al menos 10 vueltas al circuito. Al finalizar sentiremos lo poderosas que son nuestras piernas, y los músculos tan fuertes que tienen.

***Las piernas** marcan el camino en la Vida. Nos llevan a todas partes, por ello cuando la persona necesita "pararse" a evaluar algo todavía pendiente en su vida, los piernas se duelen, es decir, tratan de comunicar a su portador mediante ligeras molestias al principio y dolor después, aquello que debería aprender y/o modificar en su vida. Las molestias iniciales indican que deberíamos aminorar el paso para reconsiderar alguna situación todavía pendiente de resolución en nuestra "agenda vital"; si hacemos caso omiso de estos primeros y tímidos avisos, el dolor irá en aumento hasta dar lugar a algún tipo de "accidente" fortuito y casual tal como: golpes, roturas de huesos y/o ligamentos, tropiezos, fisuras, etc., que nos obligarán a pararnos.*

Muchas personas creen que una rotura es algo proveniente del exterior, cuando en realidad se trata de algo que está dentro de sí mismos y que busca la congruencia y reflejo en el exterior, cosa harto difícil de aceptar por la mayoría de la gente. Uno es responsable de sus actos, pensamientos, deseos y sentimientos, todos ellos conforman una realidad interior que tiene su reflejo en el exterior. Ya lo mencionó hace tiempo Wayne Dyer, famoso escritor y psicólogo americano: "What you think about, is what you expand" ("Lo que piensas es lo que emanas. Así piensas, así eres"). También opina que "cuando uno crea que algo es posible, lo verá ("You will see it, when you will believe it"), pero no al revés.

Unas piernas esbeltas, robustas, fuertes, firmes, que caminan con paso decidido, nos hablan de una persona que es dueña de su destino, práctica, arraigada en la realidad y decidida. Por el contrario, unas piernas flojas, débiles, hinchadas y torpes nos hablarán de que la actitud de su dueña o dueño es temerosa, dependiente, que no sabe, no quiere o no acierta a deshacerse de cosas, ideas, etc., es decir, acumula aquello que ya no le hace falta, y de ahí que al no desprenderse de los deshechos etéricos, se le hinchen los piernas, señalando con ello lo que está sucediendo en su mente y en su corazón. En sentido metafórico diré que como la comida, las experiencias vitales deben ser bien masticadas, digeridas en el estómago y una vez aprovechada su energía, se debe "dar" permiso a los intestinos para que se deshagan de lo sobrante, es decir, los deshechos tal y como los elimina el cuerpo físico, ya sea en forma de orina, sudor o heces. Cuando no se "elimina" el sobrante, el deshecho de las experiencias de la vida, se acumula en algún lugar del cuerpo (hinchazón de vientre, piernas pesadas y/o hinchadas, etc.).

Deja circular la vida por tu vida.
Circula aire fresco por tus venas, por tus pensamientos, ¡airéate todos los días un poco!
¡Libérate de todo aquello que ya no te sirve más para tu aprendizaje vital!

Todas las piernas son bonitas puesto que la belleza viene de adentro. Toda persona que haga ejercicio físico regular combinado con una dieta mental ligera acompañada de liberación de deshechos, a buen seguro que poseerá unas piernas fuertes, ágiles, bien moldeadas, y que pisan fuerte. Observe sus piernas y las de los demás.

Cuide sus rodillas igualmente. Para hacerlo sólo tiene que aceptar, rendirse ante la vida, y perdonarse a sí mismo y a los demás. Haga esto y sus dolores, en caso de que los tenga, se esfumarán como por arte de magia, y así será.

Paso No. 5:

Ahora toca clase de estiramiento. Tus músculos necesitan resistencia y tono, pero también elasticidad. Imaginarás que en esta clase de "estiramiento," vas a estirar tus ideas acerca de la escasez y la abundancia, haciéndolas más flexibles, ampliando su alcance. Vas a estirar las neuronas, los nervios, tu marco de acción, etc.

Haz sonar en tu mente una música suave, relajante, de "nueva era", barroca, o la que prefieras. Estira los brazos hacia el cielo, ábrete a la abundancia. Separa las piernas, dirige los brazos hacia el suelo, dóblate por la cintura hasta que tus manos toquen el suelo. Vuelve a la posición original. Haz esto varias veces.

A continuación, siéntate en el suelo, y visualízate a ti mismo haciendo el "espagat", es decir, una pierna delante y otra detrás pegadas al suelo, mientras tu pelvis toca el suelo también. Es lo que habrás visto hacer a las bailarinas de ballet infinidad de veces, y a las gimnastas. Vuelve a la posición original. Repítelo al menos 3 veces.

Después, en posición erecta, es decir, estando de pie, estira un brazo al frente mientras estiras la pierna contraria hacia atrás, al tiempo que te doblas por la cintura para poder hacer esto. La figura que adoptará tu cuerpo lateralmente, será de una "T". Este ejercicio es buenísimo para el "equilibrio mental", puesto que tu cuerpo físico en tu mente es pura metáfora viviente; por consiguiente el equilibrio físico que se obtiene haciendo este ejercicio físicamente, se traduce por fuerza en equilibrio mental en tu ejercicio de visualización creativa.

Vuelve a la posición inicial, y ahora hazlo con la otra pierna y el otro brazo.

El que se proponga un ejercicio de estiramiento tiene su explicación en que un cuerpo flexible y elástico es la evidencia palpable del tipo de pensamientos que alberga la persona en su interior. Cuanto más ejercite su cuerpo en la flexibilidad y la elasticidad, más señales se mandan al cerebro para que éste fabrique pensamientos abiertos que consideren otras opciones propias y ajenas, que barajen otras alternativas, y viceversa. Una persona con mentalidad abierta que acepte otras opciones, que respete las opiniones de los demás aunque no las comparta, reflejará en su cuerpo el tipo de mentalidad abierta que posee.

Considero oportuno comentar que, como en todo, hay extremos y la persona excesivamente tolerante que no pone límites a los demás, podrá realizar un ejercicio físico que consiste en inclinarse y tocar el suelo con las palmas de las manos sin necesidad de practicar diariamente dicho ejercicio. Si bien, en el extremo de la inflexibilidad podría estar esa persona incapaz de doblarse o de doblegarse, cuyo cuerpo estará rígido, tenso y dolorido, acusando o reflejando dicha forma de pensar en las articulaciones (dolores, molestias, fracturas, contracturas, etc.), en la nuca (tensión muscular), en la espalda, hombros, rodillas, codos, muñecas, tobillos, etc. Puede que tenga elasticidad física en caso de practicar ejercicio, pero la intolerancia, la inflexibilidad y la rigidez de puntos de miras acaba plasmándose siempre en alguna parte del cuerpo físico.

Muchas personas culpan a la climatología del dolor en sus articulaciones: "va a llover porque me duelen los huesos", dicen. Todos hemos oído alguna que otra vez que cuando cambia el tiempo la gente con roturas recientes o viejas se quejan de molestias. No comparto la idea de que el causante sea el tiempo, más bien lo que debe suceder es que se agudiza la respuesta del cuerpo físico en las zonas más sensibilizadas y por ello más receptivas a los cambios energéticos que se dan en el planeta Tierra, poniendo de manifiesto, de forma ostentosa, lo que es una realidad interior diaria en personas con dichas actitudes.

Uno puede seguir optando por tomar medicamentos alopáticos, es decir, químicos, que "acallen" los síntomas, que silencien el proceso o respuesta química del cuerpo físico. Sin embargo, hasta que no se trate la Causa no se podrá producir la sanación, por lo que los síntomas se eliminarán tan sólo temporalmente, repitiéndose el cuadro clínico, cuando no empeorando, una y otra vez hasta que la persona opte por buscar la causa, hallarla y repararla dejando de "jugar" a tratar el efecto.

Paso No. 6:

Nos tumbamos en el suelo, mentalmente hablando, nos dejamos llevar por la música suave. Ahora que nos hemos deshecho de la capa de grasa, que hemos fortalecido nuestros músculos para "agarrar" a la abundancia, tonificado nuestro cuerpo mental y flexibilizado nuestras neuronas e ideas sobre la escasez y la abundancia, estamos listos para proceder a los siguientes ejercicios.

Tercera Parte

El poder de la emoción

24

El poder de la emoción... interdependiente

Emociones que engrandecen la vida y hacen de esta experiencia vital un viaje único por el universo del aprendizaje y la maduración existencial. Emociones que encadenan al yugo eterno de la ansiedad, la depresión, la desesperación, la desvalorización, la adicción,la degradación, la... Emociones que dan alas y nos sanan de males pasados y por acontecer. Emociones.

Las emociones no son en sí mismas sabias, lerdas, tontas, inteligentes, listas... Es la creencia que las acompaña la que determina su naturaleza. Siendo éstas —las creencias— las que se tienen acerca de la vida, de uno mismo, de otra persona, etc. Emociones y creencias se juntan, se amalgaman creando una sinergia que puede llegar a ser destructiva si no se ha dado una depuración previa, y un posterior análisis de las actitudes, comportamientos y capacidades, sin hablar de la identidad. Siendo esta última una de las poderosas e influyentes de todas las variables que convergen en la expresión final de la emoción. Hay quien se considera a sí mismo "cariñoso", "emotivo", "emocional", "tierno", "bruto", "seco"... quedándose fijo en uno de estos polos sin poder, por ello, disfrutar de la variedad de estados emocionales y diversos, incluso de los opuestos (tan necesarios en mucha ocasiones).

Para ilustrar esto último citaré el caso de una alumna mía —a la que llamaré Debbie—, con la que estuve trabajando en cierta ocasión, lo que en PNL se conoce como "Colliding beliefs": creencias que chocan entre sí. Esta mujer tenía un cierto conflicto interior en cuanto a mostrar todo el rato su lado "ángel", ya que la muestra de éste le acarreaba que muchas personas proyectasen en ella sus estados y sus necesidades, lo cual devenía en una demanda tremenda de atención por parte de ella hacia ellos, los demandantes. Todo esto provocaba en Debbie una suerte de incomodidad interior que muchas veces se manifestaba en una cierta antipatía exterior y en algo parecido a, en lenguaje coloquial: "bordez". Debbie, no quería sentirse incómoda, ni responder de forma tan poco asertiva e insana para todas las partes implicadas. Trabajando hallamos que la parte "ángel" entraba en colisión con la parte "demonio" (su opuesto), éste dijo que su intención positiva era librarla de los "ataques vampirescos" de los demás ya que le restaban fuerzas y energía. Ambas partes comenzaron a dialogar, y "demonio" le dijo a "ángel" estoy aquí para protegerte, haz el favor de dejarme estar. "Ángel" entendió que esa otra parte, era su complementario, que no había ninguna necesidad de entrar en conflicto sino de "colaborar". El resultado final fue una metáfora de "un ángel con alas de ángel, cola de demonio y tridente de demonio en una mano" (el dibujo era, además de gracioso, muy ilustrativo y sanador de la herida que había provocado la colisión entre ambos). Sencillamente fue un trabajo magnífico.

Las emociones que pertenecían a "ángel" antes del ejercicio de PNL, eran catalogadas por Debbie de "maravillosas, enaltecedoras, etc.", y las que le provocaba "demonio" (al cual desconocía, no sabiendo de su existencia), le incomodaban muchísimo. Una vez integradas ambas partes, el conflicto emotivo que en Debbie provocaba la no integración sinergética de estas dos subpersonalidades o aspectos de sí misma, desapareció dejando en su lugar una creencia mucho más sana y realista acerca de sí misma (eran los dos, y estaba encantada pues ahora podía disfrutar de ambos al mismo tiempo y ser un "ángel-demonio", mucho más divertido que sólo el "ángel"), así como una gama de emociones más rica y diversa, sin hablar de la mejora que sufrió su nivel de identidad, pues se había iluminado al resolver el conflicto que existía en su interior (ahora no era dos opuestos sino uno en sinergia). Su autoestima se vio reforzada al sentirse mejor, con más y mejores recursos para afrontar situaciones de demanda excesiva por parte de otras personas. Esto además, enriqueció su autovaloración, pues ahora sabía más formas de decir "No", y de poner los límites a otros seres humanos.

El caso que acabo de relatar se refería más bien a un área intrínseca, es decir, al campo personal del sí mismo. Por eso ahora pasaré a hablar de lo "extrínseco", es decir, de lo exterior al ser humano, a esa área en la cual se relaciona con otros. En el terreno sentimental es donde más gama de emociones desvalorizadas se dan. ¿Por qué? Por la sencilla razón de que individuos no completos se relacionan con individuos a su vez también incompletos. Los completos son esos a los que, algunos, les echan en cara que no necesitan que nadie les ame. Nada más lejos de la realidad. Les encanta que les amen, necesitan del amor, ser amados, pero POR SÍ MISMOS. Ellos son su propia fuente de amor, de ahí que no tienen miedo a "perder" a nadie, pues saben que teniéndose a sí mismos, tienen toda la gente maravillosa que deseen en su vida. Esos individuos son los interdependientes del planeta, y gozan de emociones interdependientes. ¿Qué es eso?, se cuestionarán ustedes. Ni más ni menos que ser el primero en la lista de prioridades amorosas, en la escala de valores vitales, el número uno en su corazón. Estas personas saben que "el amor" es una emoción que está en la cabeza. Sí, en la cabeza. La emoción interdependiente está en la cabeza del corazón, por eso aman con una calidad de amor no comparable a ninguna otra (si alguna vez en su vida ha tenido la oportunidad de ser amado por alguien así sabrá a qué me refiero, en caso contrario siento que no haya gozado de esa experiencia sublime y única).

La emoción interdependiente usa amor incondicional para relacionarse con los demás, lo cual quiere decir que:

- Se respeta y respeta al otro.
- Es sincera, no usa "jueguecitos" para conquistar. Es quién es, y eso es lo que se ve.
- Se valora y valora al otro. Sabe que ambos tienen los mismos derechos.
- Es feliz independientemente de los demás y de lo que éstos le den.
- Se sabe su mejor amigo, amante, consejero, etc.
- Aparta de su vida a gente, comida, experiencias, trabajos, etc., que le resten, y acepta sólo "enriquecedores".
- No juega a seducir, es genuino. Lo que hay es lo que se ve.
- Se acepta con sus más y sus menos, y hace igual con los demás.
- Sabe que "estar enamorado" de alguien "restador" (= no hace feliz, y sólo provoca lágrimas), es síntoma de baja autoestima, pues sólo le crece el amor por aquellos que bien le aman y le tratan

- Sabe que no es necesario tener pareja para sentirse acompañado, valorado, amado, feliz, alegre, etc.
- No acepta chantajes de ningún tipo.
- No se hace trampas.
- Se sabe única y excepcional.
- Sabe que sólo pueden amarla si muestra quién verdaderamente es.

Las emociones interdependientes están compuestas de intuición, ilusión, imaginación, creatividad, razón, lógica, deducción, análisis, directrices, propósito, fe, esperanza... A un nivel de emociones interdependientes se llega a través de recorrer el camino que lleva al conocimiento, valoración, aceptación y disfrute de quién uno es (un ser único e irrepetible). La emoción inteligente sabe que a ella se llega a través de unir en sagrado matrimonio la espada (la razón) y el corazón (el sentir). Desde esta unión se llega al tercer vértice, ese cerebro primitivo y emocional situado en el área del abdomen, el cual sólo se despierta y/o hace consciente cuando la razón y el sentir son uno en armonía, cuando SE HA SANADO EL CORAZÓN HERIDO.

Sanar el corazón herido es traer a la luz al ser que uno es. Desde ahí, las emociones pasan a ser interdependientes, es decir, nada del exterior las afecta. Las personas podrán hacernos lo que quieran que nosotros sabremos siempre elegir la RESPUESTA EMOCIONAL más sana y adecuada a cada situación. La emoción interdependiente e inteligente, sabe que puede RESPONDER o REACCIONAR frente a los comportamientos de los demás. Reaccionar se hace desde el polo del miedo. Responder se hace desde el poder del corazón, de ahí que uno se sienta dueño de sus propias reacciones y respuestas. Generalmente, la persona que responde en vez de reaccionar, lo hace ASERTIVAMENTE, es decir, sabe que tiene derecho a no estar de acuerdo, a solicitar respeto, etc., sin olvidar que el otro también lo tiene. La emoción interdependiente responde con desapego a las "inputs" de los demás (frases, comportamientos, declaraciones, etc.), estando el desapego ilustrado por ese dicho español que reza como sigue: "No ofende el que quiere sino el que puede". Las personas emocionalmente interdependientes no suelen perder el tiempo en nimiedades, no se implican en comportamientos insanos de otras personas, les dejan de lado, no les interesa lo más mínimo involucrarse en relaciones codependientes de ningún tipo y en ningún sentido.

La emoción interdependiente asume que tendrá días "emotivos", que expresar lo que siente es lo mejor que puede hacer por sí misma. Esa expresión de lo qué siente y de cómo se siente es producto de la interdependencia interior, de la auténtica libertad que anida en su corazón. Sabe que ser independiente no tiene nada que ver con no querer comprometerse o con la fobia a. La emoción interdependiente es comprometida, es genuina, es auténtica. Sabe que tiene derecho a cambiar de opinión, a usar la lógica, la intuición, la imaginación, la alegría, la espontaneidad, la sinceridad y todo lo que desee en todo momento y ocasión. Sólo los emotivamente interdependientes del planeta le amarán con libertad y respetando su espacio vital. Lo harán porque carecen de miedo (el miedo y la ansiedad se generan al pensar que tenemos algo que de faltarnos nos creará o nos hará sentir de nuevo el vacío interior). Lo harán porque han andado el camino de la independencia y saben que nunca más estarán solos puesto que llegaron a Casa: a ellos mismos.

He trabajado con muchas personas, y sigo haciéndolo, que llegaron a mí "porque querían sentirse mejor" (sic). Tuvimos que trabajar creencias que tenían acerca de sí mismos, de las relaciones sentimentales pasadas y por pasar, del amor, de sus capacidades, de su identidad. Tuvimos que construir y reforzar la AUTOESTIMA a base de reparar y reactivar los pilares que la conforman. Hubo que sanear las heridas emocionales con los padres, los niños interiores (creativo, emotivo, mágico, etc.), con las personas del pasado. Hubo que presentar en sociedad a la parte CRÍTICA, la parte CREATIVA y la parte REALISTA. Hubo que reparar la autovalorización, sanear ese apartado a base de reconocer los dones intrínsecos de uno mismo. Incluso hubo que tratar insomnios, dependencias (fumar, comer en exceso, trabajar en exceso, conductas compulsivas, etc.), dolencias físicas... Hubo, en fin, que pasar la noche oscura del alma, despertar al gigante interior (es un ejercicio de mi libro: *La llave del éxito),* y "casar" al corazón y a la mente, para volver a dar luz al ser que llegó un día (fecha de cumpleaños) a la Tierra, alumbrado esta vez por sí mismo: se trata del auto-Nacimiento.

Los emotivamente interdependientes del planeta son una delicia para el espíritu. Da gusto estar con ellos, no manipulan, no condicionan, no coquetean, no mienten, son tan sólo ellos mismos. Nunca le acusarán de provocarles tal o cual emoción, pues sus emociones son independientes de usted. Sus emociones son inteligentes y sabias (llevan cabeza y corazón), y por ello "saben" que su felicidad, su bienestar no depende de lo que usted haga o les diga o sienta por ellas. Las emociones sabias "hacen su vida", y deciden cómo responderán ante los estímulos exteriores. Las emociones interdependientes saben cómo ser felices con y sin nada. Ser emotivo, expresar la emociones y mostrar los estados emocionales, es ciertamente muy inteligente y sano, amén de productivo.

Ahora podrá entender mejor qué tienen esos seres considerados como CARISMÁTICOS, que generan empatía con todos los que se cruzan en sus vidas, y que a todos atraen como "moscas a la miel". Incluso creerá que son más guapos físicamente de lo que son, y no es la belleza física lo que le cautivará de ellos, sino la luz que emana de su corazón y que reverbera en su rostro genuino y emotivo. Estar al lado de alguien, que rezuma felicidad, dicha y espontaneidad, ¡es una maravilla! Atrévase a ser un emocional interdependiente y la vida cambiará de sabor, de color y de aroma. Se lo aseguro, sé de qué hablo.

25

La emoción inteligente

La inteligencia académica tiene poco que ver con la vida emocional.

DANIEL GOLEMAN[1]

Existe una clase diferente de inteligencia, que nada tiene que ver con el hemisferio izquierdo o racional, que no puede ser medida mediante el conocido IQ (test de inteligencia desarrollado por Lewis Terman, en USA, hace varias décadas y que mide principalmente habilidades lingüísticas y matemáticas). El hecho de ser inteligente, académicamente hablando, no es garante de felicidad, no nos asegura una vida plena y dichosa, ni la buena elección de una profesión o de pareja. Uno puede tener un IQ muy elevado y sentirse muy desdichado.

Para el psicólogo americano Howard Gardner (Escuela de Educación de Harvard), la clave del éxito reside en invertir más tiempo en ayudar a las personas a identificar sus competencias naturales y dones, en lugar de situarlas en una clasificación de coeficientes de inteligencia. Hay muchas maneras de triunfar, miles de formas de conseguir el éxito, y son muchas, muchísimas, las habilidades que nos llevarán allí. Los test de inteligencia nos dicen si hemos nacido inteligentes o no, qué coeficiente tenemos, y al parecer no podemos hacer mucho al respecto.

No cuento todo esto porque quiera desmerecer a la inteligencia académica. Lo hago con el propósito de centrar su atención sobre las infinitas posibilidades de éxito que se abren ante cada uno de nosotros si empleamos los esfuerzos en conocernos a nosotros mismos, en apreciarnos y en conocer nuestros puntos fuertes. La prosperidad y la abundancia van más allá del dinero, lo diré una y mil veces a lo largo de las páginas de este libro. La felicidad tiene poco que ver con el grado de coeficiente intelectual y con la cantidad anotada en la cuenta bancaria o las posesiones materiales.

Dedique tiempo a meditar sobre su INTELIGENCIA INTRAPERSONAL... se trata de la habilidad de ser introspectivo, de mirar adentro de uno mismo. Es la capacidad que nos ayuda a hacernos un modelo muy verídico de nosotros mismos, el ser capaz de usar este modelo para operar exitosamente en la vida. La inteligencia intrapersonal es la llave del autoconocimiento, la que permite acceder a los sentimientos de uno mismo, discernirlos y discriminarlos, basándose en ellos para establecer una conducta, Sin embargo, medite también sobre la INTELIGENCIA INTERPERSONAL, que incluye las capacidades-habilidades para discernir y responder apropiadamente a los deseos, estados de humor, temperamentos y demandas de los demás. Por regla general, políticos, maestros y educadores, médicos y personal de clínicas, vendedores, clérigos y etc., de éxito suelen ser personas con grados elevados de inteligencia interpersonal, la cual se resume en eso tan conocido como empatía o don de gentes.

La psicología está comenzando a apreciar el poder y las virtudes de las emociones en la vida mental. De ahí que si quiere conseguir algo en la vida, sea lo que fuere, más vale que comience por aquietar sus emociones. Cuando estamos asustados, ansiosos, atemorizados somos casi incapaces de pensar en otra cosa. Por lo que debemos comenzar por calmar esa ansiedad, ese miedo, ese temor, y desde la "distracción" pasar a acometer el siguiente paso.

La prosperidad material en un mundo que alaba y alienta tanto el consumismo material se les antoja muy importante a muchos seres humanos cuando no imprescindible. Muchos llegan a ella para descubrir que siguen sin ser felices. No obstante, no me opongo a que nadie quiera mejorar su calidad de vida material, a mí también me gusta vivir rodeada de cosas bellas y disponer de dinero para viajar y asistir a cursos que me interesan. No obstante, podrá ser feliz y se sentirá equilibrado siempre y cuando sea usted quien controle su vida material y no la sociedad en la que vive. No viva a merced de los designios y deseos de los demás. Deténgase a preguntarse por qué quiere tener un coche más grande, qué espera conseguir con él. Por qué se empeña en pagar un crédito enorme al banco a cambio de tener una casa más cara y/o un coche más caro del que posee. Pregúntese sobre las auténticas razones que hay detrás, por lo que le impulsa a hipotecar su tiempo vital en pagar deudas. Observo con frecuencia demasiados seres humanos que no han aprendido a disfrutar de la vida y, que, sin embargo, desean fervientemente que les toque la lotería pues creen que "ella" les resolverá mágicamente sus problemas e indecisiones vitales. Si quiere ser feliz, comience por serlo con lo que tiene. Comience por apreciar las cualidades que posee y que le pueden ayudar a alcanzar lo que desea en esta vida. Si usted ha nacido con cualidades y/o habilidades para el canto no se empeñe en ser un buen directivo. Si por el contrario, le gusta el trabajo en equipo no se empeñe en ser un profesional independiente que diseña su propio camino. Observe cuáles son sus habilidades, sus más íntimas inclinaciones, sus deseos, sus sueños, sus capacidades... Para qué cree valer usted. Siga su sueño. No se diga a sí mismo como excusa que no podía hacer otra cosa que eso. Si de verdad desea un sueño, éste se hará realidad, aunque usted tendrá que poner de su parte... todo su ser.

La inteligencia intrapersonal le permite sintonizar con su interior, se trata de esos signos viscerales, de estómago, que usted obtiene y que le son imprescindibles para su inteligencia interpersonal. El psicólogo Gardner relata en sus estudios que mucha gente con coeficientes intelectuales de 160 trabaja para gente con coeficientes de 100, cuando se da el caso de que el primero tiene una inteligencia intrapersonal pobre y el segundo una muy buena. Por eso son cruciales las emociones y las habilidades relacionales, ya que en el duro día a día de la vida nada hay más importante que la inteligencia interpersonal. Si no se posee ésta se harán elecciones erróneas en el trabajo, en la pareja, en muchas áreas de la vida. Pero recuerde que ésta se basa en una muy saneada inteligencia intrapersonal. Quien no se conoce a sí mismo difícilmente podrá conocer a los demás, dado que cada uno de nosotros tenemos con los demás el mismo tipo y calidad de relación que tenemos con nosotros mismos. No espere pues que alguien que no se respeta a sí mismo ni tiene en cuenta sus propias emociones, le respete a usted y tenga en cuenta las emociones de usted, nada más lejos de la realidad.

"La personalidad contribuye más que la inteligencia al éxito en la vida".

DALE CARNAGIE

Las personas interdependientes son aquellas que han pasado por la fase de la dependencia y de la independencia, habiendo alcanzado un grado de equilibrio interior que les permite disfrutar de sí mismas y de los demás. Han realizado un largo camino de autoconocimiento interior, de aceptación y disfrute de toda su riqueza emocional. A los interdependientes[2] les es muy fácil generar empatía con los demás puesto que al haber alcanzado un alto grado de aceptación y de conocimiento de sí mismos, les es muy fácil hacer lo mismo para con los demás. Comparten su autoaceptación, su autocomplacencia y su autosatisfacción con los demás. Estas personas interdependientes son independientes y dependientes en el sentido más sano del comportamiento que les define, tanto cuando están solos por elección directa o indirecta, como cuando están en compañía de otros seres humanos se sienten igualmente felices y satisfechos. Estas personas definidas como interdependientes han pasado por las fases de conocerse a sí mismos y aceptar sus emociones lo cual les ha permitido desarrollar su inteligencia intrapersonal. Una vez se han conocido y aceptado a sí mismos han podido pasar a desarrollar su inteligencia interpersonal de la forma más eficaz, natural y genuina.

Usted sentirá la frescura de estar con ellos, el alivio de estar con alguien que le respeta y que es quien dice ser. Con este tipo de personas no tiene que interpretar lo qué quieren decir, puesto que lo que le dicen es lo que le quieren decir, se conocen muy bien a sí mismos y tiene muy claro lo que quieren en la vida. No esperan que usted comparta sus opiniones, tan sólo que las respete. Se sienten tan a gusto consigo mismos que no necesitan que nadie les ame para sentirse bien, se sienten valorizados por el simple hecho de ser seres humanos, nada ni nadie les da valor pues lo tienen intrínsecamente, lo saben y lo disfrutan. Se trata de seres recompletados, seres que han traído a la luz todo lo negado,[3] podríamos decir que son "naranjas completas", por lo que no van buscando por ahí medias naranjas que les completen, se han recompletado y completado a sí mismos, por eso no "necesitan" de nadie que les complete o les ame para sentirse bien. Para ellos sólo existe una sola persona sin la cual no pueden vivir en este mundo: ellos mismos. No son egoístas ni seres sin corazón, todo lo contrario, se trata de los seres más amables y generosos de la Tierra, tenga en cuenta que son seres que se aman y respetan a sí mismos. Se les detecta fácilmente por su cara de felicidad auténtica, por su serenidad, por la autocomplacencia humilde que tienen de sí mismos, por sus palabras que buscan la armonía y el bienestar en cualquier relación ya sea ésta intrapersonal o interpersonal. Son los auténticamente tolerantes del planeta. Los auténticamente espíritus libres, no se someten a las manipulaciones de los demás, y por eso algunos les acusan de egoístas, porque no se dejan manipular, porque sólo están con quien les ama y respeta, porque dictan sus propias reglas para sí mismos. Tienen tal grado de inteligencia intrapersonal (conocimiento y aceptación de sí mismos) que detectan el más mínimo cambio en su interlocutor, su inteligencia interpersonal es tan aguda que les permite detectar los cambios y señales sutiles en los otros, llegando a generar empatía con la gente desde el primer momento, les basta una sonrisa desde cualquier distancia para atraer a los demás. Pero su interdependencia les posibilita seguir sintiéndose bien lo mismo que comprender y aceptar a los demás cuando estos sienten celos de ellos, de su entusiasmo, de su pasión por la vida, de su alegría.

Usted escoge el camino. Puede buscar tan sólo el poder material, adelante si cree que ello le hará feliz. Pero recuerde que la felicidad de la vida, la suya, está basada en otros pilares más consistentes y más duraderos. Sea inteligente para decidir qué quiere en la vida. Sea inteligente para decir qué quiere sentir. Sea inteligente para decidir con quién compartir sus momentos vitales. Pero sea sobre todo inteligente para decidir qué piensa acerca de sí mismo y para conocer/valorar cuáles son sus capacidades, esas que le ayudarán a conseguir el éxito.

Bibliografía:

1. Para más información ver libro de Daniel Goleman: *Emotional intelligence.*
2. Para más información ver libro de Sam Keen: *La vida apasionada.*
3. Para más información leer libros de Carl Jung y de analistas jungianos sobre la sombra del ser humano.

26

Desarrollando la inteligencia emocional

LA INTELIGENCIA EMOCIONAL SE BASA EN CINCO HABILIDADES:

1. CONOCIMIENTO DE LAS EMOCIONES DE UNO MISMO.
   Autoconocimiento:
   Reconocer un sentimiento cuando se está manifestando.

2. MANEJO DE LAS EMOCIONES:
   Ser capaz de manejar las emociones de uno mismo. Dicha habilidad se fundamenta en el autoconocimiento de uno mismo.

3. AUTOMOTIVACIÓN:
   Autocontrol emocional.
   Las personas que saben manejar sus emociones (atemperan la impulsividad, retrasan las gratificaciones) y se automotivan, suelen ser personas mucho más productivas y creativas.

4. CAPACIDAD DE RECONOCER LAS EMOCIONES EN OTROS:
   La empatía nos permite conocer lo qué sucede a otros y en otros, y ser más condescendientes, solícitos y amables con ellos. Las personas con gran capacidad empática suelen estar más sintonizados con las señales sutiles que las personas emiten acerca de sus necesidades o deseos. Por eso para las personas con capacidad empática están indicadas las profesiones relacionadas con la enseñanza, las ventas, la dirección.

5. EL ARTE DE RELACIONARSE:
   Las artes sociales son imprescindibles para la efectividad interpersonal, el éxito y la popularidad entre la gente, ya que se trata, en resumen, del arte de manejar las emociones en otros.

Ejercicio

Este ejercicio está pensado para que le ayude a desarrollar su inteligencia emocional.

Coloque tres sillas:

- *A. una será el lugar de la inteligencia intrapersonal.*
- *B. otra será el lugar de la inteligencia interpersonal.*
- *C. otra el lugar para descubrir sus capacidades innatas.*

1o. Siéntese primero en la silla (A), tome papel y lápiz o una grabadora. Anote primero cuáles son las emociones que más le gustan en usted, y en segundo lugar las que menos. A continuación imagine un símbolo que resuma su mundo interior, en la complacencia de la aceptación e integración de todas sus emociones, tanto de las que le son más gratas como de las que le son menos. Lleve ese símbolo a la palma de su mano izquierda, déjelo ahí de momento.

2o. Siéntese ahora en lo silla (B). Tome papel y lápiz o una grabadora. Enumere sus habilidades en las relaciones con los demás, tal vez le es fácil detectar cuando miente o no la gente, o quizás le es fácil entender sus necesidades, o leer entre líneas... Traiga al consciente todas estas cualidades que están dentro de usted, en el campo de las relaciones interpersonales. Una vez hecho esto, cree un símbolo que resuma a todas ellas, e imagine que el símbolo se fija en la palma de su mano derecha, déjelo ahí de momento.

3o. Ahora póngase de pie. Imagine cómo los símbolos que tiene en ambas palmas de sus manos cobran vida, es decir, se llenan de luz. Junte las palmas de las manos hasta que ambos símbolos se hayan fusionado en uno solo en su imaginación. No tiene por qué visualizar todo esto, basta con imaginar que es así como está sucediendo. Ahora, su inteligencia intrapersonal y la interpersonal están unidas, fusionadas, complementándose la una a la otra. Por lo tanto, usted ahora está usando su potencialidad al cien por ciento.

4o. Siéntese en la silla (C). Enumere sus capacidades, habilidades, cualidades... etc., que usted sabe que posee. Tómese un momento para hacer inventario de las mismas. Tome nota de ello ya sea mediante la anotación en un papel o el grabarlo en una grabadora. Incluya también los cosas que le gustaría hacer en esta vía, para qué cree servir, cuál cree que es su misión. No se autolimite, esto es un ejercicio donde todo es posible.

Éste es un lugar donde usted está conversando consigo mismo y nadie más, no se autolimite ni autocritique. Cree un símbolo para englobar todas estas cualidades. Imagine que coloca este símbolo en sus manos, y que tanto el calor como la luz de la fusión de los otros dos símbolos rodean a éste dándole vida y posibilitando su transferencia al mundo real, a su vida diaria.

5o. *Dedique un momento, ahí sentado en la silla (C), a imaginar su vida de ahora en adelante usando todo su potencial ("la energía de los tres símbolos juntos"), ése que le es posible desarrollar ahora que ya usa tanto su inteligencia intrapersonal como la interpersonal y conoce y acepta sus capacidades-cualidades-habilidades. Dedique el tiempo que quiera a imaginar todo esto. Cuando haya terminado, fije la imagen resumen-final en su mente en el ángulo superior (mirando arriba a la derecha, o la izquierda si es usted zurdo o vasco). Una vez fijada la imagen, pásela a la izquierda (o a la derecha si es zurdo o vasco). Repita este proceso una y otra vez. Esto le permitirá fijar las imágenes de su hemisferio creativo-imaginativo, puesto que las imágenes creadas se visualizan arriba a la derecha (Visual creación: movimiento ocular arriba a la derecha), y las imágenes recordadas (Visual recordado: movimiento ocular arriba a la izquierda para recuperar imágenes del pasado/archivadas ya en nuestra mente).*

Dado que la mente archiva todas aquellas ideas o experiencias que le mandamos no importa si éstas son del mundo real, es decir, vividas físicamente, o experimentadas tan sólo en nuestro mundo interior (imaginación), usted podrá tener como algo del pasado el resumen del trabajo que acaba de realizar en este ejercicio, como si lo hubiese vivido físicamente, que de hecho lo ha vivido. Porque las experiencias que tenemos en nuestra mente archivadas son la impresión, la sustancia de nuestra propia vivencia, los pensamientos que rodearon esa vivencia y no lo fisicalidad de la misma. No importa que esté allí con su cuerpo en las coordenadas espacio-tiempo, lo único válido es que lo esté con la mente, al fin y al cabo es con lo único que estamos, dado que la vida es como es y para nosotros es nuestra impresión y cada uno de nosotros vive el mismo tipo de hecho de forma muy diferente y exclusivamente personal. Todo lo que experimentamos lo experimentamos a través de nuestros filtros mentales, desde ese gran ordenador y procesador que es la mente humana. Si usted da la orden de "desastre", todo su ingeniería mental, su ejército mental se pondrá al servicio de esa orden para hacerla realidad. Vuelva la atención hacia su mundo interior, hacia su potencial innato. Descubra la maravilla que es usted, acepte quién es, sea práctico. Comience a emplear su tiempo en aceptarse y en disfrutar de sí mismo y no en ser quien la sociedad pretenda que sea, un esclavo más al que guiar cual ovejita resignada. Definase como persona de éxito. Defina el éxito y use sólo su propia definición del mismo. Sólo la suya propia le servirá en este mundo. Las otras definiciones son eso "otras", de otros, pero no suyas, pueden coincidir, pueden converger, pero no sustituir a la suya, a la de usted.

Ser inteligente es ser uno mismo.

Cierto es que desde pequeño ha asistido al espectáculo de una sociedad que premia a los moldeables o manejables, mientras que castiga a los independientes, a los librepensadores. Sin embargo, la sociedad en sí sería más feliz si cada uno de nosotros se dedicase a desarrollar su inteligencia emocional, o lo que es lo mismo a conocerse, aceptarse, comprenderse, vivir de acuerdo a sus capacidades y potencialidades. Atrévase a ser quien es. Atrévase a disfrutar de sí mismo, de quien es. Usted es un ser único, especial. Tan único y especial como cualquiera no importando su origen social, ni su color de piel, ni nada. Usted ha nacido libre para hacer su propio camino, para llevar a cabo su misión. Depende de usted tan sólo que esa misión se lleve a cabo o no. Las circunstancias de la vida son las que son. No es menos cierto que debemos aprender a navegar en ese mar que es la vida, donde cada uno de nosotros usará las capacidades de forma muy diferente, creando situaciones adversas o favorables para nosotros mismos. La vida es una sucesión de vivencias donde debemos aceptar la responsabilidad de que cada uno de nuestros actos tendrá consecuencias, las cuales puede que nos gusten más o menos. Ahora bien, siempre podemos actuar de acuerdo a lo que realmente sentimos y/o pensamos, o podemos hacerlo de acuerdo a los deseos de los demás con lo que no cabe esperar que los resultados nos dejen plenamente satisfechos, más bien todo lo contrario, con el consiguiente riesgo de acumular resentimiento hacia uno mismo o hacia alguien en particular. Y desde ahí estropear o perjudicar las relaciones interpersonales con todas las secuelas que eso trae a nuestras vidas. Opte pues por conocerse y diseñar su vida a su aire y estilo, le será muy, muy rentable.

27

Valorando las emociones

Todos hemos podido comprobar el poder que las emociones tienen en nosotros, así como su efecto en nuestras vidas. Hay emociones que nos bloquean y otras que en cambio nos permiten alcanzar nuestro objetivo. Tal vez nunca se haya detenido a pensar en ello, puede que ya lo sepa. Pero no está de más hablar sobre ellas. Cuanto más conozcamos las emociones que se dan en nosotros, cuanto más aprendamos a usarlas conscientemente, mejor será nuestra vida. Las emociones son como activos, es decir, dinero o posesiones que tenemos. Por lo tanto, una ausencia de activos supondrá "dormir a cielo raso", es decir, estar desprotegidos, cuando arrecie el temporal de la vida. La ausencia de capital (activos financieros), supone tener que acudir a un banco siempre que queramos disponer de dinero para comprar algún bien. Usted, al carecer de determinadas emociones-activos, tendrá que "hipotecar" su vida —estoy hablando en sentido figurado—, por ejemplo: dejamos entrar en nuestra vida a personas y/o situaciones que nos exigen grandes "intereses" por prestarle atención, en temas de cariño, amistad, ayuda, etc. Las personas cuando carecemos de niveles saludables de autoestima y de autovaloración, permitimos que personas —que en otras circunstancias no aceptaríamos—, y trabajos que dejaríamos de sentirnos seguros (= activos emocionales propulsores) y confiar en nuestras capacidades.

Si cultivamos emociones sanas, activos financieroemocionales, alcanzaremos un punto de serenidad interior a través de observar el mundo desde la perspectiva del que lleva las riendas de su vida, y se sabe a salvo de cualquier tormenta exterior. Las emociones no son ni buenas ni malas en su naturaleza, es la interpretación que de ellas hace la mente mundana lo que deviene en una debilidad frente a las corrientes de la vida existencial. Los escollos que uno encuentra navegando su vida por esos mares humanos no son reales, son creaciones de la mente a partir de una deficiencia en los niveles de salubridad emocional. Lo mismo que cuando nos faltan vitaminas, el cuerpo físico se resiente y las reclama, así la mente detecta que existe una carencia de activos emocionales que le permitan al ser en su totalidad seguir navegando su vida sin creer que crear escollos sea tarea obligatoria y diaria, lo mismo que puede darse alas a sí mismo para levantar la nave por encima de los posibles escollos que puedan hallarse en la ruta del viaje vital.

Las emociones son algo más que eso de emocionarse ante algo que nos afecta porque existe una resonancia en el interior. Las emociones son como gasolina que ponen nuestro motor en marcha. Si carecemos de ellas o bien no podremos nutrir el sistema quedándose el motor sin funcionar, o bien atascarán los conductos que llevan la gasolina hasta su ignición final. La emoción de la Gratitud, por ejemplo, nos abastece de alegría pues al disfrutar de lo que tenemos —sin echar de menos lo que no tenemos—, nos dedicamos a estar dichosos y nos sentimos plenos de abundancia y prósperos.

La gratitud hace brotar sonrisas en las caras de las personas con quienes nos relacionamos, y en la nuestra, cómo no. La gratitud hace brotar jardines de luz en el corazón de cada uno de nosotros. Si usted se relaciona con alguien rebosante de gratitud lo notará enseguida. Se les reconoce porque, sin importar el valor económico de lo que usted hace o de lo que les acontece, derrochan alegría y viven con intensidad inusitada cada acontecimiento por pequeño que éste sea. Les reconocerá también, por el luminoso brillo de sus ojos, por la alegría que acompaña la melodía de su voz. Únase al club de los que tienen activos financieroemocionales, sea un miembro más del club de los prósperos de la Tierra, y disfrute de la abundancia auténtica.

LOS ACTIVOS QUE AYUDAN A TENER UNA VIDA MEJOR

Activo No. 1: Amor y comprensión

Recuerde que todo comportamiento tiene una intención positiva, o lo que viene a ser lo mismo "toda comunicación es una respuesta amorosa o un grito de petición de ayuda". Si ante la reacción brusca de una persona usted reacciona igual, no espere que la relación funcione, lo más probable es que se deteriore más y más con el tiempo, sobre todo debido a los resentimientos y frustraciones que ambas partes acumularán. Si por el contrario, reacciona con una actitud amorosa y comprensiva provocará con toda probabilidad una "ruptura" del estado emocional de la otra, es decir, la otra persona no hallará reacción a su acción y eventualmente cesará en su comportamiento o disminuirá la intensidad. Se dice que "dos no pelean si uno no quiere", lo cual no significa que tenga usted que claudicar o decir que sí para que le dejen en paz.

No le estoy sugiriendo que adopte una respuesta pasiva o sumisa, ni mucho menos, sino una asertiva.

Activo No. 2: Bienestar y alegría interior

Si cultiva la gratitud y la apreciación —emociones éstas espirituales muy elevadas—, se llenará de bienestar y alegría interior ya que son emociones que iluminan nuestras vidas de forma inusitada y no hay nada que se les pueda comparar. Ya se comentó con anterioridad que la gratitud atrae abundancia, cuanto más agradecemos lo que tenemos y más nos centramos en la abundancia existente en nuestras vidas, más llega ésta a nosotros. Cuanto más agradecidos somos, más bienestar interior tenemos, y por lo tanto más alegres nos sentimos. Aprecie las cosas que hay en su vida. Dé gracias por lo que tiene. Aprecie a las personas, y hágaselo saber que es así. Demuéstreles su gratitud de muchas maneras. Alguien me dijo hace muchos años "que amor con amor se paga". Cabe añadir: "para recibir es preciso dar, y para dar es preciso recibir". No interrumpa, pues, la rueda de abundancia recíproca del Universo.

Activo No. 3: Curiosidad, generosidad y apertura

Los niños son curiosos, quieren saberlo todo, nunca se cansan de preguntar, y es así cómo aprenden. Recupere pues esta emoción, úsela, practíquela. La gente que siente curiosidad por la vida nunca se aburre, siempre está deseosa de aprender algo y lo hace con alegría y entusiasmo. Asimismo, están abiertos a lo que la vida les depara. Nunca se pasan una noche en vela, devanándose los sesos tratando de averiguar qué les depara el destino. Simplemente viven el presente (también significa regalo). Se abren a los regalos, a las sorpresas infinitas de la Vida, se abren al amor de sus seres queridos.

Son generosos consigo mismos y con los demás. Recuerde si no con que facilidad dicen "no" cuando quieren decir no. Son generosos con el ser humano, la próxima vez que vaya a la playa observe como una serie de niños que se acaban de conocer juegan juntos y comparten el grupo con todos los que van llegando, no les importa si su traje de baño es de marca o no, ni el color de piel, ni cuánto ganan al mes, ni qué cargo ocupan, no les importa nada, tan sólo que se trata de un amiguito más, alguien por descubrir, alguien con quien abrirse a compartir. Fíjese si serán generosos los niños, que se les pasan los enfados enseguida y después de la que pudo ser una rabieta tremenda, a los cinco minutos ya ni se acuerdan.

Sea pues usted como un niño, generoso, abierto, curioso ante todos los regalos que la vida tiene para usted metidos en cajas de diferentes colores y tamaños, adornados unas con lazos y otras sin. Dediquese a ir abriéndolas tal como se las vaya entregando el "mensajero" de la empresa de mensajería "El Cielo en la Tierra".

Activo No. 4: Entusiasmo y pasión

La vida sin entusiasmo y sin pasión es como un día sin sol. Estas emociones pueden darle la vuelta a cualquier situación, pueden transformar un reto —más conocido como problema— en una oportunidad magnífica que transmutando y cambiando nuestras vidas a una velocidad y a un ritmo inusitado hasta entonces desconocido. Ponga en marcha estas emociones. Dele al botón de la pasión, cultívela cambiando su fisiología: hable más rápido, haga aerobics, baile música con mucho movimiento, aprenda a visualizar imágenes a velocidad rápida, mueva su cuerpo en la dirección en la que quiera ir. Le ayudará el hacer ejercicio, sentado en el sillón de su casa le será difícil generar pasión. Entusiásmese por las cosas maravillosas que tiene la vida, aunque sean pequeñas. Viva cada instante como si fuese el último.

Si no ha tenido una infancia feliz, en este libro hallará un ejercicio que le permitirá caminar la línea del tiempo y añadir alegría y lo que quiera a su infancia: "nunca es tarde para tener una niñez feliz". La niñez contiene los pilares básicos, vuelva a ella y añada lo que cree que le faltó. Mientras, ahora como adulto, aprenda a cambiar su fisiología y a generar entusiasmo y pasión. Regálese estas emociones.

Activo No. 5: Flexibilidad y elasticidad

Estas emociones, o sería mejor decir actitudes, garantizan el éxito en la vida: su habilidad para cambiar el rumbo, para modificar sus ideas. Al parecer todas las sensaciones de incomodidad que sentimos dentro de nosotros mismos son demandas de flexibilidad. Flexible significa desarrollar la habilidad, puesto que la capacidad la tenemos dentro de nosotros, de adoptar posturas y puntos de vista diferentes, de cambiar de opinión, de aceptar la de otros, de variar el rumbo en la vida, de abrirnos a la variedad de posibilidades, de ponernos en los zapatos del otro.

Si usted no estira sus músculos, tendrá fuerza pero no flexibilidad. Cultive la elasticidad mental, muévase, deje entrar otras ideas, considere la posibilidad de otras realidades, esto le llevará a un enriquecimiento interior insospechado. Al aumentar su campo de acción, al considerar que puede haber otras ideas mejores o igualmente válidas pero distintas, su crecimiento se acelerará, en todos los sentidos.

Activo No. 6: Seguridad y autoestima

Si alguna vez hizo algo y acertó, es decir, triunfó PUEDE HACERLO OTRA VEZ. ¿Cómo sería sentir que no puede fallar, si tuviese la certeza absoluta de que haga lo que haga siempre acertará? ¿Qué haría si supiese que todo tiene solución y que nunca le irá mal? Ese sentimiento de tranquilidad, de certeza absoluta, de confiar en uno mismo es el que debe cultivar. Crea en sí mismo, sepa que puede hacer lo que se proponga, que usted puede alcanzar las metas que quiera, usted puede crear milagros en su vida. Sepa que tiene todos los recursos dentro de usted para desenvolverse en cualquier tipo de situación. Confíe en usted y las respuestas llegarán. Pero toda esta confianza se desarrolla a partir de amarse a sí mismo. Si confía en usted, se estará amando. Si sabe que pase lo qué pase usted siempre sabrá hallar la solución, se estará amando a sí mismo.

Activo No. 7: Paciencia y confianza

La paciencia va unida a la confianza en uno mismo, a la madurez de saber que uno debe ser constante en lo que hace. Paciencia no significa cruzarse de brazos, es un saber esperanzado, en actitud de expectación. Es saber que aquello que estamos creando un día florecerá. Confiar es esperar en actitud activa, es seguir haciendo el camino sabiendo que un día alcanzaremos la meta, es saber que los sueños se hacen realidad porque uno traza una meta y va corrigiendo el rumbo (flexibilidad, elasticidad), y sabe cómo hacerlo (seguridad y confianza en uno mismo).

Activo No. 8: Optimismo y esperanza

Estas emociones deben aderezar la paciencia la confianza. Son emociones que limpian nuestra mente de ideas caducas y apestosas, que no hacen sino obstaculizar el logro de nuestras metas. El optimismo es ver siempre o buscarle el lado positivo a las cosas. Sin optimismo veríamos todo negro, con perdón del color negro. Sin optimismo no creeríamos en nada, se acabaría la música de la Vida. Sin Esperanza no esperaríamos que saliese el sol mañana de nuevo, puntual como lleva haciéndolo los últimos miles de millones de años... La esperanza optimista la tienen y cultivan aquellos que creen en sí mismos, que confían en el Universo protector, que son pacientes para recoger la cosecha de lo que sembraron. El optimismo bulle en el centro de la alegría y la generosidad de un corazón abierto a sentir cualquier tipo de emoción que le brinde el Cielo.

Activo No. 9: Persistencia, constancia y fe

La constancia es básica para alcanzar las metas y triunfar en la vida en aquello que nos hayamos propuesto, muchas veces las personas se rinden a un paso de la meta. Si uno se desmoraliza al primer resultado-fracaso, nunca llegará a la meta. Por eso a esto hay que añadirle la emoción de la fe. La fe va más allá de la esperanza, es el saber absoluto de que suceda lo que suceda siempre será positivo para nosotros. Si usted es constante acabará por llegar a su meta. Esa fuerza llamada constancia le impulsará a seguir en su camino y a continuar avanzando. La constancia forma parte de la maestría, porque ello lleva implícito el aprendizaje. Y éste, a su vez, el "ensayo-error-aprendizaje-ensayo-acierto". ¿Se acuerdan del T.O.T.E del que hablábamos en la introducción de este manual? "La fe mueve montañas, y la constancia las crea".

Activo No. 10: Coraje y decisión determinativa

La constancia debe ir acompañada de decisión y determinación. Las personas decididas que no se arredran ante nada en la vida tienen más posibilidades de triunfar que las que optan por una actitud temerosa (tal vez por falta de confianza en sí mismos). Atrévase, pruebe, si no lo intenta nunca sabrá cómo pudo ser. Si se queda paralizado en la punta del trampolín, sin decidirse a saltar... seguro que se le pasará el turno. Cuando quiera algo, salte y tómelo, si no otro lo hará en su lugar. Desarrolle el estado de voluntad y determinación. No centre su atención en la posibilidad de fracasar, céntrela en cambio, en la de acertar. La verdad es que haga lo que haga siempre le saldrá bien, piense en todo lo aprendido, en todas las experiencias que ha acumulado. Es más, no tenga en cuenta lo que otros puedan pensar de usted, son libres de pensar lo que quieran y usted de hacer lo que le plazca. Si usted no seduce a la diosa Fortuna, otro lo hará. El refranero español dice que la oportunidad la pintan calva.

Activo No. 11: Serenidad y calma interior

La serenidad acompaña a la esperanza, a la fe y a la certeza de saber que podemos conseguir lo que nos propongamos. Si bien puede cultivarse separadamente. Desde la serenidad es posible hallar soluciones. Desde la serenidad y la calma es posible pensar en alternativas, evaluarlas y tomar decisiones. No dejarnos llevar por el pánico o él miedo nos ayudará a seguir adelante. Céntrese tan sólo un 5% en el problema, y 95% en hallar soluciones. La calma es primordial en momentos de crisis, pero no espere a que lleguen para desarrollarla. Con equilibrio interior, serenidad y calma es muy fácil navegar por la vida. Aún cuando haya tormentas en el exterior nada se moverá en su interior.

Activo No. 12: Fe y gratitud

La fe y la gratitud acompañan a la serenidad y proporcionan calma interior. La fe es aquella emoción que nos dice que todo lo que ocurre es por nuestro bien, y que no importa cuán negro pueda estar el panorama, pues siempre saldrá el sol. El sol siempre sale porque todo nos sucede para nuestro crecimiento, para nuestro bien. En todo mar de problemas hay una isla llamada "Oportunidad". Cuando una puerta se cierra, otra mejor se abre. Tener fe es saber que esa puerta se abrirá a su tiempo y a su ritmo, cuando estemos preparados/as para ella, ni antes ni después, el Universo perfecto dispondrá su apertura cuando estemos listos para pasar por ella y acceder a nuestro destino. Si mientras se cierran y se abren puertas, usted se dedica a dar gracias por lo que hay en su vida, la gratitud actuará como una llave mágica que le abrirá las puertas más inesperadas, más insospechadas y más sorprendentes. El corazón del agradecido está lleno de luz, la vida del agradecido está repleta de momentos cumbres disfrutados en la plenitud. Si tiene fe, si es agradecido, dejará los remos de su barca en manos de la Mente Superior, del Destino, de la Vida, y ésta le llevará a los mejores puertos.

Activo No. 13: Ternura, alegría y renacimiento

Los niños son tiernos, muestran su ternura al mundo sin ningún pudor, no esconden la alegría que les produce un beso delicado, una sonrisa, un abrazo amoroso y dulce. Los niños, renacen cada día en el regazo de la alegría y se nutren de la ternura. Los adultos, algunos, han encerrado sus corazones en cajas fuertes, olvidando su combinación. La ternura la confunden con la sensiblería, les da vergüenza mostrar sus sentimientos al mundo, y de tanto esconderlos han acabado por olvidar que existen. Muchos sostienen que cada día uno muere un poco, y lo piensan así porque están apegados al cuerpo físico, creyendo que cuando éste muere, mueren ellos. Sin embargo, es mucho más saludable y poderoso pensar que uno renace al mundo cada día que abre los ojos por la mañana ("un día más en el paraíso"). Cada día volvemos a nacer, y en ese renacer a la vida, podemos renacer a emociones que dejamos atrás en el pasado. Renazca a la alegría, al amor, a la ternura, a los ángeles de la guarda que le acompañan en el viaje vital...

Activo No. 14: Limpieza-renovación, plenitud y abundancia

La limpieza de emociones no necesarias trae consigo la renovación de los sentidos, del archivo mental. Limpiar el inconsciente de todos los hierbajos que distorsionan el paisaje, abrir las ventanas de las mazmorras donde acallamos nuestro ser, nos permite renovar el aire viciado por los años de soledad y de oscuridad. Tome sus emociones, sus experiencias y límpielas. Renueve las gastadas, tire los trastos viejos, haga sitio a la abundancia. La plenitud es sentirse a gusto en un sitio de aire fresco y renovado, en un lugar lleno de luz, orden y claridad. La plenitud es algo que se siente dentro de lo más hondo del alma, cuando uno ama lo que hace en esta vida, cuando aprecia lo que tiene, cuando honra el ser único que es, cuando es tierno como un niño y alegre como un cascabel. La plenitud es la salsa que adereza a la abundancia. Siéntase pleno de aire emocional renovado en su vida, abra las ventanas al sol de mediodía y déjese llevar por la brisa de la plenitud que llena su día de abundancia renovadora.

Activo No. 15: Compartir en armonía

A todo el mundo nos gusta sentirnos útiles en mayor o menor medida. A todos o a casi todos nos gusta compartir nuestra alegría, nuestra ilusión, nuestras habilidades, nuestro dinero, nuestra plenitud, nuestra luz, nuestra vida. Hay mucha gente que todavía no ha alcanzado su nivel de bienestar vital, o que lo ha perdido por la razón que sea. Usted puede ayudar a esas personas. Usted puede contribuir a su evolución. Sentir que lo que uno es como ser humano, lo que uno dice o hace, es apreciado por otros, es un regalo maravilloso que nos hace la Vida. Viva dando. Si da, recibirá. Para recibir, hay que dar. Abra las manos y comparta. Si recibe, recuerde que es aún más bello dar con generosidad. Cuanto más de, más recibirá. Pero no dé con el propósito de recibir, no funciona así la ley del Universo. Lo mismo que puede que no reciba de vuelta nada de aquella persona a quien usted dio, pero si abre las manos y se mantiene abierto y con fe, el Universo le mandará multiplicada su generosidad por el conducto que considere más conveniente.

28

Emociones negativas o estados avisadores

En el pasado se han dado emociones "negativas" que en una u otra ocasión supimos manejar, recuerde esto cada vez que se encuentre con una de ellas y quiera reforzar su confianza en usted mismo. ¿Se acuerda de alguna vez en la que se sintió frustrado, o decepcionado o deprimido y de cómo consiguió darle la vuelta? ¿Qué es lo que hizo para salir del paso? ¿Qué es lo que hizo que funcionó? ¿Se formuló a sí mismo cuestiones o preguntas más idóneas? ¿Acaso trasladó sus atención a otras cosas? ¿Interrumpió su patrón de comportamiento o su fisiología comenzando a hacer otras cosas como caminar, sonreír, bailar, estirar la columna, respirar de otra manera...? Por lo tanto, cuando vuelva a sentirse "mal" haga lo que ha hecho otras veces para sentirse mejor.

"Todos los recursos están dentro de usted"

Ahora bien, las emociones nos ayudan a crecer, y bien podríamos llamarlas "señales de aviso". Todo comienza con una sensación de aburrimiento, impaciencia, o ligera incomodidad. Algo en nuestro interior está tratando de decirnos que algo no está demasiado bien, que algo no funciona. Si usted trata de ignorarlas, éstas pasarán a mayores. Es decir se convertirán en otras más difíciles de manejar. Todas las emociones tienen su opuesto en nosotros: el miedo es la otra cara de la seguridad, por ejemplo. Todos tenemos de todo al mismo tiempo. Si usted se considera a sí mismo cobarde, piense que también es valiente al mismo tiempo. Esa otra cualidad reside en usted, tal vez no consideró que existiese puesto que sólo prestó atención a una de sus caras.

Los opuestos conviven dentro de nosotros. Para que se percate de ello le propongo un sencillo ejercicio. Puede hacerlo solo o en compañía de otra persona. Cierre los ojos, y diga la primera palabra que le venga a la mente. Por ejemplo, usted dice: "Soy un fracasado". La otra persona le responde: "Y también eres un triunfador", y añade a continuación: "Es maravilloso que puedas disfrutar de ambos al mismo tiempo". Proceda a hacer lo mismo con todas las ideas que tenga acerca de sí mismo. Si usted experimenta miedo, piense que también puede experimentar valor. Ambos recursos o emociones residen dentro de usted.

LOS ESTADOS AVISADORES

Vamos pues a abordar las emociones calificadas de negativas, y del mensaje que tienen para nosotros. La forma sana y asertiva de manejarlas es haciéndose con ellas en cuánto aparecen. "El árbol hay que enderezarlo cuando todavía es pequeño". No espere a que la emoción le domine, a que se haya convertido en un arraigado patrón de conducta. En cuanto la sienta aparecer, trate de hacerse con ella. Al igual que dijimos, refiriéndonos a las personas y a sus comportamientos, detrás de cada una de estas emociones existe una intención positiva. Créame, existe de verdad y son mensajes que vienen de su inconsciente para animarle a ponerse en acción. Sus emociones son suyas y de nadie más. No las trate como si fuesen enemigos, pues de esa forma solo conseguirá intensificarlas: acéptelas, aprenda de ellas y con ellas.

Este cuadro resume cómo, las primeras llamadas de auxilio, primeros toques de atención o avisos del inconsciente al consciente, van convirtiéndose en otros más fuertes a medida que los ignoramos.

Los estados avisadores	¿Qué significan?
1o.) "Estoy raro, no sé qué me pasa": aburrimiento, desazón, incomodidad, ligera ansiedad	La percepción de la realidad no le hace sentirse a gusto. Puede que sienta que sus acciones no parezcan llevarle en dirección a la meta deseada. Cuando uno se siente impaciente, ligeramente incómodo, aburrido, en realidad está recibiendo el mensaje de que algo debe ser cambiado o rectificado, cuando no redefinido. Tal vez su percepción de la realidad necesita alguna aclaración, puede que sienta que si sigue por ahí no llegará a donde quiere ir, tal vez se esté indicando a sí mismo que se está desviando de su misión, de su visión interior, de su camino hacia su éxito particular.
2o.) "Suena la alarma": Miedo, ansiedad, preocupación.	Cuando no nos enfrentamos a las situaciones que nos disgustan, a menudo acaban desembocando en miedo. Puede que deba redefinir su vivencia o percepción de la realidad. Alguna otra emoción como opuesta a ésta debe equilibrarse. Las emociones como el miedo, la aprehensión, la ansiedad, la preocupación son simples señales que llaman a la acción y que nos impulsan a prepararnos de alguna manera para lo que se avecina, o creemos que se avecina.

3o.) "No tengo quien me abrace": Pérdida. Sentirse desprotegido.	La pérdida de algo hace que uno se sienta herido. A menudo, esa pérdida es imaginaria. Si esto es así revise su autoestima. Tal vez tenía una percepción de la situación, o unas expectativas basadas en el deseo más que en la realidad. Tal vez esperó más de lo que cabía esperar de forma realista. Puede que no se esté respetando a sí mismo, ni tratando bien en algún nivel de su ser. Tal vez siga dándole el poder de su vida a los demás. Cuando nos sentimos heridos es síntoma de que "el filtro de protección" que tenemos (amor) está resquebrajado. Si éste está sano, nada de lo que haga nadie nos afecta, pues lo observamos a través del filtro del amor. Revise sus niveles de autoestima.
4o.) "Nadie me comprende": Sentirse herido, rabioso, resentido, rencoroso, "seguir en sus trece".	Si no se hizo con la herida emocional, es decir, integró lo que sucedió, y ha seguido sintiéndose herido por la actitud o comportamiento de alguien, usted esperará a que éste le pida disculpas por lo que le hizo, para sentirse bien. Toda vez que el otro no lo haga, o no le pida disculpas como a usted le gustaría, seguirá sintiendo rabia por lo que el otro le hizo o le dijo o dejó de hacerle, y de ahí al resentimiento hay un paso. La rabia, el resentimiento, el rencor nacen a partir de que uno cree que las cosas deban ser de una manera determinada, y cuando no son así piensa que no tiene poder sobre su vida, que "ese algo" que le hicieron es imperdonable (lo cual habla de la decisión de no perdonarse algo a sí mismo), y decide que "ese alguien viva en su cabeza sin pagar alquiler".
5o.) "Todo me sale mal": Frustración. Desilusión.	A la rabia y el rencor sigue la frustración, sentimiento que nace cuando uno siente o cree que no puede hacer nada. La impotencia ante los hechos genera resentimiento, y nos empeñamos en seguir echando las culpas de lo que nos sucede a los demás. La frustración es algo que se aprende a manejar con la madurez emocional, con la confianza en uno mismo y la aceptación de los resultados. Las cosas no siempre serán

	como uno desea que sean, no importa cuántos esfuerzos se hayan hecho. Evidentemente, como opción más sana, está el perdón, pero éste requiere grandes dosis de humildad y de facilidad de amor.
6o.) "Nada ni nadie merece la pena": Sentirse decepcionado, traicionado.	**Si uno sigue empeñado en sentirse resentido y frustrado por algo, acaba generando una profunda decepción, incluso sentimiento de traición**. Decimos que alguien nos decepcionó, que traicionó la confianza que depositamos en él/ella. Esto no es más que otro síntoma de nuestro traslado de poderes al otro. La decepción se da cuando las relaciones no se establecen sobre bases realistas cuando el conocimiento del otro está basado en nuestras expectativas, creadas éstas a partir de nuestras fantasías y deseos del Ego. Si a las personas les dejamos espacio para que se manifiesten tal cual son, no habrá lugar para la decepción. Al no existir las expectativas, tan solo la aceptación de lo que se dé, no podrá darse la decepción, puesto que nunca hubo razón para ella. Los animales viven sin expectativas, son felices viviendo el momento, no les importa si llueve o hace sol. Al no tener expectativas, no tienen frustraciones ni decepciones.
7o.) "Soy un pecador sin solución": Culpabilidad, odio, agresión a la autoestima.	Si la historia acabase con la decepción aún sería menos gravoso para el espíritu, sin embargo la historia sigue y como desde pequeños se nos ha dicho que debemos agradar a los demás, cuando no conseguimos sabotear a alguien le damos la vuelta al "misil" y lo dirigimos hacia nosotros mismos, comenzando a responsabilizarnos de los sentimientos de los demás y de su bienestar. La culpabilidad nace a partir de que desde la decepción, no le decimos al otro como nos sentimos sino que le insultamos y le echamos en cara lo que nos hizo. Conseguimos que el otro se sienta mal, pero a continuación, una vez ventilada la rabia, pasamos a sentirnos culpables y sigue la rueda interminable.

	La culpabilidad es síntoma inequívoco de que hay muchas cosas que siguen sin ser perdonadas ni a otros ni a nosotros mismos. La culpabilidad no engendra soluciones, tan solo desde la responsabilidad de aceptar que hemos cometido un error, podremos pasar a diseñar formas de reparar nuestro despropósito. No hay nada de malo en reconocer que uno erró, el reconocimiento conduce a la responsabilidad y ésta a la reparación. Sin embargo, la culpabilidad es la señal de que uno ha hecho como el avestruz (esconder la cabeza). Las cosas no se solucionan haciendo el avestruz, tan solo afrontándolas.
8o.) "Soy el hazmerreír": Vergüenza. Sentirse desplazado, "ser señalado con el dedo".	A la culpabilidad le acompaña la vergüenza, el sentirse fuera de lugar, el pensar que uno es de mala calidad, que no es digno del amor de otros. Este sentimiento no hace si no actuar como un tornado invertido y cada vez el problema está peor, peor porque todo lo que hacemos lo hacemos desde la mala conciencia, y para justificarnos le seguimos echando la culpa a los otros, y al seguir haciendo esto generamos más resentimiento... Y llega un momento en el cual nos hemos perdido en el mar de nuestro odio, y creemos ser tan malos que no queremos volver a ver nunca más al otro con la esperanza de que nuestra desaparición de escena conjure el error y todo se olvide en el silencio del desamor. Craso error. Nada se soluciona así, porque aún a pesar de que nunca más volvamos a ver a esa persona en nuestra vida, la vivencia y las emociones que generó siguen vivas dentro de nuestro inconsciente, y éste somos nosotros, con lo que sigue afectando nuestra vida aún que pretendamos lo contrario.
9o.) "Pobre de mí": desamor, no importarle a nadie, depresión, lamentación profunda, vacío existencial.	Puede que la culpabilidad y la vergüenza generadas no se hayan detenido o "tapado" a base de algo alternativo (conductas compulsivo-dependientes tales como: trabajar, beber, fumar, comer en exceso, sexo, etc.), o a pesar de ello que la persona siga martilleándose a sí mismo hasta generar una depresión como vía de escape.

	Puede que genere una depresión para "castigar" al otro, sin darse cuenta del daño que se hace a sí mismo. Puede que crea que al vivir una depresión, el otro le hará caso y le dará su amor. Y puede que así sea, y en vez de utilizar el amor para recuperarse, lo utilice para despertar lástima en el otro y de esa forma chantajearlo y manipularlo, puede que inconscientemente, lo cual no evita el hecho en sí. Unas veces, el depresivo consigue su propósito, y tiene a los demás pendientes de él/ella. En cambio otras, la gente acaba yéndose cuando ven que no hace nada por salir de su agujero. Y es que mientras haya salvadores habrá víctimas. Pero la víctima son ambos, desgraciadamente. La lástima no nos conduce a hallar soluciones ni a seguir navegando en el mar de la vida. Vivir requiere mucho coraje y mucho amor por uno mismo.
10o.) "Tierra, trágame" = soledad negativa, aislamiento	La depresión genera a su vez sentimientos de indignidad, lo cual lleva a que la persona se aísle más en su dolor y en su oscuridad, ahondando cada vez más el pozo en el que parece haberse sumergido. No quiere ver a nadie, ni tan siquiera a personas antaño queridas. La persona en su rumiar las penas y las culpas se encierra en un agujero sin final, sin fondo. Para salir del cual se requiere una cuerda muy larga hecha de amor, coraje, valor y constancia, supervisada por ayuda terapéutica especializada. Si usted tuviese alas, sería como si éstas se llenasen de alquitrán y fuese imposible volar, para volver a hacerlo debería limpiarlas con sumo cuidado, con paciencia exquisita, para no estropear sus fibras largamente asfixiadas y sin ver la luz.
11o.) "No estoy aquí, no soy yo" = Pérdida del sentido de la vida, de contacto con la realidad, del sentido y valor del sí mismo. Posible suicidio psicológico.	Cuando perdemos la luz, cuando no podemos volar, es decir, cuando vivimos sin amarnos, sin amar y ser amados acabamos por morirnos, por suicidarnos psicológicamente. La vida pierde el sentido, se dice que "no merece la pena ser vivida", y todo porque en vez de levantarnos cuando algún obstáculo nos tumbó, nos dedicamos a lamentarnos y a abandonarnos a merced

de la corriente. Perder el sentido de la vida, es síntoma de la ausencia de amor que existe en el ser hacia sí mismo. La persona se ha desligado ya tanto de la Fuente (El Espíritu), que cree no valer nada ni ante los ojos de Dios, energía hacia la que se vuelven los ojos en última instancia cuando se tiene el corazón lleno de negra desesperanza.

Hay quien se suicida psicológicamente derivando hacia una esquizofrenia, por ejemplo. Perder el contacto con la realidad es como decir que no queremos saber nada de lo que nos rodea, que no queremos responsabilizarnos en grado máximo de las creaciones de nuestra vida, y dejamos a otros la responsabilidad de los desastres que hemos creado.

Lo ideal sería no llegar nunca hasta este nivel, y volver los ojos hacia el corazón, pedirle ayuda al Alma. Dejar que la Fuerza infinita que nos da vida nos ilumine el camino de la sanación de la psique y la curación del cuerpo.

29

Cómo arreglar lo que NO funciona

Pasemos a revisar qué cosas hace usted para sentirse mejor. Haga una lista de cosas que puede hacer para modificar su estado, para romper su estado y comenzar a sentirse mejor inmediatamente, para pasar del dolor al placer. Enumere como mínimo 15, y a ser posible 30 o más formas de modificar su estado de ánimo. Recuerde que carece de un plan para el placer y la felicidad, solo tendrá dolor y negatividad.

A continuación le propongo un ejercicio para que usted pase a dominar la técnica de "ruptura de estados de ánimo o de patrones de conducta" —eso que se conoce por tomar distancia respecto de una situación dada o no incorporar cosas—, de una manera muy sencilla. Siéntese cómodamente. Cierre los ojos. Piense en una situación que le esté sucediendo actualmente. Cree una imagen de la situación y, con la imaginación, comience a alejarla de usted situándola cada vez más y más lejos. Seguro que ya comienza a sentir un cierto alivio. Ahora, colóquese, en su imaginación, en una posición elevada y observe el problema desde una nueva perspectiva. ¿Cómo se siente? Seguro que la intensidad emocional ha disminuido. Ahora pruebe a hacerla más pequeña, a alejarla, a desenfocarla, a hacerla opaca. ¿Disminuye su intensidad emocional? Seguro que sí. Pruebe ahora a hacerla más grande, más brillante, a enfocarla, a acercarla a usted. En muchas personas esto intensifica lo que experimentan, las emociones son más intensas. Ahora empújelo hacia el fondo, acérquelo al sol y observe como éste lo derrite. Si prefiere, sumérjalo en un lago y observe como se disuelve en el agua. A muchas personas este tipo de ejercicio les ayuda a sentirse mejor, a "quitarle hierro al asunto". Es interesante comprobar cómo, cuando se sustituye un ingrediente la receta cambia. Practique esto a solas, y pronto se encontrará que es capaz de pasar de un estado de irritación a otro de calma con increíble facilidad.

Tal vez quiera probar con esta otra receta. Si está con otras personas, y de repente comienza a notar como lo que otro le dice le está irritando o molestando pudiendo eso llevarle a un estado no conveniente para usted en esos momentos. O si está solo y una idea suya sacude su calma interior... créame, rompa dicho estado simplemente vistiendo a la persona o a la idea de forma ridícula, o pásela adelante y atrás a todo velocidad. A buen seguro que se echará a reír interiormente o exteriormente si la situación lo permite, y comenzará a sentirse mucho mejor inmediatamente.

Es importante que, además, se visualice-imagine mentalmente varias veces a sí mismo manejando la situación. Hágala lo más real posible, es decir, póngale luz, color, sonido y sensaciones. Véalo, mire la escena con luz, en color, enfocada, brillante. Vea todo lo que ve. Escuche las voces, los sonidos, las palabras. Sienta las emociones que se estén dando en usted; incorpore olores, sabores si los hubiese. Grábela en su mente. Utilice sus cinco sentidos para ello. Si todo esto lo hace en su casa en un estado de relajación profunda será todavía mucho más efectivo.

CÓMO REACCIONAR FRENTE A LOS ESTADOS AVISADORES

Puede que no haya actuado cuando todavía era sencillo atajar lo que nos ocurría, y la cosa pasó a mayores, veamos pues qué se puede hacer en esa segunda fase.

Los estados avisadores	¿Qué hacer para solucionarlos?
1o.) "Estoy raro, no sé qué me pasa": aburrimiento, desazón, incomodidad, ligera ansiedad	**¿Qué es lo que debería estar haciendo y no hace? ¿Qué es lo que hace y no querría hacer? ¿Con quién querría estar y no se atreve, acaso se niega el sentimiento? ¿Qué le pide realmente a la Vida, y qué está dispuesto a ofrecer?** ❍ Pregúntese qué quiere conseguir, cómo se quiere sentir. ❍ Revise su percepción de la realidad, su enfoque, los resultados que está obteniendo. Pruebe a variar ligeramente su percepción y vea si consigue sentirse mejor. ❍ Cambie o redefina sus acciones.
2o.) "Suena la alarma": Miedo, ansiedad, preocupación.	**Encárese con su miedo: ¿por qué prefiere invertir energías en tratar de huir de la situación en vez de afrontarla con responsabilidad? ¿Cuál es la intención positiva, la lección contenida en su miedo?** ❍ Piense en la situación que le produce miedo, y decida que puede hacer física o intelectualmente para prepararse. ❍ Piense en qué o cómo puede hacer para manejarse de forma efectiva y asertiva con la situación. ❍ Una vez haya hecho los preparativos necesarios y/o tomado las medidas necesarias para manejar la situación. Deje de preocuparse y dedique sus energías a imaginar cómo todo se ha resuelto bien. Visualice el resultado final favorable, hasta que se sienta confiado y seguro.

	Pierda el miedo a la muerte y se le pasará todo miedo. Pregúntese: ¿"qué es lo peor que me podría ocurrir en este caso?" Y, respóndase: "eso, lo puedo manejar".
3o.) "No tengo quien me abrace": Pérdida. Sentirse desprotegido.	**Observe la situación desde el lado positivo, seguro que algo bueno está obteniendo.** ❍ Usted no ha perdido nada, por lo que no debe sentirse herido. Dese cuenta de esto. ❍ Plantéese que ha ganado aunque sus expectativas no hayan sido cubiertas. ❍ ¿Qué podría hacer para mejorar su autoestima? ❍ Hable, dígale a quien sea lo que tenga que decirle. Comience a practicar la comunicación asertiva.
4o.) "Nadie me comprende": Sentirse herido, rabioso, resentido, rencoroso, "seguir en sus trece ".	❍ Revise si usted no ha creído sentirse herido al malinterpretar las acciones o palabras del otro. Centre su atención en la "intención positiva del otro". Cobre distancia. Póngase en una posición neutra y observe desde ahí. Separe la conducta de la persona, tal vez descubra que le aman a pesar de cómo se comportaron. ❍ Revise su forma de entender de la vida, quizás sea rígida, por lo que los demás "infringirán" sus reglas continuamente. ❍ Tal vez usted sea de los que esperan que los demás hagan siempre su voluntad, o adivinen sus deseos. Hable, exprese lo que siente y piensa. No ponga en manos de los demás su vida. ❍ Recuerde: "amamos a las personas pero no sus comportamientos".
5o.) "Todo me sale mal": Frustración. Desilusión.	**Nos frustramos toda vez que tenemos expectativas y/o queremos controlar los resultados. Para ser felices y sentirnos complacidos, basta tan sólo con vivir la vida tal cual se presenta.** ❍ Sea flexible. No tenga expectativas rígidas. Déjese sorprender por la vida, déjese llevar por el río de la vida. ❍ Aprenda a manejarse con situaciones frustrantes. Practique la flexibilidad y la aceptación incondicional. Tenga fe en sí mismo, y confíe en que todo sucede para su mejor bien. ❍ En vez de sentirse frustrado, dedique sus energías a pensar qué puede hacer para alcanzar su meta.

	❍ Encuentre el lado positivo de la situación, y dedíquese a aprender de este reto.
6o.) "Nada ni nadie merece la pena": Sentirse decepcionado, traicionado.	❍ Cambie sus expectativas. ❍ Piense en lo que puede aprender de esta situación. Y en las posibles soluciones. ❍ Céntrese en la nueva meta, deje que ésta le inspire. ❍ Puede que esté adelantándose a los acontecimientos, a veces para ganar hay que pasar por los "fracasos", que no son si no retos. ❍ Cultive la paciencia, a veces sacamos el pastel antes de que esté listo y juzgamos antes de tiempo. Sea paciente, disfrute la espera. ❍ Cultive una sana actitud expectante y confiada. Haga lo que esté en su mano, y confíe en que todo resultado será para su mejor bien.
7o.) "Soy un pecador sin solución": Culpabilidad, odio, agresión a la autoestima.	❍ Reconozca que ha traicionado su escala de valores. ❍ Comprométase a no repetir esa conducta, aprenda de ella, no se regodee en la culpa. Haga lo que tenga que hacer para que no se dé de nuevo. Hágase responsable de sus actos. Repare los desperfectos que su comportamiento pudo causar. ❍ Perdónese y perdone los posibles errores. Al fin y al cabo, ya lo dijo el filósofo: "Errar es de humanos y rectificar es de sabios".
8o.) "Soy el hazmerreír": Vergüenza. Sentirse desplazado, "ser señalado con el dedo".	❍ Puede que no se valore a sí mismo como debería. Revise esto. ❍ Puede que no tenga desarrolladas las habilidades necesarias para manejarse con la situación. Trabaje en desarrollarlas. ❍ Recuerde que "todos los recursos están dentro de usted", y "si otro puede hacerlo, yo también".
9o.) "Pobre de mí": desamor, no importarle a nadie, depresión, lamentación profunda, vacío existencial.	❍ Si siente que le desborda la vida, párese a reflexionar y centre su atención en las cosas que sean realmente importantes. Seleccione. Separe el trigo de la paja. ❍ Haga algo para comenzar a sentir que controla la situación. Deje de lamentarse y póngase en movimiento, haga algo que le ayude a sentirse

	mejor. Ejercite su cuerpo, escuche música, lea, pasee, baile, hable con amigos, busque ayuda... ○ Acepte el dolor como parte natural de un proceso de pérdida, sentirá como la serenidad, que proporciona la aceptación, le invade. ○ Mímese, téngase en cuenta, escúchese. Conviértase en su mejor amigo. Ámese.
10o.) "Tierra, trágame" = soledad negativa, aislamiento.	○ Haga algo para salir de su pozo: apúntese a un club, a un gimnasio, vaya a conferencias, llame a grupos de ayuda, vaya a conciertos. Cultive la amistad, dígale a la gente que quiere ser su amigo(a). Cuide a gente necesitada, a ancianos, ofrezca su ayuda a grupos de apoyo a necesitados. ○ Identifique qué tipo de conexión humana necesita: amistad, relación amorosa, alguien que le escuche, un compañero de paseos... ○ Ábrase, deje a la gente entrar en su vida, y entre usted en la de ellos. Inicie usted conversaciones, invite a tomar café. No espere a que los demás den el primer paso. Si alguien le gusta, dígaselo. Recuerde: "lo que no se enseña, no se vende", solía decir mi abuela María Roseta.
11o.) "No estoy aquí, no soy yo" = Pérdida del sentido de la vida, de contacto con la realidad, del sentido y valor del sí mismo. Posible suicidio psicológico.	○ Busque en su alma. Reconéctese con su parte espiritual. Lea libros que le ayuden en su camino de vuelta al alma. Medite, ore... ○ Retome las conversaciones, que cuando niño, tenía con su ángel de la guarda. ○ Aprenda a amarse, a través de conocerse y aceptarse cómo es. ○ Pregúntese cuál es la lección que se le ofrece aprender a través de esa enfermedad o problema, en vez de lamentarse de su mala suerte. ○ Empiece a escuchar lo que su Alma tiene que decirle. Vuelva la mirada hacia su interior. Usted es alguien único, digno de todo el Amor del Universo. Exprese el amor que es usted. ○ Recuerde que las crisis espirituales no se solucionan a base de píldoras, hay que ir al corazón y amar al Ser que uno es.

30

Observando el mundo

Observando el mundo, se dará cuenta de cómo, cuando estamos envueltos en un torbellino emocional, olvidamos —puede que lo desconozcamos—, que las personas no podemos controlar el comportamiento o reacciones de los demás. En cambio, tenemos poder sobre nuestro comportamiento y/o reacciones frente a sus acciones. Somos nosotros los que decimos cómo respondemos ante las acciones de los demás. El mismo comportamiento en un individuo provocará reacciones muy diversas en individuos diferentes. ¿Por qué?, se preguntará usted. Por la sencilla razón de que concurren varios factores que serán diferentes en cada uno de ellos, a saber:

1o. Tipo de relación con la persona en cuestión.
2o. Factores personales propios: equilibrio interior, autoestima, autovaloración, serenidad, compasión.
3o. Si tiene en cuenta o no que "detrás de todo comportamiento hay una intención positiva".

4o. Nuestra escala de valores y creencias en base a la cual evaluaremos el comportamiento en cuestión, sin dejar de lado el factor "¿quién es esa persona en nuestra vida (1o.)?"

Algo que le será de vital importancia es aprender a "ponerse en los zapatos del otro". Las situaciones vistas desde el lugar del otro pueden ser muy distintas. Cada persona en este mundo tiene una percepción propia, y por ello diferente, de la realidad, aunque le parezca increíble. Si creía que su visión de la realidad era la única válida y que todos debían tener la misma, comience desde ya mismo a desechar esa idea. Deshacerse de esa idea mítica le será de gran utilidad en la vida, modificará sus relaciones y su bienestar interior mejorará. En su lugar adopte la nueva de: "cada persona tiene una percepción de la realidad, y es igualmente válida que la mía". No se trata de tragar con la idea del otro, ni mucho menos. Las personas debemos aceptar que cada uno tiene su propia y particular versión de la realidad que es válida para él, lo cual no significa que sea necesariamente válida para usted. Usted puede respetar esta versión sin necesidad de adoptarla. Empeñarse en que los demás tengan su mismo punto de vista, su misma vivencia de la realidad, o que escuchen lo mismo en una conversación, es contribuir a dificultar las relaciones humanas con los otros y consigo mismo.

Las personas reaccionamos como reaccionamos por muchas y variadas razones, en las cuales no voy a entrar ahora, pero sí reiteraré que: **"detrás de todo comportamiento hay siempre una buena intención o una intención positiva".**

Usted tiene por lo general tres posibilidades de reacción en cada situación: "Huida", "Pelea" o "Asertividad":

1. **Huida (respuesta sumisa):**
   ante lo que ocurre se evade psicológica (no reacciona) o físicamente (se va), o ambas.

2. **Pelea (respuesta agresiva):**
   ataca al otro, y comienza una discución que se sabe como empieza pero no como acaba.
3. **Asertividad (respuesta madura):**
   usted expone su versión de la realidad y hace que la respeten. Escucha, a continuación la del otro y la respeta. Trata de llegar a un acuerdo que satisfaga a ambas partes, y si no llegan, al menos han intercambiado puntos de vista rodeados de un clima de respeto.

Además de esto, puede enfocar la situación desde tres posiciones:

1. **PRIMERA POSICIÓN:**
   la suya propia, la de usted.
2. **SEGUNDA POSICIÓN:**
   la del otro, o ponerse en sus zapatos o en su lugar.
3. **TERCERA POSICIÓN:**
   neutral, la de una tercera persona que puede ser alguien vivo físicamente, o un ser sabio, un ángel, su Self (Yo superior, Yo Esencia), etc.

Pruebe a hacer este simple ejercicio

1o. Tome tres sillas, decida cuál será la primera posición, la segunda y la tercera.

2o. Decida que aspecto de su vida quiere tratar, ya sea el de "abundancia financiera", una idea cualquiera o lo que usted elija.

3o. Siéntese en la silla de Primera posición y diga lo que quiera decir respecto del tema que le ocupa.

4o. A continuación siéntese en cualquiera de las otras dos sillas, la que prefiera. Desde ésta posición, y sintiéndose la persona que ha elegido ser, dé su opinión sobre el tema.

5o. Por último, siéntese en la silla-posición que le falta y haga lo mismo. Se asombrará de las cosas que descubrirá.

6o. Para redondear el ejercicio, una vez que haya hablado desde la silla escogida, por ejemplo "A", siéntese en las otras dos (B y C), primero en una y luego en otra, y "reciba" el mensaje que daba la otra posición (A). ¿Lo comprende, está de acuerdo? Si tiene algún mensaje desde esta silla, dígalo. Luego vuelva a (A) y compruebe que lo entendió.

31

Valores personales

De nada sirve repetir frases afirmativas positivas si usted no conoce su escala de valores, ni se ha comprometido a vivir de acuerdo a los mismos. ¿Qué es eso de los valores personales? Para mí es un código de honor, una tabla ética en la que están las cosas no negociables por mí bajo ningún concepto así como las negociables, y en qué términos. Usted, como todo el mundo, tiene su escala de valores personales. Una escala que no debería prostituir salvo que quiera encontrarse incómodo en su piel, en su vida. Si usted, pongamos por caso, para ganar dinero acepta un trabajo que considera denigrante bien porque su jefe le humille con su comportamiento todo el rato, bien por lo que sea... estará violando su escala de valores, lo cual no le creará abundancia de felicidad que digamos. Si adopta la máxima de "ganar dinero no importando cómo", no estará creando prosperidad, tan sólo estará amasando dinero. Si usted para ganar dinero estafa a otros o se engaña a sí mismo, le garantizo que ese dinero no le dejará buen sabor de boca. Y no me vale eso de que hay mucha gente que han hecho dinero a costa de engañar a otros y son felices. Para empezar, usted debería aceptar que tal vez su teoría de que ha hecho dinero engañando no sea cierta, segundo puede que lo sea pero... ¿y eso de ser feliz? Deje de emplear sus energías en intentar descubrir por qué los demás tienen dinero y usted no. Le será más rentable ocuparse de su escala de valores y dedicarse a crear su abundancia personal como ser humano.

La abundancia personal va más allá de tener dinero o no tenerlo. La riqueza material está bien si ello no emponzoña el alma. Entiendo por emponzoñar el alma todo ese dinero ganado a base de:

- horas robadas al descanso
- horas robadas a la familia
- horas robadas al disfrute de los amigos
- no ver puestas de sol
- no tener vacaciones
- arrastrar al cuerpo físico que protesta, en su total derecho, por el maltrato psicológico
- engañar a la gente
- no pagar facturas
- no hacernos un regalo ni tan siquiera de 100 pesos
- no llevarnos al cine por no gastar ese tiempo en fruslerías, cuando podíamos estar amasando dinero
- no hacer un curso por no emplear dinero en cultivarnos
- no emplear dinero en nuestro bienestar psicológico por considerar que eso es un GASTO de dinero y no una inversión en uno mismo
- gastar dinero en ropa y en cosas que no aportan nada a nuestro bienestar interior
- no disfrutar de unos días sin hacer nada por considerar que eso atenta contra la sociedad capitalista que mide el éxito según el grado de ocupación (observe cuántas carre-

ras hace con el vecino o el colega para averiguar quién de los dos está más ocupado y estresado). Siga coleccionando cupones de "estoy muy liado", siga... y verá.

- no comprar cosas de calidad, o de comer bazofia
- no compartir con otros su riqueza a todos los niveles
- no sonreír
- no amar, ser romántico/a, dedicarse a soñar...
- no asistir a un concierto que le apetece mucho
- aceptar que su jefe le amenace con el despido si no se comporta acorde a sus reglas
- aguantar a una pareja que le falta al respeto como ser humano
- trabajar en una empresa que le explota miserablemente
- no trabajar en aquello que le gusta
- no dedicarse a lo que siente que es su misión en esta vida
- no irse a estudiar al extranjero una temporada por no dejar su trabajo y temer no encontrar nada a la vuelta
- dejar para tal vez nunca lo que podía disfrutar hoy
- no mostrar su cariño a quienes ama
- ejercitar el mal genio como faceta personal
- dejarse la piel, la sonrisa, la esbeltez y la sanidad mental en una carrera suicida hacia lo que la sociedad llama "éxito"
- manipular a otros para que hagan lo que a usted le plazca
- no escuchar la voz del alma
- no hacer eso que siempre soñó
- no dejar volar la fantasía
- no darse un baño de espuma y sales amenizado con velas
- no leerse un libro clave para su alma
- NO VIVIR esta vida suya

Podría seguir la lista, mas creo que tiene ya ejemplos suficientes como para saber a qué me refiero cuando hablo de emponzoñar el alma.

Ejercicios

A. Haga su lista de valores, y escriba en ella todas esas cosas que considera innegociables bajo ningún concepto. Una vez hecha ésta, haga otra en la que escriba los cosas que está haciendo. Después compare ambas. ¿Se está usted traicionando a sí mismo? ¿Son contradictorias estas dos listas? ¿En qué se apoyan ambas? ¿En qué son complementarias? ¿En qué se refuerzan? Haga "examen de conciencia", sincérese consigo mismo. Todos las personas, por regla general, tenemos cosas que consideramos sagradas, averigüe cuáles son las suyas.

B-1. Confeccione otra lista donde coloque qué cosas valora usted en la vida. ¿Qué le gustaría tener, hacer, pensar, sentir, etc.?

B-2. Ahora diga lo qué realmente hace de la lista anterior, y con qué frecuencia al trimestre, al semestre y al año.

C-1. Escriba en otra hoja los cosas que estaría dispuesto a hacer para ganar dinero, para tener salud, para tener alegría, para tener entusiasmo, para desarrollar la capacidad de disfrutar de la vida.

C-2. Ahora analice la lista anterior. Dígase a sí mismo cuáles de todas esas cosas, que ha dicho que haría, las está ya poniendo en práctica, es decir, las hace ya en la actualidad.

D. Escriba qué valores tiene usted como ser humano, cuáles son sus activos como persona. ¿Qué valora de sí mismo? ¿Cuáles de estos valores son innegociables?

E. ¿Se considera un ser abundante? Escriba todas las cosas por las cuales puede dar gracias o las daría.

No se deje nada, esas están dentro de usted, fuera de usted, en su familia, en su casa, en su banco, en sus amigos, en el mundo...

F. *¿Qué valora en sus amigos, en su pareja, en su trabajo?*

G. *¿Con qué valores querría irse de este mundo? ¿Los está desarrollando? ¿Está haciendo algo para tenerlos?*

H. *¿Cómo querría que fuese su último año sobre la Tierra? ¿Y, el último día?*

I. Y la pregunta clave:

¿Qué necesita para ser feliz? ¿QUÉ TIENE QUE SUCEDER PARA QUE USTED SE CONSIDERE FELIZ, EXITOSO, ABUNDANTE...?

32

Poniendo los límites

No sólo tiene que hacer listas de cosas o de valores. También deberá aprender a hacerse respetar, es decir a hacer lo que en Psicología se llama "poner los límites". ¿Que es eso de poner los límites?

Poner los límites significa:

- Vivir de acuerdo a sus reglas.
- Vivir de acuerdo a sus creencias y no acorde a las expectativas de los demás.
- Respetarse a sí mismo y decir NO cuando realmente quiera decirlo, y decir SÍ cuando quiera decirlo.
- Valorarse como ser humano y valorar a los demás.
- Hacer sólo aquello que desee hacer de todo corazón.
- Hacer las cosas acompañadas de amor incondicional, con total y auténtica generosidad y no para obtener algo de vuelta.
- No dejar entrar pensamientos, comida, personas, hechos, ideas, etc. nocivos para usted.
- No haga cosas que sean para complacer a los demás.
- Diga lo que tenga en su mente. Exprese cómo se siente.

Fórmula mágica de la comunicación asertiva:

YO me siento/pienso/creo........................
CUANDO TÚ.............................
PORQUE...............................

Ejemplo: "Yo me siento mal siempre que tú me cuelgas el teléfono en una conversación, porque para mí eso es una falta de respeto". "YO siento que usted no valora mi trabajo CUANDO comenta tan sólo los posibles fallos PORQUE para mí la valoración se ocupa también de los aciertos". "YO opino que usted no valora mi trabajo y que me está menospreciando CUANDO me ha cambiado las funciones a peor PORQUE considero que alguien de mí valía se merece un puesto superior".

Si usted aprende a hacerse respetar y a ponerle los límites a otras personas, aprenderá también a ponérselos a sus ideas negativas, a sus reglas malsanas, a sus pensamientos carcoma, a su dieta insana, a su horario de trabajo digno de los mejores esclavos.

ATRÉVASE A CAMBIAR LAS REGLAS DE SU VIDA

A buen seguro que a usted no le molestan los comportamientos de los demás sino que no se comporten arreglo a las reglas de usted. Las personas hacen lo que hacen, se comportan de muy diversas maneras y siempre habrá quien no estará de acuerdo con algo o con todo lo que otro u otros hacen. Se ha preguntado alguna vez por qué le molesta lo que otros hacen. Tal vez no le están faltando al respeto. Puede que su comportamiento sea muy correcto. Puede que ni tan siquiera interfiera lo que ellos hacen con su vida. Entonces, ¿cómo es que le molesta tanto lo que hacen? Hay personas con comportamientos y actitudes muy rígidas (con muchos dolores físicos en sus articulaciones, como consecuencia de esa actitud persistente), que se molestan con cualquier cosa y que se toman a título personal lo que hace o dice su vecino sin que esto interfiera lo más mínimo en su vida. Son las personas de las super reglas. Si bien es cierto que todos tenemos o hemos tenido reglas en algún momento de nuestra vida. Estas actúan a modo de puntos de referencia a los que cogernos cada vez que nos sentimos zozobrar en el mar de sorpresas que es la vida o en la piscina de incertidumbres que es la sociedad.

Piense en la última vez que se enfadó con alguien o que se sintió molesto con alguien. ¿Fue porque se comportó de cierta manera? ¿O fue por lo que dijo, hizo o no hizo? ¿Fue, quizás, porque no hizo, dijo o se comportó de la forma que usted esperaba? Se ha parado a pensar que tal vez fue porque violó las reglas de usted... En la base de todo enfado emocional hay un traspaso de reglas. Alguien hizo, dijo o dejó de hacer o de decir algo que según sus reglas debería o tendría que haber hecho o dicho. Sencillamente, no dieron forma a sus expectativas, las dejaron vacías.

Es cierto que es necesario tener puntos de referencia y saber cuál es la escala de valores que tenemos, si bien debemos rodearlas de flexibilidad. Las "reglas" o puntos de referencia que podamos tener han de ser firmes pero flexibles, como el bambú. La rigidez acaba siempre por quebrar algo, cuando no quebrarse a sí misma. Si usted sostiene a pie juntillas o a rigidez inamovible que si alguien no se lava la cabeza todos los días es un marrano, o que alguien que no tiene estudios universitarios no es inteligente, o que las mujeres con rol de amas de casa son unas fracasadas o lelas... A buen seguro que pasará enfadándose mucho tiempo, pues toda vez que alguien transgreda los límites de su reglamentación usted le pondrá una cruz en su libreta. Esa actitud cerrada de no querer revisar su propio nivel de creencias, le llevará a perderse muchas cosas y personas maravillosas de la vida, no hablemos de los dolores de cabeza y etcéteras que podría ahorrarse si aceptase flexibilizar su mapa del mundo, y convivir con sus reglas como si estas fuesen puntos referentes y no muros infranqueables por todos aquellos que no respondan a las mismas.

Las reglas son una fuente de placer y de dolor en nuestras experiencia. Usted puede cambiar los valores, puede conocerlos, pero no debe olvidarse de las reglas. Las reglas pueden dar al traste con su mundo de felicidad y crear dolor. Pueden obstaculizar el logro del éxito en cualquiera de los campos que haya escogido. Tenemos que hacer reglas que nos faciliten el alcance del éxito, el logro de nuestros sueños. Muchas veces no alcanzamos lo que queremos debido a unas reglas fijas e inmutables que dominan nuestra vida. Muchas veces las personas no se sienten bien porque las reglas con las que rigen su vida llenan ésta de dolor, haciendo muy difícil el sentirse bien y muy fácil el sentirse mal. Hay que entender que las reglas son un mecanismo que dispara las emociones humanas, y lo que hay que hacer es aprender a usarlas más efectivamente.

Pongamos por caso que la lista de valores de alguien sea la siguiente:

- Amor
- Felicidad
- Libertad
- Seguridad
- Éxito
- Respeto

Así a simple vista parece maravillosa. Con toda seguridad pensarán que es una persona orientada hacia el amor, la felicidad y la libertad. Mas si echamos una mirada, observaremos que hay dos valores que pueden chocar entre sí, estos son la libertad y la seguridad. Puede que esta lista pertenezca a una persona sumida en el dolor, encerrada en sí misma, apartándose de una vida social y centrada en su profesión como si fuese una reclusa. Habría que comenzar por preguntarle:

"¿Qué tiene que suceder para que se sienta feliz en...?"

Proceda así con cada uno de los valores de la lista. Si hace esto con su propia lista podrá descubrir si sus reglas refuerzan u obstaculizan su vida. Se dará cuenta de si se contradicen o restan energía entre ellas cuando a simple vista no parecen hacerlo.

Las reglas quitan energía, restan poder siempre que:

a. **No es posible alcanzarla.** Toda regla que haga que el juego de la vida sea inalcanzable porque los criterios que usted sostiene son demasiado complejos, variados o intensos se convierten en reglas quita energía.

b. **La consecución de la misma depende de algo que usted no puede controlar, es decir, queda fuera de su alcance.** Si toda vez que las cosas se dan de forma acorde a sus expectativas, o la gente no se comporta como usted espera, usted se enfada... Estamos ante una regla que resta energía a su vida.

c. **Cuando la regla le proporciona muchas maneras de sentirse mal y pocas de sentirse bien,** estamos ante una regla quita energía.

Pregúntese, no sólo cuáles son los VALORES y REGLAS hacia los que usted tiende o se orienta, sino también cuáles son esos que trata de evitar. Siguiendo con el ejemplo anterior, podría ser que esa persona tuviese como Valores y Reglas Evitables: el Fracaso, la Rabia y el Rechazo. Obviamente chocan directamente con la Libertad, sin ir más lejos, además de hacerlo con los otros valores y reglas hacia las que tiende. Tómese un momento para escribir los Valores y Reglas hacia las que tiende y los que trata de evitar. Compárelos. ¿Existe alguna discrepancia entre ellos? ¿Se restan fuerza? ¿Se inmovilizan unos a otros? Es muy fácil sentirse mal y muy difícil sentirse bien para mucha gente. Si cada vez que alguien no se adapta a sus reglas, no comparte sus creencias o sus idea acerca de algo le rechaza y le evita, se generará a sí mismo muchos y variados dolores, sin hablar de las enfermedades. No rechace a alguien antes de conocerle tan sólo porque no coincida en algo. La diversidad enriquece. Las diferencias ayudan a expandir nuestro mapa vital. Hay muchas personas que a pesar de su éxito profesional siguen sin ser felices, siguen sin encontrarle un sentido a la vida. Y todo ello se debe a una serie de reglas paralizantes, a una serie de valores que entran en conflicto entre ellos, o a unas creencias inapropiadas.

Por regla general, las personas creamos o provocamos relaciones conflictivas por el solo hecho de que alguien piensa de forma diferente a nosotros. Diferir no es igual a falta de respeto. Lo mismo que respetar no es sinónimo de compartir o pensar igual. Uno puede diferir y respetar al mismo tiempo.

Igual que puede compartir y respetar. No se trata de saber quién tiene la razón o MÁS RAZÓN, sino de OBTENER/CREAR UN TERCER MAPA QUE SIRVA A AMBOS. Deje ya de pelearse con otras personas. Para empezar, los opuestos conviven dentro de usted. Así pues, comience por aceptarlos en su interior, y desde ahí le será fácil aceptarlos en otras personas.

Opuestos no significa contrarios. Opuestos se les denomina así por estar uno enfrente del otro, que no es lo mismo que enfrentados. Los opuestos son necesarios para el equilibrio interior. Si usted careciese de uno de ellos estaríamos hablando de un punto estático donde apoyarse o moverse. Sin embargo, no habría un equilibrio dinámico, pues careceríamos del enriquecimiento que produce el contraste de los opuestos, de lo diferente. Si usted lleva a un sanador dentro de usted, también lleva a un guerrero. El uno sin el otro estarían como incompletos. Los dos son punto de referencia para ambos. Negar la existencia de uno de ellos, es algo así como acumular razones para algún desequilibrio interior, o alimentar la zona de sombra. La negación de uno de ellos trae pareja algún desequilibrio psicológico, ya que no prescindimos del mismo en realidad, sino que lo desterramos a la zona de sombra, en el inconsciente. Lo dejamos abandonado, almacenado con un cartel de "apestoso", "horrible", "peligroso", o algo parecido. Con archivarlo creemos haberlo hecho desaparecer, nada más lejos de la realidad. Ni ha desaparecido ni está inactivo. Está en algún lugar de nuestro inconsciente, en el área de sombra, pugnando por salir, por ser restituido. Y en su clamar por regresar, por ser aceptado de nuevo en el reino de la Luz, aporrea la puerta del castillo, lanza piedras a la ventana del consciente. Por regla general, arma mucho ruido. Evidentemente estoy hablando en sentido figurado, utilizo el lenguaje abstracto para mejor describir lo qué sucede cuando negamos algo de nosotros mismos. En ese armar barullo, aquello que de nosotros hemos negado, llegará hasta el punto de enfermar físicamente caso de que no le abramos la puerta y le aceptemos de nuevo como parte de nosotros.

Si usted, pongamos por caso, no acepta algo de sí mismo, se pasará la vida viendo ese reflejo en los otros, con el efecto consiguiente de toda proyección: la incomodidad, el no poder soportarlo, el creer que son los otros los culpables de nuestra mala suerte, etc. Acepte sus opuestos, intégrelos en la luz. Déjese de negaciones. Si ha desterrado a su guerrero prepárese para vivir en una lucha constante por ponerse en su lugar. Si en cambio, ha desterrado al sanador, esté dispuesto a pasarse la vida en busca de su capacidad de sanación natural.

Está bien vivir con reglas, con valores. Pero recuerde que los opuestos pueden convivir pacíficamente en usted. Y usted en un mundo de opuestos. Es cierto que muchas veces las reglas le permitirán tener una vida más sana. Pero no son las reglas en sí, sino su contexto de aplicación y lo que se obtiene con ellas. Pongamos por caso que usted tiene unas normas para mantener su cuerpo físico en armonía, tonificado, en forma, que consiste en ir todos los días al gimnasio, y trabajar, durante al menos una hora, sus músculos. Además de esto, añade a sus normas el caminar media hora todos los días, subir escaleras en vez de coger el ascensor, y no comer dulces refinados, ni chocolate, ni beber alcohol, ni fumar. Evidentemente estas normas, o reglas, le sirven a usted, están a su servicio, y le ayudan a mantener una gran calidad de vida. Es muy sano también, tener como norma o regla, no tomar drogas, ni fumar porros, ni emborracharse. Ciertamente, esas reglas son muy saludables.

Sin embargo, las normas se vuelven carceleras cuando nos impiden relacionarnos sanamente con nosotros mismos o con los demás. Si entre sus normas se cuentan que nadie puede llamar a su casa después de las diez de la noche, y a alguien de sus amigos se le ocurre, posiblemente le sacará los perros si osa hacerlo. Está bien tener normas, pero esté atento a cuáles. Puede que deba revisar sus normas en las relaciones personales. Tal vez considera que alguien que no vista elegantemente (lo que usted entiende por elegantemente), no puede pasar a formar parte de su círculo. Tal vez esto lo aplique al terreno de la cualificación profesional y/o académica. De ser así, se perderá con toda seguridad personas maravillosas, y todo porque no tienen un título universitario. Tal vez sus normas versen en el terreno de las profesiones, o en si saben cocinar o no... Revise sus normas, repase sus reglas. Al Caribe se puede ir tanto en verano como en cualquier estación del año, y siempre hay algún lugar en la Tierra con nieve para esquiar en cualquier época del año. Por lo tanto, flexibilice las normas que le ayuden a ampliar su campo de acción, y añada algunas a su vida si quiere alcanzar algún día sus metas.

Alcanzar metas sin normas, o sin reglas, sin "debería hacer esto o lo otro", le será difícil porque carecerá de guías en su camino hacia la meta. Si nunca se pone a establecer normas, nunca llegará a alcanzar su sueño. Puede que para escribir un libro deba empezar por comprarse un ordenador, o por sentarse a escribir como norma dos horas cada día. Todo camino de mil kilómetros comienza con un sencillo paso. Pero si va postergando ese sencillo paso, nunca se pondrá en marcha. Las normas no son carceleras por sí mismas, es como usted se las aplica y las usa en su vida diaria. Muchas veces se tienen normas absolutamente intransigentes para cosas sin importancia, y se carecen de las más elementales normas para temas claves. Comience por revisar cuáles son sus normas, cómo, cuándo y dónde las usa. A la luz de lo leído, haga su nueva lista de valores. Posiblemente habrá sufrido transformaciones.

NEGOCIANDO LAS REGLAS

Posiblemente se haya encontrado más de una vez atascado en una relación personal o profesional, donde ninguna de las dos partes consiente en "romper sus reglas", por lo que se hallan ambos en una especie de callejón sin salida. Bien, ¿por qué no se ponen a negociar sus respectivas reglas?

- Comience por responder a la siguiente pregunta: ¿QUÉ ENTIENDO YO POR respeto, amor, regla, norma, amistad, sinceridad, etc....?
- Después pregúntele al otro ¿QUÉ ENTIENDE POR...?
- Ahora ya están en situación de acercar mapas. Es decir, de crear uno que satisfaga a ambas partes porque tendrá de ambos. No será ni el suyo ni el del otro, sino un mapa en el punto intermedio, a mitad de camino entre su mapa y el del otro.

En PNL se le llama "mapa" a su opinión, a su idea de la vida, a su plan, a su proyecto.

- Toda vez que se sienta molesto con alguien o por algo, recuerde que son las reglas de usted, sus propias reglas o normas, las que le están molestando no el comportamiento de los demás. Esto le ayudará a dejar de quejarse. Párese a pensar y respóndase a sí mismo la siguiente pregunta: ¿estoy reaccionando ante eso o estoy, en cambio, respondiendo inteligentemente a la situación? Entonces, levante la mirada y dígale a la otra persona que siente haber respondido de la forma en que lo ha hecho. Dígale que sencillamente usted tiene reglas diferentes sobre lo qué ambos deben hacer en ese tipo de situación. Yo espero que si usted me respeta, usted hará ____________. Yo sé que esas no son sus reglas. Pero, por favor, dígame cuáles son sus reglas. ¿Cómo expresa usted amor, respeto, cordialidad, amistad, preocupación, etc.?

Una vez que esté claro lo que ambos quieren. Pase a preguntarle al otro: "¿Estaría dispuesto a hacer ____________ con tal de hacer que me sienta respetado? Yo estoy dispuesto a hacer ____________ por usted". Cualquier tipo de relación, ya sea ésta de negocios o personal, puede verse transformada instantáneamente tan sólo por el hecho de haber clarificado las reglas, y por establecer un acuerdo sobre el cómo aplicarlas. Después de todo, cómo espera ganar un juego del que desconoce las reglas...

- COMUNIQUE SUS REGLAS. No espere que los demás vivan de acuerdo a sus reglas, o las respeten, si para empezar las desconocen.

Si quiere tomar control sobre su vida, si quiere hacerlo bien en los negocios. Si quiere ser un buen negociador. Si quiere estar más cerca de su pareja, de sus hijos, de sus padres, de sus amigos... Asegúrese de que conoce sus reglas, y de que ellos conocen las suyas.

Nunca dé nada por supuesto. Pregunte, pregunte hasta la saciedad. Pregúntele a la persona que acaba de conocer y con la que quiere iniciar una relación, sobre sus reglas, sobre qué entiende por amistad, por honestidad, por comunicarse, por llegar tarde, por divertirse. Yo conozco a una persona que tenía una amiga con la cual rompió relaciones después de más de un año cuando descubrió que ambas tenían una idea muy diferente de lo que significa la amistad. Para una de ellas el hecho de contar sus más íntimos asuntos no era sinónimo de amistad, pues según ella se lo contaba a cualquiera cuando estaba alterada. En cambio, para la otra compartir cosas íntimas era algo que sólo hacía con auténticas amigas y amigos. Esta última, una vez enterada de la diferencia de definición de la amistad que ambas tenían, decidió poner fin a la relación. Se hubiese ahorrado la decepción si hubiese preguntado y no hubiese dado por supuesto. Las personas no tienen ideas, o definiciones idénticas, a veces ni tan siquiera parecidas para las mismas cosas. Su idea de la puntualidad puede ser diametralmente opuesta a la de otra persona, o la idea del orden, o la de intimidad, o la de independencia, o la de comer sano, o hacer ejercicio, o de cómo pasar un fin de semana divertido. **No suponga, pregunte.**

Es fundamental que comunique sus reglas en cualquier situación en la vida, no importa si ello es en una relación amorosa, de amistad, profesional, personal, de familia. Incluso cuando las comunica por adelantado puede que se dé un malentendido, y que éstas se malinterpreten. Puede que a veces olvide comunicar una de sus reglas, o puede que ni tan siquiera sepa cuáles son éstas. Es por esto que la comunicación continua es tan importante. Nunca asuma que las reglas se conocen. COMUNÍQUELAS.

Por lo tanto, recuerde:

- Exponga qué entiende por __________ .
- Pregunte qué entiende la otra parte por eso mismo __________ .
- Exponga cómo le gustaría ser tratado, etc.
- Pregúntele a la otra parte si al tratarle usted de tal o cual forma, él/ella se sentirá respetado o lo que quiera que estén hablando __________ .

- Acerquen los mapas. Pónganse de acuerdo en la forma de entender la zona intermedia o de intercambio.
- Comunique sus reglas, incluso las sub-reglas.
- Asegúrese de que conoce CONSCIENTEMENTE cuáles son sus propias reglas.
- ¿Cuáles son sus reglas sagradas (importantísimo)?
- ¿Qué cosas o reglas son INNEGOCIABLES para usted?

Pero sobre todo y ante todo, RESPÉTESE, y haga que los demás le respeten. Sin esa condición *sine qua non* su vida puede ser muy diferente. Mas, recuerde que los demás nos tratan según nosotros les dejamos que nos traten... Nadie le faltará al respeto por segunda vez a no ser que usted se lo permita. Y lo permitirá, si promueve su conducta, es decir, si no le pone freno, si no le pone los límites.

33

De lo que pide, ¿qué es lo que se ofrece?

Muchos de mis alumnos me preguntan cómo pueden hacer para hallar a su pareja ideal, o cómo es que no la encuentran. Si bien la pregunta podría referirse a un puesto de trabajo o a cualquier otra cosa. Mi respuesta es siempre la misma: ¿De lo que pides, qué ofreces? Muchos me miran perplejos cuando les respondo esto. No es para menos, nunca se han parado a pensar que lo igual atrae a lo igual, y que eso de los polos opuestos no funciona. Pongamos por caso que alguien quiere encontrar a una persona que le enriquezca, tenga paz espiritual y madurez emocional. ¿No cree usted, que ese tipo de persona querrá a alguien igual en su vida? Si está de acuerdo con ello, para poder encontrarla, deberá pues primero pasar a cultivar-desarrollar eso que pide en otro.

¿Cómo proceder? Tome una hoja de papel y divídala en dos. En primer lugar, escriba en un lado, a modo de lista, cómo le gustaría que fuese la otra persona, o del tipo de puesto de trabajo que quiere. No olvide describir las características de todos los apartados o aspectos (físico, intelectual, emocional, espiritual, aficiones, salud, familia, etc.) Ahora, en la otra mitad, ponga usando una escala del 1 al 5 (1: Nada; 2: Poco; 3: Bastante; 4: Mucho; 5: Todo), de eso qué usted pide, ¿cuánto ofrece?, en esa escala de 1 a 5. Puede que tenga muchas sorpresas.

Es más, muchas personas de las que tienen pareja, cuando hacen la lista de cómo creen que es su pareja ideal, descubren que están con una que en nada se asemeja a lo que desean tener en sus vidas. Es importante saber qué queremos.

¿CÓMO LE GUSTA QUE LO QUIERAN?

¿Se ha planteado esta pregunta? ¿Le ha dado respuesta? Si usted no sabe todavía cómo le gusta que le quieran, y qué es querer para usted, difícilmente cuando se halle con otra persona sabrá si ésta es candidata o no a ser su pareja. Es más, deberá hacerle muchas preguntas para saber si se puede llegar a adaptar a su ideal, si es ese tipo de persona que usted va buscando.

Vamos por la vida creyendo que sabemos cómo nos gusta que nos quieran, o que nos traten, o el tipo de trabajo que queremos tener/hacer. Sin embargo, la realidad demuestra que muy pocos se han atrevido, por el momento, a averiguar qué tipo de ser mora en su interior, ¿qué quiere?, ¿cómo puede hacérsele feliz?, ¿qué tipo de relación desea consigo mismo...?

Pero da igual que hablemos de relaciones personales como de laborales. Al fin y al cabo, la persona es la que es y se manifiesta igual en todo tipo de escenarios, lo quiera reconocer o no. Si uno, pongamos por caso, es poco demostrativo de sus emociones, porque se ha parapetado detrás de una coraza de seudoprotección, es muy probable que no le fluya eso de decir "te quiero" a su pareja, ni que en la empresa sea capaz de manifestar sus estados de ánimo llevando a confusión a sus colaboradores. La madurez emocional se tiene o no se tiene, y cuando se tiene se nota. Uno establece sus prioridades en la vida, y hace lo qué hace desde la verdad de preguntarse qué desea, teniendo en cuenta sus emociones y sin tratar de huir de ellas, refugiándose en varios tipos de barricadas, a saber: trabajo (trabajan compulsivamente, son los "workaholics"), relaciones insanas (tipo "montaña rusa", con mucha adrenalina), comida, tabaco, alcohol, anorexia, bulimia, enfermedades varias, depresiones, etc.

ATRÉVASE A PREGUNTAR

Si quiere saber, pregunte, pregunte y pregunte. Y luego, escuche, escuche y escuche. Además, observe, observe y observe. No deja de ser irónico que cuando tenemos la intención de adquirir un electrodoméstico cualquiera, una casa o un coche, hacemos muchas preguntas, probamos, miramos, observamos, analizamos y si nos convence lo compramos. Sin embargo, en cuestiones de pareja, y también de trabajo, no preguntamos. ¿Por qué? Por la sencilla razón de que tenemos miedo a ser rechazados, miedo a la decepción que puede suponer que de nuevo no sea posible hacer un sueño realidad. No obstante, es mucho mejor "decepcionarse" al principio que muchos meses o años después tener que afrontar la verdad, finalmente. Siempre recuerdo la frase de un profesor mío en la Universidad de Madison Wisconsin: "Lo que permites, es lo que promueves", cuánta razón tenía. El no atrevernos, al principio, a preguntar o a poner límites, suele tener un elevado costo tiempo después cuando recuperar terreno no es tan fácil como haberlo mantenido desde el inicio. Y todo quizás porque no creímos en nosotros mismos, nos falló la autoestima. Si usted supone que no puede haber nada mejor para usted, si tiene miedo a la soledad, o al fracaso o al rechazo, con toda seguridad permitirá situaciones y/o personas mermadoras de autoestima y de felicidad en su vida. Es mucho mejor estar solo, mucho más sano no tener relación alguna que tener una relación insana e insatisfactoria, pero para llegar a este punto tendrá que haber recorrido el pasaje de la soledad que lleva a estar a gusto consigo mismo, y haber aprendido a quererse, a disfrutarse, a buscar el placer en toda situación en vez de evitar el dolor, y a escribir su propio guión vital. ¡Casi nada! En Inglés hay un dicho que dice: "Empty stomachs, make poor shoppers", que viene a ser algo así como: "Con un estómago vacío no se puede ir a comprar, pues comprará cualquier cosa".

Por ello, ¿cómo le gusta que le quieran? Y, ¿cómo sabe que eso es así? ¿A quién tomaría como modelo para aprender a amarse a sí mismo, para hacer preguntas, que le sirviese de modelo?

Imagínese que es usted un Nerk Nerk (estado de no conocimiento que diseñó Todd Epstein, socio de Robert Dilts, NLP University). Desde ese estado de no conocimiento, pregúntese: ¿cómo sabe que algo es ese algo? ¿Cómo sería ver el mundo, una persona... por primera vez? Si usted no supiese nada de alguien, ¿cómo procedería? Actúe como SI FUESE tal o cual cosa, tal o cual persona. Toda vez que nos creemos que lo sabemos todo, lo que sabemos, podemos meternos en áreas de problema. Acepte con humildad que a veces no sabemos nada. Sea como los niños, curioso, humilde, imaginativo, preguntón. A mi me dicen muchas veces que me conocen, y yo suelo responder: ¿Cómo sabes que me conoces?

Si me responden con un "porque te conozco", vuelvo a preguntar "¿cómo lo sabes?" Comentan de mí que soy una preguntona nata, que siempre se está preguntando el por qué de las cosas, de los comportamientos, de la vida. Es cierto, soy una preguntona crónica. Y, ¿saben por qué? Por la sencilla razón de que siempre que no he preguntado y me he dedicado a "alucinar" —como diría mi amiga Pat Ryle—, he llegado a conclusiones erróneas.

Me encanta el estado de "Nerk Nerk", es como volver a ser niña. Todo es nuevo, todo vuelve a ser fantástico. Nada me apasiona más que explorar nuevos territorios. Volver a ver la vida como por vez primera.

34

Despierte al gigante que lleva dentro: o cómo dejar de ser una víctima de sí mismo

Muchas personas creen que obtienen mucho más haciéndose las víctimas, lamentándose constantemente y apelando a la autodesvalorización. Están terriblemente (puede que sea la única vez que emplee esta palabra) equivocadas. Lo están puesto que la enunciación de palabras o frases tales como: "no soy nada habilidoso", "me cuesta entender las cosas", "esto es muy difícil", "la vida me ha dado muchos palos" —por citar una simple muestra de lo que puede hallarse en el museo de los horrores en el que puede llegar a convertirse el cerebro de una persona— no hace sino mermar la autoestima, además de implantar creencias falsas en el cerebro de uno mismo.

Aleje de usted todo ese vocabulario que apela a los desastres y etiqueta todo, o casi todo, con las palabras "difícil" y "terrible". Si usted persiste en su actitud de utilizar palabras cuya acepción dispara memorias, asociaciones, emociones de las catalogadas como "negativas o quita energía" en la mente, puede comenzar a prepararse para tener más de eso que usted califica de "desgracias". A las desgracias las llamamos nosotros, es cierto. Nadie, salvo uno mismo, es el responsable último de lo que te ocurre. Se ha preguntado a menudo ¿por qué a unos parece irles de maravilla mientras que a usted le va "tan rematadamente mal?" ¡... Seguro que sí! Pues bien, ¿se ha parado a pensar que tal vez esas personas a las que parece irles tan bien puede que pasen por situaciones parecidas o idénticas a las suyas. Le juro que es así, a todos nos ocurre de todo. Sin embargo, le contaré el secreto de esas personas, voy a compartirlo con usted:

> la Vida no es para ellos un camino de rosas, ni mucho menos, pero han hecho de la misma un inmenso jardín de rosas, aceptando que esas bellas rosas tienen también espinas, es decir, aceptan que la vida tiene sus más y sus menos. No les importan las espinas de las rosas, su suave fragancia es suficiente motivo para dar gracias por la oportunidad de olerlas. Esas personas se centran en lo que tienen. Toman una actitud positiva delante de la vida, y aceptan lo que les ocurre como parte del vivir. Su actitud no incluye palabras negativas, siendo poco común oírles decir algo así como: "esto es muy difícil" o "esto es imposilble".

La vida no es difícil, nos la hacemos difícil. Deje ya de hacerse la puñeta a usted mismo. Deje ya de dar tumbos sin resolver su vida, sus asuntos. Deshágase de su hábito de víctima. Póngase el de triunfador de la vida. Quítese, de una vez por todas, la armadura que le aprisiona en su propio dolor, porque dentro de una armadura no hay sitio ni tan siquiera para usted. No hay culpables, no hay víctimas. El dolor es producto de la separación que el Ego mantiene respecto del Yo Superior/Self. Deje ya de echarle la culpa a la sociedad, al mundo, a la climatología, a su jefe, a su pareja, y en su lugar ¡tome las riendas de su vida y eche a volar libremente! Soy consciente de que muchos de ustedes querrían hacerlo así pero no saben, creen no saber o no se atreven. Desde el comienzo de este libro hasta su final, usted se ha ido encontrando que le ayudarán a allanar el camino hacia su propia felicidad, si pone manos a la obra, claro está. Pues este libro no promete cambios fáciles con sólo repetir una frase o similar. Este libro es un manual de trabajo efectivo: funciona si lo practica. Sólo usted tiene la llave. Sólo usted es el responsable último de su felicidad. Cuánto más en contacto esté con sus emociones, cuánto más se ame y se acepte a sí mismo, más feliz será.

La felicidad no está en consumir más, en tener más dinero o posesiones materiales. La felicidad no consiste en que otros nos amen, o nos acepten o nos digan cuánto valemos. Si usted basa su felicidad, su bienestar interior en esos pilares, le aseguro que a la menor ráfaga de viento se le vendrá abajo su castillo de felicidad aparente. Tener dinero no soluciona el problema de autoestima, no añade valor real al ser humano, ni se lo quita. El valor que usted pueda tener como ser humano está por encima de la cantidad de dinero que se pueda poseer. Sin embargo, nunca nadie me oirá decir que el dinero es malo...

> ***"No hay ninguna virtud en ser pobre, ni ningún pecado en ser rico. El dinero en sí no es malo. El que sea 'malo o bueno' depende tan sólo de la relación que tengamos con él"***

...ni bueno. Todo depende del color del cristal con que se mira, es decir, de la relación íntima que tengamos con esa energía llamada dinero. Si usted basa su seguridad, su valía, su felicidad, su sonrisa en lo material, ni todo el dinero del mundo hará que usted se sienta bien. De hecho, párese a pensar qué sucede una vez ha cesado la euforia de la compra. Por regla general, la persona vuelve a sentirse mal como antes, cuando no peor, si añade el sentimiento de culpabilidad por haber gastado tal vez un dinero que no tenía, o que podría haber empleado mejor en otras cosas. Vuelva la vista hacia su interior. Comience a amar al ser que hay en usted, comience a descubrirse. La aventura de descubrir que es alguien más que esa fachada física, y de esa personalidad humana con nombre y apellidos, es fascinante. Vuelva a Casa. Vuelva al Amor. Regrese a su hogar. Regrese al calor del corazón.

Volver al Amor del sí mismo es recuperar todos los gajos que quitó de la naranja completa y dorada, que era usted cuando llegó a este mundo al nacer físicamente. Los gajos o aspectos de usted que no le gustaban los colocó en ese saco que todos hemos llevado o llevamos en la espalda, y que los analistas jungianos denominan "Sombra". Devuelva pues a la Luz, recupere esos gajos y recomplétese de nuevo mediante la aceptación incondicional y la comprensión de quién es usted. Hay que recompletarse a través de amarse y de disfrutar de las características que le son propias, suyas, únicas. Deje ya de colocarse etiquetas negativas. Deje ya de envenenarse con pensamientos caducos y apestosos de usted mismo. Calificarse o referirse continuamente a usted mismo con palabras de carga negativa o limitadora, no le favorecen en absoluto, más bien todo lo contrario. Al usar palabras negativas no harán sino alimentar el sentimiento de culpabilidad, de inferioridad, de desprecio que hay en usted. Nadie salvo usted, tiene la llave que abre la puerta del amor de su corazón. La llave que abre el camino de vuelta a Casa está en su mano, ha estado siempre ahí. Hágase un favor: deje de hablar mal de sí mismo, y deje de referirse a las experiencias de su vida como castigo o desgracias. Su salud se lo agradecerá. Si quiere que su piel luzca brillante y llena de vida, no hay crema más milagrosa que la alegría interior que emana de un alma feliz. Deje de gastarse miles de pesos en cremas milagrosas y pase a invertir millones de caricias y de momentos amables para usted mismo.

Revise conmigo sus niveles neurológicos (Robert Dilts). Vamos dónde se halla el obstáculo que le impide alcanzar la puerta de la prosperidad. Puede que crea que es imposible, o que usted no se lo merece por castigo divino. Deje ya de pensar que Dios le quiere mal. Basta ya de creer en eso llamado merecimiento, nadie, salvo usted, tiene derecho a decidir si usted se merece tal o cual cosa. Los kilos de exceso en su cuerpo hablan de la compensación que usted se otorga a sí mismo como sustituto del amor, o de las barreras que ha creado en torno suyo. Nadie le pide que salga a la calle y que busque alguien que le ame. En vez de eso, salga al Universo y encuéntrese para amarse a sí mismo. El único amor que le alimentará será el que se procura el Ser a sí mismo. Si ese amor no existe, no hay nada ni nadie que pueda llenar ese vacío existencial. Por más comida que se dé, por más que alimente y engorde el cuerpo, el Alma, la de usted, seguirá depauperada, continuará famélica. No es posible sustituir a Dios en el corazón de uno. Y cuando digo Dios, me refiero al AMOR que mora en su Alma listo para llenar su Ser.

La autoestima nace de la plenitud: No hay prosperidad sin amor. La prosperidad auténtica es la del Corazón, la del alma. Las demás son materiales, temporales y terrenas. La única que permanecerá con usted a lo largo de todas las vidas, en la Eternidad, es la que se cuece con el calor del corazón.

Si bien le he dado recetas para que pueda incrementar, o al menos lo intente, su riqueza económica, sé que las hará funcionar, y conseguirá hacerse rico si se lo propone. También le diré que la auténtica Abundancia está en el corazón. Si tener dinero es a costa de tener un cuerpo lleno de grasa, repleto de arrugas, de achaques, de dolores, de tener un corazón lleno de dolos y de ausencia... Más le valdría no conseguir nunca dinero. La vida está hecha para ser disfrutada y no para ser sufrida. El dinero debe ser algo que usted utiliza y comparte, pero nunca un fin en sí mismo. Si siente que debe tener una casa más grande o más cara, tan sólo para demostrar que vale más que el vecino no dudo que lo consiga, es más estoy segura que lo conseguirá, pero no le hará feliz, al contrario será un paso más en la carrera interminable de alcanzar una zanahoria que no se deja alcanzar: LA FELICIDAD. A ésta no se llega a través del dinero. Todos sabemos que el ser humano tiene una serie de necesidades básicas que han de ser cubiertas (alimento, vivienda) y que cuando éstas están cubiertas puede pasar a pensar en otras cosas (para más información léase sobre la pirámide de las necesidades básicas que ideó y desarrolló Abraham Maslow). Más sólo los que han hecho del dinero un elemento más de sus vidas son los que consiguen ser felices con o sin dinero. Pregúntese que necesita para ser feliz.

¿Qué tendría que darse para que usted fuese feliz?

No le estoy diciendo que deje de pensar en el dinero. Ni mucho menos. Tan sólo quiero llevar su atención sobre la hipótesis de que usted puede ser feliz independientemente del dinero. Si basa su seguridad en el dinero, se encontrará con que nunca consigue sentirse seguro por mucho dinero que tenga. Sea feliz, y el dinero ya vendrá. Es más, la paradoja está en que cuando deja de basar su seguridad, su felicidad, su bienestar en el dinero, y deja de preocuparse por él, éste llega a su vida con mucha naturalidad y abundancia. Créame, ésa es la paradoja, cuánto menos piense en él, más pensará él en usted.

Deje ya de poner su valía en manos de otros. Deje a un lado las medidas que la sociedad utiliza para medir el éxito, y confeccione las suyas propias. Viva de acuerdo a su propia escala de valores. Esta es la única que debe valer para usted. Acepte que cada uno tiene la suya propia, y que es válida para él. Ambas son válidas, la suya para usted, y la del otro para el otro. Que ambas sean válidas no invalida ninguna, ni las hace incompatibles. Simplemente deben respetarse. Cree respeto en vez de competencia. Acepte que cada uno es como es y piensa como piensa, lo cual no pone ambas formas de pensar en conflicto. La flexibilidad es necesaria, como lo es la tolerancia. Pero debe comenzar por practicarlas con usted mismo. Sea flexible y tolerante con su forma de ser, sus ideas. Celebre que es cómo es. No es mejor ni peor que nadie. Deje de compararse y pase a aceptarse, a disfrutar de quién es. Si se compara siempre habrá alguien más rico, más pobre, más inteligente, más sabio, más divertido, más algo que usted. La comparación siempre lleva a la frustración, porque nunca podrá alcanzar a ese otro. Y no podrá alcanzarlo por el sólo hecho de que "CADA UNO TIENE UN MAPA DIFERENTE DE LA VIDA: el mapa no es el territorio que describe", la percepción de la misma realidad es distinta para cada ser humano, de ahí que las comparaciones sean imposibles, no existe base para poder comparar el interior del ser. Podemos comparar cantidades de dinero o de cosas, porque existe un punto de referencia palpable y medible. Pero... ¿se puede medir la felicidad? ¿Puede medirse la sabiduría, la auténtica, no eso llamado coeficiente de inteligencia que los humanos han inventado? ¿Es comparable la alegría, la intensidad de la risa, el entusiasmo, la capacidad de disfrutar la vida, la seguridad en sí mismo, la apreciación ... ? Me temo que no.

Todo eso no se puede comparar, podemos hacer como que lo comparamos pero nos estaremos engañando a nosotros mismos. Si quiere usted seguir engañándose mediante la comparación con otros, adelante, es su decisión, En cambio, lo que propongo es que pase a utilizar esas energías en desarrollar todos las capacidades y recursos que existen dentro de usted. Le será más provechoso pasar a conocerse y apreciarse que dedicarse a satisfacer las expectativas de otros.

Para conocerse basta con iniciar el camino de la apreciación, de la observación de quién es usted y de el cómo es usted así. Obsérvese desde la luz del amor. Escuche lo que le dice su corazón. ¿Qué es lo que desea hacer y no hace? ¿Por qué? ¿Por qué decide que no puede? Hay un dicho español que reza así "Querer es poder", por lo tanto usted puede si así lo desea, porque si de verdad lo desea, HALLARÁ EL CÓMO.

Todo eso que usted llama impedimentos, obstáculos que le impiden alcanzar su meta o hacer lo que usted más desearía hacer no son sino cortinas de humo, excusas que se plantea a sí mismo. Escoge decir que esto o lo otro se lo impiden porque le resulta más fácil y menos doloroso que decirse a sí mismo la verdad. La verdad que esconde la cortina de humo puede ser que no cree ser capaz de hacerlo, puede ser el miedo a fracasar, puede ser que no usa sus recursos de la valentía y del coraje, puede ser un sinfín de cosas... Atrévase a descubrir sus cortinas de humo y a dejar que éstas se evaporen. Al fin y al cabo, son sólo eso: cortinas de humo, interpretaciones que usted ha hecho de la realidad, y como tales interpretaciones pueden ser modificadas en el ordenador central que es su cerebro-mente. Recuerde que usted incorpora la realidad, el exterior, a través de sus filtros (vista, oído, tacto, gusto, emociones, sensaciones, olfato), de las submodalidades (color, brillo, foco, ritmo, sonidos, etc.), todo ello matizado por las experiencias análogas que haya tenido y el cómo las haya archivado. No hablemos ya de las etiquetas que haya podido colocar en sus archivos, esas que hablan desde fuera, el eco de las voces de otras personas de nuestras vidas mezclado con la voz de nuestro propio miedo.

Comencemos a repasar sus Niveles Neurológicos (creados y desarrollados por ROBERT DILTS). Vamos a averiguar dónde se hallan los obstáculos que le impiden disfrutar de la vida en su totalidad. Tome un papel y un lápiz, y de respuesta a cada una de las siguientes preguntas. Repita el proceso para cada tema o asunto que quiera tratar.

Nivel 1: ENTORNO. Conteste a la pregunta: ¿Dónde y cuándo quiero yo estar más equilibrado?

Nivel 2: CONDUCTAS. Responda a la siguiente pregunta: ¿Qué necesito hacer cuando estoy en esos sitios, y en esos momentos? ¿Qué fortalezas, recursos tengo?

Nivel 3: CAPACIDADES. Responda a la siguiente pregunta: ¿Cómo debo usar mi mente para llevar a cabo estas conductas? ¿Qué capacidades necesito o tengo con el propósito de desarrollar esas acciones en esos momentos y lugares?

Nivel 4: CREENCIAS/VALORES. Responda a la siguiente pregunta: ¿Por qué quiero usar esas determinadas capacidades para llevar a cabo o para concluir esas actividades? ¿Qué valores son importantes para mí cuando estoy involucrado en esas actividades? ¿Qué creencias tengo o necesito que guíen mi corazón cuando estoy involucrado en esas actividades?

Nivel 5: IDENTIDAD. Responda a la siguiente pregunta: ¿Quién soy si tengo esas creencias y valores y uso esas capacidades para concluir esas conductas en ese entorno? ¿Qué clase de alma es la expresión de esas creencias, valores, capacidades y conductas-comportamientos? ¿Cuál es mi misión?

Nivel 6: ESPIRITUAL. Responda a la siguiente pregunta: ¿Quién y quién más es esa persona a la que sirve esa identidad? ¿Cuál es la visión más allá de mí en la que estoy participando?

Una vez que haya revisado muchos de sus temas a la luz de estos niveles, ya nada le parecerá igual. Estoy convencida de lo que le digo. En mi caso ya nada fue igual. Saber porqué muchas personas se aferran a sus cargos, a sus roles sociales o laborales tan sólo porque están identificados con ellos (se creen ellos: nivel IDENTIDAD), fue para mí un gran descubrimiento. Ésa era la respuesta, o la explicación, que yo hallé a la ansiedad que provocaba la posible pérdida o la pérdida real de un trabajo, de un rol social, de un rol familiar. ¿Cómo no iba a provocar ansiedad la pérdida de un estatus laboral si la persona se había identificado con su cargo? Incluso he visto personas capaces de arruinar su salud antes que delegar parte del trabajo, y todo porque estaban absolutamente identificadas con su rol laboral. Entendí, también, porqué era tan importante para mí hace años el cargo o el estar trabajando en tal o cual empresa, o tener tal o cual tipo de despacho... Lógico, era mi identidad. Ahora que ya no tengo nada de eso asociado a mi nivel de Identidad, llevo una vida más saludable y soy infinitamente más libre de lo que lo era antes. Ahora no necesito nada exterior para sentirme yo. Ahora no me siento amenazada, ni inferior por no tener una tarjeta que diga "directora". En su lugar, tengo muy claro la metáfora que define quién soy en el nivel de identidad.

¿Cuál es su metáfora, sí, cuál es la metáfora que tiene usted para su meta actual en la vida? Las metáforas hablan del nivel de identidad, según Robert Dilts. Así es como yo descubrí, gracias a Robert y a sus teorías, que tengo alas en el nivel de identidad. Cada vez que tengo "problemas", me detengo un instante y abro mis alas (no espere verlas, pues no son de plumas sino metafóricas, aunque hay quien dice haberlas visto...), mi subpersonalidad creativa se expande, la vida comienza a fluir de nuevo en mí, y soy capaz de hallar soluciones, o ellas me "hallan" a mí.

Ejercicio: Explorándose a sí mismo

1. *Defina el entormo en el cual quiere conseguir su meta. ¿Cuándo y dónde quiere su meta? ¿Cuál será el contexto externo rodeando la meta deseada y los actividades?*

   En el contexto de ________________

2. *Defina cuál es su/s meta/s o resultados en este contexto. ¿Qué específicamente, quiere hacer en este contexto? ¿Cuál es la nueva conducta asociada con la meta?*

   Yo quiero ________________

3. *Medite y decida qué capacidades se necesitan para alcanzar la meta dentro de este contexto. ¿Cómo alcanzará su meta? ¿Qué hará para poner en marcha esos comportamientos? ¿Qué capacidades y procesos cognitivos se necesitan, o se presupone que se necesitan, en el propósito de guiar esos acciones deseadas en el contexto establecido?*

   Para conseguir esto YO usaré mis capacidades para ________________

4. *Medite sobre las creencias y valores que se expresan, o son validados, al alcanzar esa meta en ese contexto. ¿Qué valores se expresan a través de su meta y de sus capacidades?*

   Yo quiero hacer esto porque
   Yo valoro ________________

   ¿Por qué quiere usar usted esos determinados procesos cognitivos o capacidades con el propósito de canseguir esa meta? ¿Qué creencias proporcionan la motivación o propulsan sus pensamientos y su actividad?

   Yo creo ________________

5. *Dé repuesta a la cuestión de cuál es su identidad o papel en relación con la meta y las creencias y valores asociados con la misma. ¿Quién es usted si se compromete con esas determinadas creencias, valores, capacidades y conductas en ese contexto particular?*

   Yo soy ________________

   ¿Cuál es su misión en este preciso contexto?

   Mi misión es ________________

6. *¿Cuál es su impresión del gran sistema en el que está operando? ¿Cuál es su visión del gran sistema en el que usted está persiguiendo esta misión?*

   Esta misión es en el servicio de una visión
   más grande para ________________

35

Lo que dice y hace un gigante

Practique el ejercicio diario de dejar de calificar las cosas de "buenas y malas", de "difíciles o fáciles", de "imposibles". Procure no refunfuñar. No se haga el víctima. Si quiere que el Universo le trate de otra manera, comience por mandarle el mensaje de cómo quiere ser tratado. Si usted va de víctima por la vida, eso es lo que encontrará: gente dispuesta a salvar víctimas. Usted puede obtener las cosas, es decir, atención y amor de los demás, tan sólo siendo quién es. No hace falta hacer nada para que nos amen, basta con ser nosotros mismos. Deje ya de usar conductas manipulativas para obtener lo que quiere de los demás (aprenda a desarrollar OPCIONES). Por regla general, las personas hacemos lo que hacemos porque consideramos que no hay más opciones que ésa que usamos. Pero ahora usted ya sabe que las hay. Si usted hace favores para obtener amor, los demás harán lo mismo con usted, y eso es una sucesión interminable de manipulaciones. Deje ya de ser una víctima. Conviértase en el gigante que lleva dentro, capaz de alcanzar todas las metas que se proponga, capaz de hacer todo lo que quiera, digno de ser amado sin necesidad de adornos.

Atrévase a decir lo que piensa y siente en cada situación. Atrévase a ser usted mismo. Las personas crean proyecciones de sí mismas para relacionarse con los demás (en Inglés se utiliza el vocablo "persona", para definir esta especie de personalidad-máscara). Al relacionarse proyecciones con proyecciones se generan relaciones falsas y conflictivas, donde nadie sabe dónde está en verdad el otro. Los seres humanos hacemos esto porque, en el pasado, toda vez que mostramos a los demás quiénes éramos, nos hicieron daño, y archivamos esa experiencia como dolorosa. Aprendimos a jugar al escondite, colocamos una proyección de nosotros mismos y vimos que funcionaba: los demás se relacionaban con esa proyección-máscara nuestra y así no nos hacían daño. No, ellos no nos hacían daño, pues se daban con nuestra armadura. Pero ni falta que hacía evitar el daño, porque ya nos los hacíamos nosotros. Ahí es donde está parte de la explicación de muchas de las conductas adictivas e insanas que hemos desarrollado en esta vida. Ahora, tenemos la oportunidad de atrevermos a ser nosotros mismos, de volver a la felicidad interior que produce el sentirse uno mismo y serlo en todo momento y ocasión. Le estoy hablando de recuperar la espontaneidad.

La espontaneidad se recupera, se trabaja y fortalece a base de hacer lo que nos apetece hacer, de ser nosotros mismos en todo momento y lugar. Ser espontáneo es muy saludable para la mente, el cuerpo y el alma. Ser espontáneo no va ligado a ser inconsciente. No le estoy pidiendo que se ponga a bailar salsa en medio de un consejo de administración (aunque bien pensado podría ahorrar muchas úlceras), ni que se desnude y se meta en la fuente de La Cibeles de Madrid (puede hacerlo, pero deberá arriesgarse a las posibles consecuencias). **Ser espontáneo significa ser uno mismo, sabiendo cuidar de uno mismo en todo momento y lugar. Ser espontáneo es expresar la verdad que anida en su corazón, con respeto y amabilidad**. Ser espontáneo no va unido a ser grosero, pendenciero, maleducado o loco. Usted puede decir todo lo que piensa, expresar lo qué siente y mostrar auténticamente su personalidad con la mayor diplomacia del mundo, y con gran exquisitez. La espontaneidad es la consecuencia de una elevada y sólida autoestima. La persona que se siente a gusto consigo misma, que se acepta y aprecia, es espontánea. No tiene dobleces, no tiene armaduras. Lo que le muestra a usted es lo que hay auténticamente. Los espontáneos son muy asertivos, y están muy seguros de sí mismos, lo muestran y además, lo disfrutan. Les verá sonreír, les verá ponerse a bailar cuando les place en medio de la naturaleza. No se sienten solos, se saben parte del mundo. Verá como sus cuerpos son ligeros y su caminar armonioso. Les brillan los ojos. Se les escapa la sonrisa y rezuman serenidad, energía y fortaleza. Llegar ahí les ha costado mucho, se lo han ganado a pulso. Nacieron con ello, pero la sociedad se lo arrebató, como a usted. Sin embargo, reconquistaron terreno y regresaron a sus posiciones, para no abandonarlas jamás.

Piense en lo que le gustaría hacer... Y hágalo. No lo deje para mañana, puede ser demasiado tarde. Pero no haga nada desde la rabia, el despecho, la desesperación, la ansiedad, para llenar huecos emocionales. No haga nada de lo que se vaya a arrepentir. No confunda la espontaneidad con la impetuosidad. El espontáneo no es impetuoso, todo lo contrario, es muy maduro emocionalmente hablando por lo tanto escucha a su corazón, piensa con él y siente con su razón. Sabe madurar las decisiones, deja que repose la comida. No se precipita en sus acciones. Pero muestra sus sentimientos, toma decisiones, y cuando se pone en marcha para alcanzar sus metas lleva una estrategia sólida y flexible.

Deje a un lado las etiquetas tales como: "no tengo edad para eso", "la Universidad es para los jóvenes", "es tarde..." "hay crisis", "es muy difícil", "cometí un grave error", "la vida me ha dado muchos palos..." Déjelos. Borre esos mensajes de su vida. Pase a utilizar frases como: "es lógico que al principio me cueste más pues estoy agarrando práctica...", "cuánto más practique mejor me saldrá, o más habilidades tendré", "lo hice lo mejor que sabía de acuerdo a la experiencia que tenía entonces y a mi nivel de evolución", "todo en la vida son oportunidades de aprendizaje..." Si usted utiliza frases alentadoras, su autoestima se lo agradecerá. Las frases y palabras positivas refuerzan. Si usted adopta una actitud responsable ante las circunstancias, su autoestima también se reforzará. La culpabilidad mina la autoestima, centrando la atención en la lamentación y/o en la autoflagelación, mientras que la responsabilidad la centra en encontrar una solución. Ámese, trátese bien. Emplee las energías en amarse y no en culpabilizarse. **Todo comportamiento tiene una intención positiva. Averigüe la del suyo**.

Si comienza a decir lo que siente, lo que piensa, lo que cree... COMIENCE POR USAR EL "YO" en vez del "tú", hable desde usted, deje de acusar al otro. Hacemos responsables a los demás de lo que nos ocurre y estamos ciertamente equivocados. Nadie es responsable, salvo usted de cómo se siente. Una cosa es lo que hacen los demás y otra la actitud que usted toma. Muchas veces, al creer que no podemos expresar nuestra opinión, o lo que sentimos, nos sentimos frustrados y de ahí pasamos a la ansiedad, a la rabia, al resentimiento. Otras veces, no sabemos cómo decir las cosas, o creemos no saberlo, ya que toda vez que lo hemos intentado hemos obtenido el efecto contrario.

Pruebe de nuevo con la sencilla fórmula que ya aprendió en el capítulo anterior:

YO pienso/me siento/creo ______________ ,

CUANDO TÚ ___________ PORQUE ___________ .

Deje a un lado los tonos burlones, sarcásticos, irritados, quejumbrosos. Practique a solas. Ensaye un tono sereno y decidido, firme. Diga lo que tenga que decirle, dígalo, vuélvalo a decir. Explique porqué cree eso. Pida a su vez que le clarifiquen cuando le digan algo. Muchas personas repiten incesantemente el patrón de comunicación aprendido, es decir, etiquetan los comportamientos de las personas como si fuesen "identidades", y además no acompañan estos de un contenido (el porqué dicen eso que dicen). Imagine que alguien le dice que "usted es un desastre", si se calla le está transmitiendo debilidad. En vez de callarse (actitud sumisa), o de gritarle (actitud agresiva), pase a preguntarle con calma: ¿CÓMO ES QUE PIENSAS ESO DE MÍ? Usted necesita un contenido con el que llenar su "programa", no debería almacenar directamente esa experiencia en su ordenador central (cerebro), porque de hacerlo tendríamos un programa con título pero vacío de contenido, y como eso no lo admite su ordenador, usted se dedicaría afanoso a darle un contenido basado en interpretaciones, estoy convencida, terroríficas y corrosivas de la autoestima. No se quede con la etiqueta, pida que le den un contenido. Se encontrará muchas veces con que su interlocutor tampoco tiene argumentos con los que llenar esa etiqueta, por lo tanto, una etiqueta sola no merece la pena ser almacenada. Déjelo para otra ocasión. No se altere, está en su derecho de pedir explicaciones. Tiene derecho a decir NO a las opiniones de otro.

Tiene derecho a no estar de acuerdo. Tiene derecho a expresar su opinión. Tiene derecho a ser cómo es. Tiene derecho a pensar como picnsa. Tiene derecho a vestir como viste. Tiene derecho a sentir como siente. Tiene derecho a apreciarse. Tiene derecho a disfrutar de quien es. Tiene derecho a amarse. Tiene derecho a estar orgulloso de sí mismo. Tiene derecho a ser su mejor amigo. Tiene derecho a creerse que es usted inteligente. Tiene derecho a pensar que es muy creativo. Tiene derecho a estar convencido de que tiene una capacidad fantástica de aprendizaje. Tiene derecho a estar soltero. Tiene derecho a vivir su vida como mejor le plazca, sin hacer daño a nadie, y a su aire. Tiene derecho a ejercer la profesión que quiera. Tiene derecho a dedicarse a hacer sus sueños realidad. Tiene derecho a aprender. Tiene derecho a que le den explicaciones. Tiene derecho a soñar. Tiene derecho a ser lo mejor de sí mismo. Tiene derecho a opinar. Tiene derecho a dejar un trabajo que no le hace feliz. Tiene derecho a tener una relación de pareja en la que se sienta amado, apoyado y respetado. Tiene derecho a tener amigos que le amen, le traten bien y le mimen. Tiene derecho a ganar dinero y a gastárselo cómo quiera, para eso es suyo. Tiene derecho a vivir. Tiene derecho a tener un cuerpo saludable. Tiene derecho a cultivar su mente y su espíritu. Tiene derecho a sanar su vida. Tiene derecho a pensar. Tiene derecho a ser respetado. Tiene derecho a ser espontáneo. Tiene derecho a mostrar quien es. Tiene derecho a decir lo que piensa. Tiene derecho a estar convencido de lo que dice. Tiene derecho a tener seguridad en sí mismo. Tiene derecho a estar a gusto en su piel. Tiene derecho a estar orgulloso de sí mismo. Tiene derecho a disfrutar de la vida. Tiene derecho a SER FELIZ.

Ahora escriba su lista de derechos.

ATRÉVASE A SER FELIZ, DE UNA VEZ POR TODAS EN SU VIDA. ATRÉVASE A VIVIR SU VIDA DEL MODO Y MANERA QUE USTED QUIERA. ATRÉVASE A AMARSE Y A ACEPTARSE. COMIENCE EL CAMINO DE VUELTA AL AMOR. CULTIVE LA AUTOESTIMA, LA AUTOVALORACIÓN Y LA SEGURIDAD EN SÍ MISMO. DISPÓNGASE A CREAR ABUNDANCIA Y PROSPERIDAD EN SU MUNDO. INUNDE DE ALEGRÍA SU CORAZÓN. DELE ALAS A SUS MAÑANAS. ALÉGRESE DE TENER LA OPORTUNIDAD, UN DÍA MÁS, DE DISFRUTAR OTRO DÍA EN EL PARAÍSO. SEA EL CAPITÁN DE SU VIDA, SEA SU MOTOR, SEA SU BRÚJULA. ESCRIBA SU PROPIO GUIÓN VITAL: SIENTA CON EL CEREBRO Y PIENSE CON EL CORAZÓN. NO IGNORE, NUNCA MÁS, A SUS EMOCIONES.

36

El laberinto del Gigante Interior

Le voy a proponer un sencillo y gratificante ejercicio. La vida a veces, se nos antoja como un laberinto en el que nos hallamos perdidos. Sabemos que existe un centro al cual hay que llegar para desde allí poder hallar la salida, pues en ese centro está la "respuesta". Este es el laberinto del gigante. En su centro está el gigante interior que anida en cada uno de nosotros, y que al despertarlo nos hará crecer y poder observar las situaciones desde la perspectiva del poder auténtico que confiere el amor, la autoestima. Para llegar a este gigante interior tendrá que atravesar cortinas de humo, grutas, nadar en fosos llenos de cocodrilos, y saltar en el vacío. Pero al final, si ha aprendido a amarse, llegará a su meta: se encontrará con su gigante interior.

El laberinto del Gigante Interior

1er. Paso:

Siéntese y póngase cómodo. Mentalmente imagine que está a las puertas de un laberinto. Imagine éste cómo le plazca, se lo dejo al gusto de su imaginación.

2o. Paso:

Decida por qué quiere llegar al centro del laberinto. ¿Qué espera encontrar allí? ¿Cómo quiere que sea ese gigante, qué aspecto de usted: personal, profesional, humano, espiritual, emocional, cuál? Defina su meta. Puede dejarlo al azar, si eso le place más.

3er. Paso:

Una vez definida su meta, pase a pertrecharse para el viaje. ¿Qué recursos cree usted que necesitará para llegar hasta el centro y alcanzar su objetivo? Defínalos. Una vez definidos, imagine que los mete en una bolsa mágica que se cuelga en bandolera.

4o. Paso:

Entre. Siga la dirección que le marca el camino, siga las flechas que indican "Al centro". Camine despacio, saboreando cada esquina, cada recodo del camino. En cada tramo hay contenida mucho sabiduría. Cada paso que da le va acercando más hacia el conocimiento del sí mismo. Disfrute en su camino hacia la meta. Si va despacio, podrá percatarse mejor de cuáles son los cosas que debe modificar, de los regalos que existen ya en usted y de los cuales aún no tenía noticia consciente.

5o. Paso:

En su camino hacia el centro, ¿cuáles son las cortinas de humo u obstáculos con los que se encuentra? Estos pueden ser: ideas; creencias acerca de usted mismo, de los demás, de la vida, del mundo en general, etc.; imágenes, recuerdos, vivencias, imaginaciones, etc. Use los recursos que hay en su mochila mágica para enfrentarse a esos "desafíos" existentes en el laberinto.

6o. Paso:

Tendrá que pasar por las siguientes etapas:

a) Fuente del silencio. En ella tendrá que aprender a permanecer en silencio y escuchar a su Voz Interior (la intuición). Deje de lado todos los pensamientos negativos, despréndase de toda limitación. Aprenda el silencio.

b) Puente de los suspiros. Este puente cruza un foso donde están todas las ideas negativas de usted, y se le antojarán lanzas puntiagudas, tenebrosas, oscuras, amenazantes. En el foso están todos sus aparentes fracasos. Usted puede imaginar un puente de muy diferentes maneras (débil, colgante, sólido, de piedra, etc.), ¿cómo es el suyo? Use sus recursos para cruzarlo.

c) La sala de los espejos. En ella tendrá que aprender a mirarse, mirarse de verdad. ¿Quién es usted, quién cree ser? Despójese de todas las ideas o etiquetas que tomó prestadas de otros. Atrévase a ser quien realmente es. Aquí brotará el conocimiento de quién es usted auténticamente. Descubrirá al ser que mora en su interior.

d) El túnel del coraje. Es oscuro, aparentemente tenebroso. Hay que ser muy intrépido para adentrarse en él. Parece no tener final. Use sus recursos para decidirse a entrar. ¿Qué hay todavía en su inconsciente que le puede estar impidiendo lograr alcanzar su meta, llegar hasta el fondo de su ser, vivir su sueño? Adentrarse en la noche oscura del alma, como la definió San Juan de la Cruz, requiere dosis elevadas de coraje, amor, voluntad, osadía, determinación, atrevimiento y curiosidad, pero, créame, vale la pena. Confío en que al final del túnel vea la luz.

e) El patio de la verdad: ¿Quién es usted? ¿Por qué está aquí? Siéntese en el centro del patio y atrévase a llamar a los gnomos (o ángeles si lo prefiere) de la Verdad. ¿Qué mensaje le aguarda en este patio? Entre usted y la estatua del Gigante Interior se levanta un muro invisible. A los pies del Gigante Interior hay un cartel que reza: "Sólo el que ama con la luz del amor incondicional, puede poseer la clave para despertarme. ¿Estás dispuesto a amarte sin reservas, sin condiciones?" Cuando usted dé respuesta a esta pregunta, alargue la mano, ¿puede alcanzar a tocar la estatua? En caso negativo, revise qué le falta aceptar de sí mismo para poder disfrutar del amor incondicional. En caso afirmativo, acérquese, tóquela, abrácela. Imagine cómo el Gigante Interior se despierta, abre los ojos, y le abraza. Al abrazarle, ambos se funden en uno, y observa cómo en su espalda se abren unas alas que le permitirán, de ahora en adelante, volar sobre los obstáculos y observar el mundo desde una nueva perspectiva. Mire sus pies, en sus talones existen otras alas, como las de Mercurio, es un mensajero alado, disfrute este regalo. Usted es ya su gigante interior, y desde su grandeza puede acometer todas las tareas, alcanzar todas las metas que se proponga. Felicidades. Bienvenido al paraíso de los Gigantes alados. Fin del ejercicio.

NOTA:

- *Este ejercicio puede hacerlo ayudado por otra persona, alguien que le haga de guía mientras usted hace de "explorador". Le resultará más fácil, y también más ameno.*
- *Muchos de mis alumnos, acabaron por descubrir con este ejercicio que dentro de ellos moraba un bello ser de luz... ¡con alas!*

EPÍLOGO

La abundancia próspera

Confío en que haya disfrutado de este libro, y contribuido a que usted pueda ser más próspero en muchas áreas de su vida. La honestidad y el respeto hacia usted mismo, y desde usted hacia los demás, debe figurar como uno de los activos más abundantes, prósperos e importantes de su vida. Viva el presente con alegría, recuerde que se trata de un regalo ("presente" es también sinónimo de regalo). La salud, la paz interior, la serenidad, el equilibrio emocional, la alegría, el optimismo, la esperanza, el coraje, el buen humor, la firmeza, la ternura, el cariño la valentía... son síntomas de una vida plena en un ser humano. La prosperidad interior va más allá del dinero y de las posesiones materiales. Usted debe ser feliz por encima de todo esto. Ahora bien, debe serlo como fruto de un compromiso consigo mismo, y no porque le digan que está bien hallar la felicidad en las cosas espirituales. Al fin y al cabo, usted, yo, todos somos seres espirituales viviendo una aventura humana. De uno, y sólo de uno mismo, depende hacer de esta aventura llamada VIDA un viaje pleno de sentido. Viajar hacia la abundancia del ser, hacia la plenitud del alma, es lo más maravilloso que le puede suceder a un ser humano, por ello haga de ésta un curso inolvidable, una sesión en la Tierra que su Alma entera no olvide jamás.

Habrá notado a lo largo de esta "guía por el país de la abundancia y la prosperidad", que soy una persona entusiasta y optimista hasta la médula. Me caracterizan el entusiasmo y la valentía, la alegría y la opcionalidad. Suelo decir que soy rica, y la gente se cree que tengo mucho dinero... Soy inmensamente rica en cariño, en amor, en ternura, en dulzura, en alegría, en... Afirmo tener un tesoro incalculable y divino que es mi infancia, evidentemente creada por mi familia. Debía de presidirme el hada de la alegría cuando nací, porque desde que lo hice le he estado sonriendo al mundo. Muchos de mis colegas de PNL, admiran mi entusiasmo, y acaban por hacer lo que en PNL llamamos "modelling" de ese recurso mío. Ser genuino, ser uno mismo, quererse, aceptarse tal cual uno es, admirarse, disfrutar de quien uno es, se traducen al exterior en forma de entusiasmo y alegría. La complacencia que tengo de mí misma hace que otros se encuentren a gusto en mi entorno. En el viaje de la vida he aprendido a aceptarme tal como soy, con todos los regalos y dones con los que me bendijo el Universo. También aprendí a dosificar mi luz ("pacing & leading": acompasar y liderar), a llevarla a aquellos que la reclaman y la disfrutan, así como a retirarla sin rencor y con respeto de esos que les molesta.

Usted y sólo usted es el ser más importante de su vida. Dedíquese a escribir el guión de su vida y a vivirla cómo le plazca. Aloje tan sólo amor y alegría en su corazón. Aléjese de las tierras de penumbra y soledad, y vaya directo hacia el sol. Los sueños se hacen siempre realidad, si usted quiere puede, porque hallará el cómo. Recuerde: **"todos los recursos están ya dentro de usted"**. Desde aquí le deseo un viaje vital inolvidable, pleno de ternura y alegre esperanza. Que la fuerza vital le acompañe en su viaje. **La llave del éxito está en su mano, siempre estuvo ahí. Ahora ya sabe cómo usarla. Abra las puertas, y vuele.**

Rosetta Forner

- Master en PNL -Business- (Programación Neurolingüística) y PNL Practitioner -Health & Wellbeing- (Salud y Bienestar) con Robert DILTS y Judy DeLozier (por la NLP Univeristy, Universidad California Santa Cruz, EE.UU). También ha estudiado en la NLP University: "MODELLING & EPISTEMOLOGY", con Robert Dilts, Judy DeLozier y David Gordon; así como "ERICKSONIAN HYPNOSIS" (técnica de hipnosis terapéutica desarrollada a partir del trabajo de Milton Erickson), con Stephen GILLIGAN.

- Licenciada en Ciencias de la Información (Universidad Autónoma de Barcelona). Ha cursado estudios de Sociología, Psicología de la Comunicación (University Wisconsin Madison, EE.UU), Técnicas de Asertividad comunicativa, solución de conflictos, manejo de situaciones críticas y conflictivas, entre otros.

- Maestra de REIKI.

Rosetta imparte cursos de:

1. REIKI (todos los niveles incluido Maestría con nuevos símbolos y Curso Despertar Cuerpo de Luz).
2. PNL, para uno mismo.
3. Triunfar como ser humano.
4. Comunicación asertiva.
5. Cursos particulares/privados para aprender todo tipo de temas, desde resolución de conflictos personales, aprender a decir NO, dejar de fumar, sanar emociones, resolver situaciones bloqueantes, mejorar creatividad, alergias,

fobias. Así como tratar la parte psicosomática de las enfermedades: "la ganancia" o "intención positiva" de una enfermedad, ya sea ésta cáncer, un simple resfriado, roturas de huesos, etc.

- INFORMACIÓN:
  Llame o envíe fax al 91 570 75 33,
  o si lo prefiere escriba a la siguiente dirección:

Fray Junípero Serra, 25 Madrid 28039
(a la atención de Rosetta Forner).

NOTA: Los cursos pueden impartirse fuera de Madrid, para ello póngase en contacto con Rosetta.

Índice

TÍTULOS DE ESTA COLECCIÓN

Aprendizaje acelerado. *Kasuga/Gutiérrez/Muñoz*

Aprendizaje integral. *Josefa Galván*

Aprendizaje integral en la práctica. *Josefa Galván*

Cómo lograr una gran fortuna. *Toshu Fukami*

Cómo crear tu suerte. *Toshu Fukami*

El dinero es mi amigo. *Phil Laut*

El canto del elefante. *Patricia Salazar Villava*

El poder de la acción positiva. *Ivan Burnell*

Estrategias para entusiasmar al personal. *V. Leñero*

Fast track. Vía rápida al éxito. *Roger Fritz*

Fortuna celestial. *Toshu Fukami*

Haga de cada cliente un amigo. *Valentina Leñero*

La caja de herramientas. *Richard Fobes*

La lucha contra el miedo. *Lucy Freeman*

La revolución del aprendizaje. *G. Dryden/J. Vos*

Las doce leyes universales del éxito. *H. Harris*

Niños índigo. Roberto Mares

PNL la llave del éxito. *Rosetta Forner*

Psicología y alquimia. *C. G. Jung*

Sabiduría y picardía para empresas y negocios. *V. Leñero*

Transformando el sufrimiento en poder. *D. Helge*

Este libro se terminó de imprimir
en los talleres de Castillo
y Asociados Impresores,
Camelia 4, col. El Manto,
México, D.F.